GASTRONOMIE
AM PULS DER ZEIT

Das aktuelle Praxishandbuch aus der
GASTRO-COACHING-Reihe

GASTRONOMIE
AM PULS DER ZEIT

Krisen, Klima, Krieg …
Sind wir noch zu retten?

Das aktuelle Praxishandbuch aus der
GASTRO-COACHING-Reihe

Bibliografische Information der Deutschen Nationalbibliothek: Die Deutsche Nationalbibliothek verzeichnet diese Publikation in der Deutschen Nationalbibliografie; detaillierte bibliografische Daten sind im Internet über http://dnb.dnb.de abrufbar.

© 2024 GASTRO-COACHING Pero Vrdoljak
Diemshoff 38, 48282 Emsdetten
E-Mail: pero@gastro-coaching.de
www.gastro-coaching.de

Redaktion: DIE TEXTWERKSTATT »korrekt getippt«
Covergestaltung und Grafiken: CanvaPro

Verlag: BoD · Books on Demand GmbH,
In de Tarpen 42, 22848 Norderstedt
Druck: Libri Plureos GmbH, Friedensallee 273, 22763 Hamburg

ISBN: 978-3-7693-0822-8

INHALT

AM PULS DER ZEIT 9

Ihr Gastro-Coach.. 19

WAS SAGEN GASTRONOMEN? 21

GERDI ON TOUR 24

1. LEIDENSCHAFT... 25

Was treibt mich an?..25

Wofür bin ich dankbar? 33

Was kann ich ändern?...36

Was will ich erreichen? 41

CHECKLISTE 1: LEIDENSCHAFT 47

2. MARKT 49

Was ist los in der Gastro?..50

Wo finde ich Antworten? 62

Was weiß ich über ...? 67

Wie geht es besser?...70

Soll ich mit den Preisen runter? 75

Was macht die Konkurrenz? 77

Lohnt sich Gastro noch?..78

CHECKLISTE 2: MARKT 81

3. USP.. 83

Wer bin ich?...87

Was kann ich? 91

Was biete ich? 94

Wie bleibe ich einzigartig?..97

CHECKLISTE 3: USP..99

4. ZIELGRUPPE 101

Für wen will ich arbeiten? 102

Wer passt zu mir? 110

Wer bestimmt die Regeln? 115

Wie wirke ich auf andere? 117

CHECKLISTE 4: ZIELGRUPPE 121

5. ANGEBOT 123

Wie präsentiere ich richtig? 123

Das Glück der Verführung 126

Zutaten für ein gutes Angebot 129

Wie spreche ich meine Gäste an? 130

Sind meine Gäste zufrieden? 140

Was ist der richtige Preis? 146

Was biete ich meinem Team? 159

Meine Visitenkarte 160

CHECKLISTE 5: ANGEBOT 169

6. KONZEPT 171

Wie schaffe ich mir einen freien Kopf? 172

Mein Ideen-Ort 175

Gemeinsam geht's leichter 179

(K)Eine saubere Sache 181

Projekte, die motivieren 185

Ihre wichtigste Aufgabe! 194

Meine Kreativliste 197

Mein Businessplan 202

CHECKLISTE 6: KONZEPT 203

7. MARKETING 205

Was bedeutet Marketing überhaupt? 211

Die vier P im Marketing-Mix 213
Was ist der richtige Preis? 223
Wo sollte ich werben? 229
Wie kommuniziere ich erfolgreich? 233
Welche Strategien gibt es? 236
Wie nutze ich Social Media optimal? 258
Was tun bei schlechten Bewertungen? 276
CHECKLISTE 7: MARKETING 283

8. POTENZIALE 285

Was kann ich tun? 287
Wie werde ich krisenresilient? 294
Wie bleibe ich liquide? 304
Geiz ist nicht geil! 312
Habe ich noch Chancen in der Gastro? 315
Chance #1: Fachkräftemangel 317
Chance #2: Ressourcen 322
Chance #3: Wertschöpfung 331
Chance #4: Digitalisierung 335
Chance #5: Homeoffice 341
Chance #6: Enkeltauglichkeit 345
Chance #7: Netzwerke 348
Chance #8: Leerstand 354
CHECKLISTE 8: POTENZIALE 358

9. AUSBLICKE 359

Trend #1: Instagrammability 360
Trend #2: Eatertainment 362
Trend #3: Plantbased 363
Trend #4: Snackification 364
Trend #5: Robotics 365

Trend #6: Re-use-Food 366

Trend #7: Liquid Evolution 369

BUCHEN SIE GASTRO COACHING! 373

COACHING A 373

COACHING B 373

COACHING C 373

DANKE.. 375

Fixieren Sie Ihre Ideen!.. 377

Notieren Sie Ihren Plan! 379

Schreiben Sie auf, was Sie bewegt!........................ 381

URHEBERRECHT/LEISTUNGSSCHUTZRECHT........ 383

@ IMPRESSUM 383

AM PULS DER ZEIT

Der Titel dieses Buches ist keine Floskel, keine Phrase, keine werbeheischende Schlagzeile. Die Gastronomie lebt am Puls der Zeit. Und diese Zeit meint es gerade nicht gut mit uns. Erst fehlten die Gäste, jetzt fehlt den Gästen das Geld. In weiten Teilen unserer Republik fiel 2024 die Zukunft vieler Gastronom*innen buchstäblich ins Wasser. Während vor fünf Jahren noch die größte Herausforderung darin bestand, mit Bio und Regio im Verdrängungsmarkt Gastronomie kontinuierlich Umsätze zu erwirtschaften, geht es mittlerweile ums nackte Überleben.

Pandemie, Klimawandel, Bürokratie, Krieg, Inflation, Preissteigerungen, grüne Transformation, Fachkräftemangel, Populismus, kollektive Depression ... Und wir? Was fangen wir an mit dieser Zeitenwende? Haben kreative Konzepte überhaupt noch eine Zukunft? Gibt es tatsächlich Chancen inmitten der Weltuntergangsstimmung? Sind wir noch zu retten?

Mein Name ist Pero Vrdoljak. Ich kann Ihnen nicht versprechen, dass bald alles wieder gut wird. Niemand kann das. Aber ich kann Sie unterstützen, die gegenwärtigen Krisen zu meistern.

Warum? Weil es für uns alle immens wichtig ist, dass Ihr Gastrobetrieb überlebt. Weil Deutschland ohne uns nicht überleben kann.

Wir sind es, die jede noch so kleine, aber vor allem jede große Veränderung im gesellschaftlichen, ökonomischen und ökologischen Kontext zu spüren bekommen. Während der Pandemie mussten wir unverschuldet um Hilfe betteln, unsere Mitarbeiter*innen in Kurzarbeit schicken, binnen weniger Tage komplett neue Konzepte entwickeln, um irgendwie den Laden am Laufen zu halten.

Im demographischen Wandel müssen wir um jede Fachkraft ringen, den beruflichen Alltag der Work-Life-Balance anpassen, neue Arbeitszeitmodelle anbieten, smart, woke und de luxe sein, um den Jungen zu gefallen, ohne die Alten zu verlieren. Bürokratie und Personalmangel zwingen uns, Arbeitsprozesse zu digitalisieren - ob wir wollen oder nicht.

Der Wunsch nach mehr Transparenz bedeutet für uns, aus Speisekarten peinlich genaue Beipackzettel zu machen, in denen jede Zutat minutiös aufgelistet ist. Halten wir Vorschriften nicht ein, wird der Laden dichtgemacht. Erfüllen wir nicht punktgenau sämtliche Kundenwünsche, kassieren wir miese Online-Bewertungen. Jeder Gast und jede Gästin kann mit dem Smartphone unser Lokal filmen und sich sowohl positiv als auch negativ darüber äußern. Bewirbst du in den sozialen Netzwerken dein Angebot, wird sich über die Preise aufgeregt, über zu viel oder zu wenig Fleisch.

Und wehe, du weißt nicht, wie die Kuh mit Namen hieß, auf welchem Acker der Salat wuchs, auf welcher

Plantage der Kaffee angebaut wurde. Im Zeitalter der Selbstoptimierung und Globalisierung wird es immer schwerer, mit den Ansprüchen Schritt zu halten. Mal ganz zu schweigen vom Klimawandel, der sowohl Ernten vernichtet, Existenzen zerstört, Preise hochtreibt als auch mehr Nachhaltigkeit und neue Strategien fordert.

Seit Russlands Angriffskrieg in der Ukraine müssen wir explodierende Kosten ertragen, uns die Hacken nach Wodka ablaufen und zunehmend eskalierende Debatten an unseren Tischen aushalten. Die Gesellschaft zerbricht im Strudel der Zeitenwende.

Und die Gastronomie? Was sind wir?

Die Kapelle auf der Titanic?

Der DEHOGA befragte im Juli 2024 Vertreter*innen aus dem Gastgewerbe mit deutlich unterschiedlichem Ergebnis. Für das 3. Quartal 2024 beurteilten knapp 70 Prozent die Aussichten als schlecht bis befriedigend. Immerhin stolze 8,8 Prozent bewerteten ihre Perspektiven als sehr gut.

DEHOGA-Präsident Guido Zöllick spricht immer wieder von einer angespannten Lage und fordert mehr Unterstützung von der Politik, gleichzeitig aber weniger Bürokratie sowie einen fairen Wettbewerb.

»Wenn sich nichts ändert,
stehen weitere Tausende Betriebe vor dem Aus.«

Ja, richtig. Danke für die Zahlen. Danke für das Statement. Die generelle Absenkung der Mehrwertsteuer auf 7 Prozent wäre super, mehr gesamtgesellschaftlicher Zuspruch wünschenswert. ABER!

WOLLEN WIR ALLEN ERNSTES UNSERE ZUKUNFT DER HOFFNUNG ÜBERLASSEN?

Ohne Frage, der DEHOGA macht einen guten Job, die Politik ist beschränkt auf die Kunst des Möglichen, Städte und Gemeinden sind bemüht, alles großartig. Wir können dankbar, gern auch kritisch sein oder uns selbst engagieren. Aber hören wir doch bitte auf, weiter den Buhmann zu suchen, Gott und die Welt für unser Leid verantwortlich zu machen und uns wie die Lemminge von der Klippe zu stürzen. Denn mal ehrlich! Was sind wir? Verwöhnte Fünftklässler, die sich von Mutti die Schuhe binden lassen und Vati holen, wenn uns jemand auf dem Schulhof das Pausenbrot klaut?

Ja, die Gastrobranche hat massive Probleme. Aber welches Problem wurde jemals durch Jammern oder Subventionen gelöst? Wollen wir tatsächlich die Hände in den Schoß legen und auf Hilfe warten? Was passiert, wenn der Staat sich zu sehr einmischt, wird dann alles besser, der Wettbewerb fairer, die Bürokratie weniger?

Wie lange wollen Sie auf ein Wunder hoffen?

Das Gastgewerbe gibt es seit der Antike. 1765 servierte ein gewisser Herr Boulanger zum ersten Mal »köstliche Restaurants«. In all den Jahrhunderten herrschten zig Pandemien, Hungersnöte, Kriege, Diktatoren. Und, ist das Gastgewerbe gestorben?

Niemand von uns muss Geschichte studiert haben, um zu erkennen, dass die Rahmenbedingungen heute um ein Vielfaches besser sind als jemals. Noch nie hatten wir eine so umfassende staatliche Unterstützung. Noch nie hatten wir so viele Möglichkeiten. Und da wollen Sie einfach aufgeben, Ihre Träume an den Nagel hängen, um ab morgen was zu tun?

Wo steht eigentlich, dass wir nur unter optimalen Bedingungen arbeiten können? Und wie sollen diese optimalen Bedingungen eigentlich aussehen? Wenn die Menschen mehr Geld übrig haben? Und was dann? Nach den Gesetzen der Marktwirtschaft würde das Angebot steigen. Mehr Konkurrenz also. Hätten Sie dadurch irgendetwas gewonnen? Mehr staatliche Unterstützung bedeutet auch immer mehr Bürokratie. Kein Naturgesetz, aber eine typische Konsequenz.

Wollen Sie das?

Wegen zu hoher Personalkosten müssten Gastrobetriebe schließen, heißt es immer wieder. Was wäre der Umkehrschluss: Dumpinglöhne? Jede Fachkraft, jeder Mensch hat das Recht auf eine faire Bezahlung!

Wegen der sogenannten Mehrwertsteuererhöhung müssten Gastronom*innen Insolvenz anmelden. Welche Erhöhung? Die Subvention wurde zurückgenommen. Ja, der Kanzler hatte es anders versprochen. Na und? Was haben wir davon, über die Politik zu schimpfen, die uns übrigens drei Jahre lang diese 12 Prozent schenkte? Die Mehrwertsteuer gehörte noch nie uns. Wer sie als Netto-Einnahme verbucht, geht verdient pleite.

Ja, das klingt hart. So hart, wie die Zeiten nun mal schlechtgeredet werden. Nur Scharlatane behaupten, dass es leicht ist, Gastwirt*in zu sein. Unsere Branche ist geprägt von Hochs und Tiefs. Schon immer!

Denn das Wesen der Gastronomie besteht darin, Menschen glücklich zu machen. Und die Menschheit entwickelt sich in einem steten Prozess, den man Leben nennt. Es wäre also wider die Natur, mit der naiven Hoffnung im Stillstand zu verharren, dass alles so wird, wie es einmal war.

In diesem Buch werde ich Ihnen nichts versprechen und auch nichts vorschreiben. Stattdessen werde ich Ihnen Mut machen und Möglichkeiten aufzeigen, wie es geht. Denn wie es nicht geht, wissen Sie allein oder können es täglich in der Zeitung, im Netz und in den sozialen Medien lesen. Geben Sie bei Google »Gastrosterben« ein und Sie werden zig Beiträge finden, in denen melodramatisch die Misere beschrieben wird. Zum Thema »Chancen in der Gastronomie« hingegen haben Zeitungen und Branchenverbände verflucht wenig zu sagen. Die Journaille mag mit Clickbait-Jammern Geld verdienen. Wir aber nicht!

Verschwenden wir also nicht länger wertvolle Energie und Lebenszeit. Lassen Sie uns auf jene 8,8 Prozent aus besagter DEHOGA-Umfrage schauen, die ihre Aussichten mit »sehr gut« bewerten. Haben diese Kolleg*innen etwa andere Rahmenbedingungen, bessere Chancen als wir? Auch wenn das Tempo der Veränderungen durchaus Angst machen kann, ist doch der positive Blick nach vorn unsere einzige Möglichkeit. Vielleicht wird nicht alles, was ich in diesem Buch als Chance beschreibe, für Sie infrage kommen. Das ist auch gar nicht nötig.

SIE BESTIMMEN DAS ZIEL
UND DEN WEG DORTHIN.

Wenn Sie keine Kraft mehr haben und ans Aufgeben denken, ist das keine Schande. Gewiss haben Sie hart gearbeitet und lange gekämpft. Vielleicht haben Sie gerade erst angefangen und wissen noch gar nicht so richtig, wo die Reise hingeht. Es könnte auch sein, dass Sie sagen: Endlich spricht das mal jemand aus. Ich kenne Sie nicht. Weder Ihre Stärken noch Ihre Sorgen. Aber ich möchte mit allem, was ich weiß und erfahren habe, mein Bestes tun, dass Sie Ihre Leidenschaft wiederfinden und die Kraft, Ihre Ärmel hochzukrempeln und weiterzumachen.

JETZT ERST RECHT!

Neben den Basics unseres Geschäfts, die zum Glück relativ unabhängig von der Zeitenwende sind, werden in diesem Buch sämtlich eben aufgezählte Probleme von mir betrachtet und entsprechende Lösungen aufgezeigt. Für eine flächendeckende Bestandsanalyse habe ich mich in der Branche umgeschaut, mit diversen Gastronom*innen gesprochen und GASTRO-REPORTERIN GERDI durch Deutschland geschickt, die für mich und für Sie die aktuelle Situation in allen 16 Bundesländern unter die Lupe nahm.

Bevor es losgeht, noch ein paar Worte, die mir sehr am Herzen liegen:

Liebe Gastronom*innen,
lassen Sie uns gemeinsam die Liebe zu diesem wunderbaren Beruf wiederentdecken! Die Gastrobranche ist weit mehr als nur systemrelevant. Wir halten das Land, die Gesellschaft am Laufen. Wir schaffen Orte der Begegnung, der Freude, des Glücks. Wir bringen Menschen zusammen und geben ihnen das, wonach wir uns alle sehnen: Gemeinschaft, Genuss, Frieden, Miteinander. Jede/r aus unserer Zunft leistet einen

wichtigen Beitrag, deshalb können wir auch auf niemanden verzichten.

Nehmen Sie sich Zeit, wann immer sie Ihnen zur Verfügung steht. Die Lektüre meines Buches ist kein Wettbewerb, das Arbeiten mit den Checklisten und die Erkenntnis zwischen den Zeilen kein Marathon. Lesen Sie bitte jedes Kapitel mit der nötigen Sorgfalt. Haben Sie Fragen, Anregungen oder Verbesserungsvorschläge, kontaktieren Sie mich. Und wenn Ihnen dieses Buch gefällt, lassen Sie gern andere teilhaben.

Machen Sie es gut - im wahrsten Sinne!
Deutschland braucht Sie.

Ihr GASTRO-COACH
Pero Vrdoljak

Ihr Gastro-Coach

Pero Vrdoljak ist Gastro-Coach aus Leidenschaft. Aufgewachsen in der Gastronomie, wusste er schon als kleiner Junge, dass es seine Berufung ist, Menschen glücklich zu machen.

Nach einer umfassenden Ausbildung übernahm er das elterliche Restaurant, welches unter seiner Führung in kürzester Zeit zu einem populären Steakhouse avancierte. Der gelernte Hotelfachmann arbeitete in Kroatien, Deutschland, im Londoner Hilton und Waldorf Astoria in New York.

Seit 2013 widmet sich Pero Vrdoljak dem GASTRO-COACHING. Mitten in der Pandemie brachte er das Schnitzeltaxi in Emsdetten zum Laufen und steigerte ab dem ersten Jahr sukzessive den Umsatz. Das DIEKHUES HOFF ist heute fester Bestandteil der Gastro-Szene und erfreut sich großer Beliebtheit.

VOM GASTRONOMEN – FÜR GASTRONOMEN ist das Motto, unter dem Pero Vrdoljak sein Wissen weitergibt. Nach über fünfunddreißig Jahren Berufspraxis als Gastronom und Coach weiß er, wo die Probleme liegen und konkreter Handlungsbedarf besteht. Seine realistischen Analysen und praxisnahen Tipps eignen sich sowohl für

Gründer*innen als auch für all jene in der Gastrobranche, die mehr wollen als nur überleben.

In seinen aktuellen Büchern aus der GASTRO-COACHING-Reihe findet Pero Vrdoljak Antworten auf die Fragen am Puls der Zeit. Was hat sich in der Gastro seit Corona geändert? Wie gehen wir mit den Konsequenzen des Wandels und Mangels um? Welche Chancen finden wir in der Zeitenwende?

WAS SAGEN GASTRONOMEN?

Slafko, STEAKHAUS MEDAILLON, Emsdetten

Krisen zwingen uns, innezuhalten und darüber nachzudenken, was wirklich wichtig ist. Wir haben uns intensiv mit unserer Speisekarte auseinandergesetzt, mit der Art und Weise, wie wir kalkulieren, wirtschaften und präsentieren.

Auch wenn viele momentan dazu neigen, sich auf das Notwendige zu beschränken, haben wir uns dazu entschieden, mutig zu sein, neue Wege zu gehen und gleichzeitig unseren Gästen stets das Beste zu bieten. Unser Ansatz besteht darin, nicht in Angst zu verharren, sondern die Chance in der Krise zu nutzen, unser Angebot zu verbessern und den Kontakt zu unseren Gästen zu intensivieren. Es geht nicht darum, etwas Kostenloses anzubieten. Vielmehr sind wir davon überzeugt, dass ein herausragender Service den Unterschied macht.

steakhaus-medaillon

Marnix & Svetlana, ALPENLIEBE DESIGN HOTEL, Inzell

Die Zukunft der Gastronomie ist ganz deutlich: Der Einzelhandel wird aussterben, das siehst du auch in den kleineren Orten, weil über das Internet alles zu kaufen ist. Aber ein Frisör oder Zahnarzt wird immer Arbeit haben. Und so ist es auch in der Gastronomie. Vielleicht wird das in 40 Jahren ein Roboter machen, aber den persönlichen

Kontakt, das Zwischenmenschliche kann keine Maschine ersetzen. Darin liegt unsere Chance.

Die leerstehenden Läden soll man befüllen mit kleiner Gastro. Tolle Konzepte entwickeln, sich spezialisieren. Aber gute Preise. Es soll chic sein, Klasse haben, nicht billig und schnell. Da sehe ich die Zukunft der Gastronomie. Mit mehr Mut und Leidenschaft, das wird sich lohnen!

inzell-hotels.bayern

Miro, RESTORAN AGA, Nemira
In Zeiten der Gastrokrise möchte ich jedem Gastronomen ans Herz legen, nicht den Kopf in den Sand zu stecken, sondern aktiv nach Lösungen zu suchen. Wir haben alles Mögliche digitalisiert, um reibungslose Abläufe zu gewährleisten und dem Personalmangel entgegenzuwirken. Darüber hinaus haben wir die Löhne erhöht und zusätzliche Vorteile für unser Team geschaffen. Nur gemeinsam können wir diese Herausforderungen meistern und die Zukunft der Gastronomie gestalten.

facebook.com/agarestoran

Bajso, KONOBA BAJSO, Jesenice
Ein klarer Wettbewerbsvorteil liegt in einer präzisen Zielgruppendefinition sowie der konsequenten Anpassung des Angebots. Wir haben uns bewusst auf die dalmatinische Küche spezialisiert und verwenden ausschließlich regionale, frische Produkte. Diese Authentizität hat zum wirtschaftlichen Erfolg beigetragen und uns eine loyale,

zufriedene Kundschaft beschert. Unsere Gäste fühlen sich bei uns als Teil einer großen Familie – und genau das macht für uns den Unterschied.

facebook.com/konobaBajso

Benjamin, RESTAURANT SPLIT, Gronau

Wir wollen mehr bieten als gutes Essen. Mit einem neuen Raumkonzept haben wir einen Wohlfühlort geschaffen, an dem sich unsere Gäste entspannen und den Alltagsstress hinter sich lassen können. Unser Servicepersonal ist durch intensive Weiterbildung in der Lage, Kundenwünsche noch besser zu verstehen und gezielt Empfehlungen auszusprechen. Unsere Gäste schätzen es sehr, wenn sie nicht nur das bekommen, was sie sich vorgestellt haben, sondern auf zusätzliche Angebote hingewiesen werden, die ihren Besuch bereichern.

Insgesamt war die Renovierung und die Schulung des Teams eine Investition in die Zufriedenheit unserer Gäste. Und ihr Feedback zeigt uns, dass wir auf dem richtigen Weg sind. Wir freuen uns darauf, auch in Zukunft ein Ort zu sein, an dem sich Menschen wohlfühlen und gern wiederkommen.

split-gronau.de

GERDI ON TOUR

Gastro-Reporterin Gerdi war on Tour, um in allen 16 Bundesländern die Gastro-Szene unter die Lupe zu nehmen. Herausgekommen ist eine umfassende Bestandsaufnahme über regionale Unterschiede, individuelle Pleiten, großartige Innovationen und kommunale Förderprogramme. Im Folgenden werde ich immer mal wieder Bezug auf Gerdis Gastro-Stories nehmen. Erforderlich ist die Lektüre nicht. Fühlen Sie sich frei, das Booklet zu kaufen.

1. LEIDENSCHAFT

Was treibt mich an?

Wenn alles läuft wie geschmiert, die Gäste zahlreich und zufrieden sind, ist Leidenschaft etwas Selbstverständliches. Aber nicht jeder Tag läuft nach Plan. Nicht jeder Gast ist ein Freund. Nicht jeder Freund ein Unterstützer. Nicht immer ist das Personal so motiviert, wie es sein sollte. Und Sie? Warum haben Sie dieses Buch gekauft? Niemand investiert Zeit und Geld, wenn es nicht unbedingt sein muss. Also gehe ich davon aus, dass Sie sich momentan fragen, wie es weitergehen soll.

Vielleicht brauchen Sie nur einen kleinen Schubs, ein bisschen Motivation, positiven Input in diesen nicht gerade leichten Zeiten. Möglicherweise liegt das Problem aber auch tiefer, gegebenenfalls in der Buchhaltung, Preisgestaltung, Digitalisierung, im Angebot, Personalmangel ...?

Bitte entschuldigen Sie meine Offenheit, doch von Bauchpinseleien kommt kein Geld in die Kasse. Wir sind quasi unter uns und sollten deshalb nicht um den heißen Brei reden. Krisen, Klima, Krieg kann man keinesfalls weglächeln, den knallharten Realitäten nicht mit einem verträumten Kumbaja begegnen. Was uns momentan von außen zu schaffen macht, ist gewaltig. Trotzdem sage ich, dass die meisten Probleme von innen kommen, also hausgemacht sind. Und genau deshalb sind wir in der Gastronomie und Hotellerie nicht auf Gedeih und Verderb der Zeitenwende ausgeliefert. Wir sind keine Eisbären, die auf einer stetig kleiner werdenden Eisscholle in den Untergang treiben.

WIR SIND WIE LÖWENZAHN, DER OHNE WASSER IN BETONRITZEN WÄCHST.

Aber auch dieser Löwenzahn gedeiht nicht durch Magie. Es braucht Durchhaltevermögen, sich äußeren Einflüssen anzupassen. Ausschlaggebend ist Ihre innere Stärke, nur sie gibt Ihnen die nötige Kraft, durchzuhalten und mental beweglich zu bleiben. Deshalb fragen Sie sich bitte als Erstes: WARUM GEBE ICH NICHT EINFACH AUF?

Keine Panik, es geht hier nicht um Mindset-Blabla, sondern um die konkreten Gründe, was genau Sie jeden Tag dazu bringt, Ihren Laden aufzuschließen, sich auf Ihre Gäste zu freuen, ein guter Chef, eine gute Chefin zu sein.

Wenn Sie es ernst meinen, nehmen Sie sich jetzt bitte eine Auszeit. Zwanzig Minuten sollten vorerst genügen. Gehen Sie raus in die Natur, laufen Sie durch die Stadt, genießen Sie ein Glas guten Wein, eine Tasse Tee oder was auch immer Sie mögen, schalten Sie Ihr Handy aus ... und dann fragen Sie sich:

Was treibt mich an?

_____

_____

_____

_____

Weshalb habe ich mich für diese Branche entschieden?

_____

_____

_____

_____

Ich weiß, es ist gar nicht so einfach, die positiven Gründe zu finden, wenn man eigentlich fluchen möchte und die Welt verteufeln. Nur davon wird leider nichts besser. Konzentrieren Sie sich bitte auf Ihre Bedürfnisse, Ihre Visionen und den Grund, warum Sie Gastronom*in geworden sind. Legen Sie dieses Buch für einen Augenblick beiseite und widmen sich der eben gestellten Frage …

Haben Sie bereits geantwortet, dann schauen Sie sich noch einmal in Ruhe an, was Sie geschrieben haben.

ERST WENN SIE MIT SICH IM REINEN SIND UND GENÜGEND KRAFT HABEN, KÖNNEN SIE FÜR ANDERE DA SEIN.

Und das ist es doch letztlich, was diese einzigartige Branche ausmacht. Wir sind für unsere Gäste da, bieten ihnen etwas Besonderes, das sie zu Hause nicht bekommen. Wir sorgen dafür, dass es Menschen gut geht, dass sie glücklich sind. Wir schaffen unvergessliche Erlebnisse, Wohlfühlmomente. Unser Beruf ist relevant für eine funktionierende Gesellschaft. Essen und Trinken ist Kultur. Bei uns zählt die Gemeinschaft, nicht die Spaltung.

Klingt toll, oder?

Ist es auch.

Nur sind wir Gastronom*innen eben nicht mit Teflon beschichtet. Auch wir haben Existenzangst und schlechte Laune. Das ist okay. Für uns. Nicht für Personal und Gäste!

Wann immer Sie merken, dass das sprichwörtliche Fass kurz vor dem Überlaufen ist, **schaffen Sie sich Ihre Auszeit!** Gehen Sie um den Block, zum Großmarkt, ins Fitnessstudio oder für einen Kaffee zu einem Freund/einer Freundin. Entspannen Sie sich für eine Stunde oder wie lange Sie eben brauchen, um Ihren Akku zumindest ein Stück weit aufzuladen. Und kommen Sie erst dann zurück, wenn Sie sich besser, ausgeglichener fühlen. Denn

Ihr Laden läuft nur so gut, wie Sie drauf sind. **Denken Sie immer daran, dass es länger dauert, die schlechte Stimmung im Team zurück auf einen positiven Pegel zu bringen, als Sie für Ihre Auszeit benötigen.**

In unserem Geschäft haben wir es nicht mit leblosen Objekten zu tun. In der Gastrobranche geht es um Bedürfnisse, Wünsche, Emotionen. Deshalb wird Ihnen niemand absprechen können, ebenfalls »nur« ein Mensch zu sein.

ES GEHT NICHT DARUM, DASS SIE KEINE GEFÜHLE HABEN DÜRFEN, SONDERN DARUM, WIE SIE MIT DIESEN GEFÜHLEN UMGEHEN.

Wenn es Ihnen gelingt, Ihre Leidenschaft konstruktiv zu nutzen, werden Ihre Mitarbeiter*innen besser arbeiten und Ihre Gäste zufriedener sein. Klingt ebenfalls super, nicht wahr? Vielleicht denken Sie jetzt: Der hat gut Reden, ich bin doch nicht freiwillig mies gelaunt.

Eben! Es gibt triftige Gründe, weshalb Sie sich müde und ausgelaugt fühlen, machtlos, unverstanden. Probleme können nicht einfach abgestellt werden. Ein »jetzt reiß dich mal zusammen« hilft in den seltensten Fällen, sondern führt in der Regel zu noch mehr Frust - sowohl bei Ihnen als auch in Ihrem Team. Und dann entstehen

Fehler, die vermeidbar sind. Ebenfalls bei Ihnen und Ihren Mitarbeiter*innen, die entweder kündigen oder aber aus lauter Angst, wieder von Ihnen angeblafft zu werden, ihre Aktivitäten auf ein Mindestmaß reduzieren. Der Laden läuft mit angezogener Handbremse und es dauert nicht lange, bis das miese Karma Ihre Kundschaft erreicht.

Und Sie? Wie lange werden Sie es aushalten, permanent frustriert zu sein? Wie lange wird Ihr Körper mitspielen?

Wir Gastronom*innen leben sowieso meist viel zu ungesund. Doch nicht das unregelmäßige Essen, zu wenig Schlaf und zu viel Alkohol wird Sie krankmachen, sondern der Stress, der hausgemachte und tatsächlich vermeidbare Stress. Deshalb ist es zwingend erforderlich, sich für die wahren Gründe ihres mentalen Tiefs zu interessieren und dieses erst einmal anzuerkennen. Darum stelle ich Ihnen jetzt die zweite Frage. Sollten Sie noch mit der ersten befasst sein: Großartig! Sollten Sie bisher keine Muße gefunden haben, sich mit der Frage zu befassen, was Sie antreibt, wäre jetzt ein guter Zeitpunkt, sich gleich beiden Fragen zu widmen, denn sie hängen unmittelbar zusammen.

Was bremst mich aus?

_____

_____

_____

_____

Was oder wer hindert mich, gut drauf zu sein?

_____

_____

_____

_____

Warum es so wichtig ist, sich mit den eigenen Problemen detailliert auseinanderzusetzen? Klar, um Lösungen zu finden. Aber darum geht es momentan noch gar nicht, sondern vielmehr um den Prozess als solchen. Wenn Sie lernen, die eigenen Sorgen ernst zu nehmen, statt sie immer nur wegzuschieben, gelingt es Ihnen auch besser, auf die Bedürfnisse Ihrer Mitarbeiter*innen einzugehen.

In unserem Beruf sind Attribute wie Respekt, Akzeptanz, Anteilnahme keine leeren Phrasen einer pauschalen Mindset-Optimierung, sondern unabdingbar in der Arbeit mit und für Menschen.

Natürlich ist das Timing entscheidend. Im größten Trubel hat selbst der sensibelste Mensch keine Nerven für Alltagssorgen. Fragen Sie Ihre Mitarbeiter*innen, wenn Sie spüren, dass etwas im Argen liegt, und vereinbaren Sie einen Termin für ein Gespräch. Spendieren Sie einen Kaffee, einen leckeren Snack aus der Küche oder zur Not etwas Hochprozentiges und haben Sie ein offenes Ohr. Wenn Sie Verständnis zeigen, werden Ihre Mitarbeiter*innen auch verstehen, dass private Probleme und schlechte Laune niemals auf der Speisekarte stehen dürfen. Ihre übrigens inbegriffen!

Widmen Sie sich bewusst und konstruktiv Ihren Sorgen und denen Ihrer Mitarbeiter*innen. Schaffen Sie dafür eine Auszeit, einen Break, um auch negativen Gefühlen den nötigen Raum zu geben. Denn sie werden niemals kleiner, wenn man einen Deckel draufpresst. Beugen Sie also besser vor, nehmen Sie sich Zeit und schreiben auf, was Sie ausbremst und frustriert. Damit lösen Sie noch keine Probleme, aber wenn Sie Ihren Frust, Ihre Angst, Ihre Zweifel konkret benennen, ist der erste wichtige Schritt getan. Und dann folgt quasi automatisch der zweite.

Wofür bin ich dankbar?

Ich weiß, diese Frage klingt banal. Aber sie hilft Ihnen, aus dem Hamsterrad zu steigen. Wir alle wurden negativ konditioniert. Als Kinder hörten wir: Du bist zu jung, zu klein, das darfst du nicht. Als Erwachsene verwenden wir die meiste Kraft für das, was nicht funktioniert. Erst dann strengen wir uns an. Fehler fallen uns sofort auf, nicht aber die Erfolge. Dabei gründen sich diese Erfolge in den allermeisten Fällen auf das, was wir vorher als Fehler wahrgenommen haben. Nur wer umfällt, kann wieder aufstehen. Nur wer weiß, was er nicht weiß, wird lernen. Und genau deshalb ist es so wichtig, dass wir unsere Ängste, unseren Frust, unseren Neid, unseren Ärger, unsere vermeintlichen Fehler analysieren und akzeptieren. Sie sind Teil von uns, gehören dazu, wir können sie also nicht wegschieben.

Möglicherweise schlagen Sie das Buch jetzt zu und denken sich: Was soll der Scheiß? Ich wollte praktische Tipps, wie ich meinen Laden wieder zum Laufen bringe.

Richtig! Das hier ist mein praktischer Tipp: Hören Sie auf, gegen sich selbst zu kämpfen und jede Menge Kraft zu vergeuden. Hören Sie auf, für ihre Sorgen einen Schuldigen zu suchen. Selbst wenn Sie einen finden, befriedigt das maximal kurzfristig Ihr Ego, löst aber langfristig keine Probleme. Sie können sich über die Politik, die Bürokratie, das Hochwasser, den Steuerkram, blöde Gäste, faule Mitarbeiter beschweren, tatsächlich ändern werden Sie jedoch nichts. Nutzen Sie Ihre Kraft besser dafür, nach Lösungen zu suchen. Akzeptieren Sie Ihre derzeitige Situation und vergessen Sie bitte für immer das Märchen von der Schuld. **Der Eisbär kann uns alle hassen für den Klimawandel, dadurch wird seine Überlebenschance aber nicht größer. Dem Löwenzahn ist der Klimawandel scheißegal, er gedeiht unter den widrigsten Umständen, weil er sich anpasst.**

Wie gelingt ihm das? Er nutzt seine Ressourcen einzig und allein für sein Wachstum. Wenn er fühlen könnte, wäre er vermutlich einfach dankbar für das, was ihm zur Verfügung steht.

Und genau darum geht es. Rufen Sie sich bitte immer wieder eines in Erinnerung: Der Gast hat die Wahl. Wenn es ihm bei Ihnen nicht gefällt, geht er woanders hin, und zwar nicht aus böser Absicht, sondern aus reiner Intuition. Wir alle treffen die meisten Entscheidungen aus dem Bauch. Ist die Stimmung mies, wenden wir uns ab. Da kann das Essen noch so gut sein. Ohne Leidenschaft würde nicht mal ein Bierstand auf dem Oktoberfest laufen. Und das wissen Sie! Aber handeln Sie und Ihre Mitarbeiter*innen auch danach? Ist es überhaupt möglich, jeden Gast mit Freundlichkeit, Respekt und Aufmerksamkeit zu begegnen? Ich denke schon, wenn die Einstellung stimmt. Und damit sind wir wieder oder immer noch beim Begriff Mindset, der leider allzu oft für eine oberflächliche Selbstdarstellung benutzt wird. Von mir aus finden Sie ein anderes Wort dafür, am Ende bleibt jedoch die Erkenntnis: Wenn ich mir regelmäßig, insbesondere in schweren Zeiten, bewusst mache, dass ich dankbar sein darf für das, was mir zur Verfügung steht, wird es mein Umfeld positiv wahrnehmen. Seien Sie dankbar für jeden Gast, der einen essenziellen Beitrag leistet, dass Ihr Lokal auch morgen noch existiert. Dabei geht es nicht darum, einen höflichen Knicks zu machen. Dankbarkeit kann man nicht künstlich erzeugen, sie muss von Herzen kommen. Deshalb lade ich Sie herzlich zur nächsten Übung ein.

Wofür bin ich dankbar?

_____

_____

_____

_____

Was steht mir im globalen Vergleich zur Verfügung?

_____

_____

_____

_____

Aufmerksamkeit kann man trainieren – Dankbarkeit muss von Herzen kommen. Nutzen Sie dieses Wissen und schulen Sie Ihr Personal entsprechend. Leidenschaft und ein freundlicher Umgang mit Personal und Gästen ist die Basis unseres Geschäfts.

Was kann ich ändern?

Machen wir uns nichts vor! In der Regel will niemand unser Gejammer hören. Wir fühlen uns mit unseren Sorgen und Nöten alleingelassen, unverstanden, abgehängt. Aber nur wir können daran etwas ändern. Nur wir sind in der Lage, aus dem Hamsterrad zu steigen. Niemand wird es für uns anhalten, niemand holt uns da raus.

Wenn Sie sich weiter um sich selbst drehen und Ihre Kraft ausnahmslos in destruktive Gedanken und Gefühle investieren, werden Ihr Fleiß, Ihre Aktivitäten ins Leere laufen, weil die schneller und schneller ratternden Querstreben Ihres Hamsterrades die Sicht auf das Wesentliche versperren. Im sprichwörtlichen Teufelskreis befassen wir uns nur noch mit unserem Opferstatus, unserem Selbstmitleid, statt sachlich zu unterscheiden, was geändert werden kann und was eben nicht. Deshalb steigen Sie jetzt aus, atmen Sie tief durch und fragen sich:

Was kann ich ändern?

_____

_____

_____

_____

Auf welche Faktoren habe ich direkten Einfluss?

_____

_____

_____

_____

Oft erzählen mir Gastronom*innen, dass sie dringend Urlaub bräuchten, um den Kopf freizubekommen und in Ruhe über die von mir gestellten Übungen nachdenken zu können. Klar, Urlaub ist toll. Aber selbst fünf Wochen auf einer einsamen Insel würden Sie nicht vor dem Ausbrennen bewahren. Ungelöste Probleme schleppen Sie mit – egal wohin. Und der Rucksack wird täglich schwerer. Warten Sie also bitte nicht bis zum Sankt-Nimmerleins-Tag, verschieben Sie nichts auf morgen oder übermorgen. Verbringen Sie regelmäßig Zeit mit sich selbst und genießen Sie dabei genau das, was Ihnen Spaß macht, Sie entspannt und erholt. Schalten Sie Ihr Smartphone aus und gehen joggen, spazieren, angeln, in die Sauna oder Badewanne ... Machen Sie diese kleine Auszeit zu einer festen Größe in Ihrem Leben. Das bringt weit mehr als der immer wieder aufgeschobene Urlaub oder Selbstfindungstrip.

WERDEN SIE AKTIV - KÖRPERLICH UND MENTAL!

Und stellen Sie sich gern immer wieder die folgende Frage: Wenn negative Gedanken dazu führen, dass wir Fehler machen, krank werden und den Wald vor lauter Bäumen nicht sehen ... was bewirken dann positive?

Zahlreiche Psychologen und Verhaltensforscher sind dieser Frage in den letzten Jahrzehnten nachgegangen und kamen allesamt zu der Schlussfolgerung, dass wir unseren Gefühlen und unserer Umwelt nicht hilflos ausgeliefert sein müssen. An dem Spruch »Gedanken werden Materie« ist tatsächlich etwas dran. Selbstverständlich können Sie Ihr Unternehmen nicht durch reines Wunschdenken in den schwarzen Zahlen halten, aber es geht auch nicht ums Wünschen.

»Da es sehr förderlich für die Gesundheit ist, habe ich beschlossen, glücklich zu sein.«

VOLTAIRE

Nennen Sie es von mir aus positiven Selbstbetrug, manipulieren Sie Ihre Einstellung, verändern Sie Ihr Mindset, springen Sie über Ihren Schweinehund und entsorgen Sie schnellstens alle typischen Sprüche, die uns ein Leben lang verfolgen, negativ beeinflussen und letztlich dafür verantwortlich sind, wenn unsere Unternehmungen mit angezogener Handbremse laufen. Sie wissen, welche Sprüche das sind. Entdecken Sie wieder die Freude am Leben, die Liebe zu Ihrem Beruf und Ihre Leidenschaft, die das Feuer in Ihrem Herzen am Brennen hält und Sie mit der nötigen Energie versorgt, tagtäglich allen Schwierigkeiten und Herausforderungen mit Elan und Dankbarkeit zu begegnen.

GLAUBEN SIE NICHT!
WÜNSCHEN SIE NICHT!
VERSUCHEN SIE ES NICHT!
TUN SIE ES EINFACH!

Und falls Sie immer noch einen Schuldigen brauchen: Verpassen Sie Ihrem inneren Schweinehund einen Maulkorb, denn er sabotiert Ihre Gedanken! Sorgen Sie dafür, dass er es nicht mehr schafft, für Sie Termine zu verschieben, Ausreden zu erfinden, Aktivitäten zu unterlassen. Und weil ich weiß, wie verdammt schwer das ist, habe ich hier die fünfte und vorletzte Übung dieses Kapitels.

Was sagt mein Schweinehund?

_____

_____

_____

_____

Welche Ausreden bremsen mich aus?

_____

_____

_____

_____

Sehr gut, fast geschafft! Sie wissen jetzt, was Sie antreibt, was Sie ausbremst, wofür Sie dankbar sind, was Sie ändern können und welche Ausreden Sie zukünftig nicht mehr benutzen. Bestenfalls spüren Sie bereits, wie der Ballast auf Ihren Schultern schon ein bisschen leichter wird. Übrigens können Sie gern jede Übung Ihren Mitarbeiter*innen anbieten, denn letztlich hat jede/r ein Päckchen zu tragen. Wiederholen Sie die Übungen und achten Sie darauf, was sich ändert. Es gibt kein Richtig oder Falsch, Sie entscheiden selbst, was Ihnen gut tut.

Erst dann sollten Sie sich dem nächsten Schritt widmen. Sind Sie bereit?

Was will ich erreichen?

Wie oft hatten Sie schon tolle Ideen und haben sie wieder verworfen? Vielleicht arbeiten Sie auch an einer konkreten Umsetzung, aber irgendwie klappt es nicht wirklich. Kennen Sie das?

Eine Idee ist nur so gut, wie sie als Konzept taugt. Und Konzepte bringt man zu Papier - analog oder digital. Sie haben sich gerade erst vom Ballast Ihres Hamsterrades befreit, hören Sie also auf, Ihre Ideen mit sich herumzuschleppen. Es wird Zeit, nach vorn zu schauen und Ihre Pläne für die Zukunft aufzuschreiben.

BEGINNEN SIE JETZT MIT IHRER KREATIV-LISTE!

Begreifen Sie diese Liste als Ihren Katalysator und nützlichen Begleiter. Unabhängig, wo Sie gerade stehen: Lassen Sie Ihren Gedanken freien Lauf und beschreiben Sie Ihre Vision von Ihrem Geschäft. Und dann werden Sie Schritt für Schritt konkreter. Stellen Sie sich vor, wie Sie in fünf Jahren zur Arbeit gehen ... Was sehen Sie?

Was will ich erreichen?

_____

_____

_____

_____

Wie sieht mein Arbeitstag in fünf Jahren aus?

_____

_____

_____

_____

Haben Sie diese Übung gemacht oder übersprungen? Sind Sie skeptisch und fragen sich: Was soll das bringen? Ich bin Realist, kein Tagträumer! So oder ähnlich höre ich oft Gastronom*innen sprechen. Oder vielmehr ihren inneren Schweinehund. Wer in der heutigen Zeit, die vom rasanten Wandel bestimmt ist, nicht den Überblick verlieren und sich im turbulenten Alltagsgeschäft lieber auf das Wesentliche konzentrieren möchte, muss klar definierte Zielstellungen haben. Ich betone: MUSS. Kein Wort für einen Ratgeber? Grundsätzlich haben Sie recht. Aber mein Job ist es, Ihnen wieder auf die Füße zu helfen, da MUSS ich durchaus etwas härter anpacken. Selbstredend müssen Sie gar nichts. Nicht Ihre Probleme beim Namen nennen, nicht diese Übungen machen. Bleiben Sie liegen, es ist Ihr Geschäft, Ihr Leben, nicht meins. Oder Sie stehen auf und schauen einfach mal, wie die Aussicht ist ...

Na, geht's wieder? Zielsetzungen geben Ihnen die Möglichkeit, nicht immer nur zu reagieren, sondern konsequent Ihren Weg zu gehen.

DIE ZIELSETZUNG IST IHR KOMPASS.

Zum Navigieren benötigt man präzise Parameter. Deshalb sollten Zielsetzungen immer schriftlich fixiert werden, die wesentlichen Fakten sowie einen Zeitplan beinhalten und realisierbar sein. Denn was nützen Ihnen die tollsten Pläne, wenn sie als »nicht durchführbar« oder

»gescheitert« im Papierkorb landen? Eben! Dann wären solche Übungen tatsächlich nur Zeitfresser.

Am Anfang sollte immer Ihre Idee stehen. Doch es reicht bekanntlich nicht aus, sich lediglich zu wünschen und fest daran zu glauben, erfolgreich zu sein. Auf Ihrer Kreativliste sollte deshalb stehen, bis wann Sie was konkret ändern werden.

Aber auch das wäre noch viel zu unkonkret. Wie wollen Sie Ihren Koch, Ihren Steuerberater oder etwaige Geldgeber von Ihrer Idee überzeugen? Leidenschaft allein reicht nicht aus, sie kann nur die Basis sein. Für eine erfolgreiche Umsetzung Ihrer Ideen benötigen Sie Verbündete, die Sie vor allem mit Fakten überzeugen müssen. Wenn Sie beispielsweise beschließen, Ihre Speisekarte umzustellen, sollten Sie folgende Fragen stellen:

- Was ist die Idee dahinter: Veränderung der Nachfrage, neue Preisstrategie, Konkurrenz? Mehr dazu in Kapitel 2 und 3.

- Wie groß ist die Nachfrage? Gibt es bereits eine definierte Zielgruppe? Mehr dazu in Kapitel 4.

- Bis wann soll das Speisenangebot umgestellt werden? Und was ist dafür erforderlich? Mehr dazu in Kapitel 5.

- Welche Speisen beinhaltet das neue Angebot? In welchem Zeitraum sollen diese verfügbar sein; z.B. Saisonprodukte oder ganzjährig? Mehr dazu in Kapitel 7.

- Kann meine Küche diese Speisen im Rahmen entsprechender Qualitätsstandards zubereiten? Benötigen meine Mitarbeiter*innen eine Weiterbildung, muss zusätzliches Personal eingestellt werden? Mehr dazu in Kapitel 8.
- Welche Zutaten werden für das neue Speisenangebot benötigt? Was ist gerade im Trend? Mehr dazu in Kapitel 6 und 8.
- Wie teuer ist die Beschaffung, Lagerung, Zubereitung? Habe ich eine solide Kalkulation inklusive Herstellungskosten? Mehr dazu in Kapitel 7.
- Wie wird das neue Speisenangebot beworben? Mehr dazu in Kapitel 7.
- Wie hoch ist der Nutzen der Umstellung? Alles Wissenswerte zum Kosten-Nutzen-Verhältnis in Kapitel 6.

Gehen Sie es langsam an! Ein unvollständig gekritzelter Plan ist immer noch besser als gar keiner. Wenn Sie sich eingehender damit befassen, kommen die Fakten von ganz allein – von der Analyse über die Kalkulation bis hin zur Präsentation. In unserem Beispiel wäre es durchaus sinnvoll, nicht die komplette Speisekarte umzustellen, sondern vielleicht erst einmal mit einigen Gerichten oder Getränken zu beginnen.

SIE BESTIMMEN DAS TEMPO!

Die folgende Checkliste beinhaltet die wichtigsten Fragen aus diesem Kapitel im Überblick. Blättern Sie nicht einfach weiter, denn die Fragen betreffen Sie persönlich.

Und wer oder was kann Ihnen wichtiger sein als Sie selbst?

CHECKLISTE 1: LEIDENSCHAFT

- Wie begrüßen wir bei uns die Gäste?
- Wie ist die Stimmung, wenn ich schlecht gelaunt bin?
- Was weiß mein Personal über Dankbarkeit?
- Auf einer Skala von 1 bis 10: Wie viel Aufmerksamkeit schenke ich meinen Gästen?
- Interessiere ich mich für die Probleme meiner Mitarbeiter*innen?
- Kenne ich meine eigenen Bedürfnisse und nehme mir regelmäßig eine kleine Auszeit?
- Bin ich mir darüber im Klaren, dass ich der Mittelpunkt meines Geschäftes bin?
- Weiß ich, dass ich für meine Gäste und Mitarbeiter*innen nur vollumfänglich da sein kann, wenn es mir gut geht?
- Was tue ich für mein eigenes Wohlbefinden?
- Wie groß ist mein innerer Schweinehund?
- Welche Ausreden halten mich davon ab, aktiv zu sein?
- Wie wichtig sind klar definierte Zielsetzungen für mich?
- Welche konkrete Aktivität nehme ich mir bis wann vor?

2. MARKT

Nettoumsätze im deutschen Gastgewerbe
2019: 94,7 Milliarden Euro
2020: 63,9 Milliarden Euro
2022: 100,2 Milliarden Euro
2023: real 1,1 % und nominal 8,5 % höher als 2022

Gastrobetriebe in Deutschland (Stand 2022):
60.000 Restaurants
34.000 Imbissstuben
27.400 Schankwirtschaften
10.000 Cafés

Sozialversicherungspflichtig Beschäftigte:
1,1 Million Personen im deutschen Gastgewerbe,
davon rund 414.600 in der Gastronomie (Stand 2022)

Beliebtester Ausbildungsberuf im Gastgewerbe:
Koch/Köchin: ca. 14.500 Auszubildende
Hotelfachfrau/Hotelfachmann: ca. 14.000 Auszubildende

Anzahl der Personen in Deutschland, die weitgehend auf Fleisch verzichten: mehr als 9 Millionen, Tendenz steigend (Stand 2023)

Primäre Konsumbedürfnisse im Gastgewerbe:
Umweltschutz + Tierwohl + kontaktloses Bezahlen + Online-Lieferung

(Quellen: DEHOGA, FORSA + Statistisches Bundesamt, 2024)

Soweit ein paar Zahlen und gleich die erste Frage: Wann haben Sie sich das letzte Mal konkret dafür interessiert, was um Sie herum passiert? Nicht in den Medien oder sozialen Netzwerken, sondern draußen auf der Straße, bei der Konkurrenz und natürlich in Ihrem Gastrobetrieb. **Wie oft prüfen Sie Ihr eigenes Angebot und finden heraus, welches Gericht/Getränk sich gut verkauft und welches einfach nur kostet?**

In welchen Zeitabständen holen Sie sich Feedback von Ihren Gästen oder bewerten tatsächlich objektiv Ihr Geschäft, Ihr Interieur, Ihren Service, Ihre Speisekarte, Ihre Umsätze, Ihren Bekanntheitsgrad? Und damit meine ich nicht die Klickzahlen bei Social Media, sondern eine substanzielle Analyse.

Ja, ich weiß. Im täglichen Chaos bleibt dafür keine Zeit. Statistiken sind was für Sesselfurzer und überhaupt reicht die Kraft momentan gerade noch aus, den Kopf über Wasser zu halten. Verstehe ich komplett. Deshalb habe ich mich für Sie schlau gemacht und im Folgenden dargestellt, wie der Gastro-Marktplatz nach Corona aussieht.

Was ist los in der Gastro?

Die Presse zitierte im März 2024 eine Studie der Wirtschaftsauskunftei Creditreform, wonach ein Jahr zuvor unfassbare 10 (!) Prozent aller Gastronomieunternehmen schließen mussten. 2020 waren es ca. 48.000 Betriebe, 6.100 meldeten Insolvenz an. Experten zufolge ist das Gastrosterben noch nicht vorbei. Die Pleitewelle wurde aufgehalten durch die staatlichen Corona-Hilfen, aber nicht gestoppt. Denn dann kam der Krieg, die Inflation, explodierende Energiekosten ... Sie wissen schon, das Elend muss ich nicht weiter erläutern. Aber was steckt dahinter? Warum geht in den ersten fünf Jahren rund ein Drittel aller Neugründungen im Gastgewerbe pleite? Hat das nur etwas mit den aktuellen Herausforderungen zu tun?

Ein ganz klares Nein! Der Zugang zum Markt ist weitgehend frei und nur mit geringen Barrieren verbunden. Im Prinzip kann jede/r ein Restaurant, eine Bar, ein Hotel, einen Imbiss eröffnen. Immer weniger haben das Geschäft jedoch von der Pike auf gelernt. Fehler werden gemacht, deren Konsequenzen keinesfalls nur individuell zu beurteilen sind.

PREISSCHRAUBE IM WETTBEWERBSMARKT

Eine unmittelbare Folge der aktuellen Krisen und des starken Wettbewerbs ist die Preisschraube, an der viele zuerst drehen, wenn es schlecht läuft. Eine Negativspirale wird in Gang gesetzt, die auf Dauer zerstörerisch wirkt, und zwar für die gesamte Branche. Als zum 1. Januar 2024 die Mehrwertsteuer zurück auf 19 Prozent erhöht werden musste, gab es viele Bedenken. Nur etwa ein Drittel aller Gastronomin*innen glaubte daran, auch mit höheren Preisen die Kundschaft zu halten. Der DEHOGA führte hierzu eine Branchenumfrage durch, die sich im Laufe des Frühjahrs 2024 bestätigte: Dreiviertel aller Gastronom*innen erhöhten die Preise bereits im Januar, weitere wollen im Laufe des Jahres sukzessive hochsetzen und nur ein geringer Prozentsatz hofft, ohne Preiserhöhung auszukommen. Kein Wunder also, dass sich so viele Vertreter der Branche stark machen für die einheitliche 7-Prozent-Lösung. Aber das wäre nur eine Symptombehandlung, die derzeit politisch nicht durchsetzbar scheint. Schauen wir, was realistisch ist und worauf wir unmittelbaren Einfluss haben.

KÄUFERMARKT: DER KUNDE IST KÖNIG

Bleiben wir zunächst in den Ballungsgebieten, wo die Konkurrenz hoch ist. Wenn Sie das Gleiche anbieten wie Ihr Nachbar, dann interessieren sich Ihre Gäste primär dafür, was sie für ihr Geld bekommen. Im sogenannten Käufermarkt, wo das Angebot höher ist als die Nachfrage, bestimmt der Kunde.

Moment! Wollten wir uns nicht anschauen, worauf Sie unmittelbaren Einfluss haben? Absolut richtig. Wir sind mittendrin. Denn jede Marktsituation ist lediglich eine

Momentaufnahme, die jederzeit geändert werden kann. Durch Sie!

Der Begriff »Markt« geht zwar auf den historischen Platz zurück, wo früher Vieh, Gemüse, Keramik feilgeboten wurde. Jedoch bedeutet er im ökonomischen Sinne kein starres Gebilde. Wie bereits weiter oben erwähnt, ist es heute elementar, die aktuelle Marktsituation regelmäßig zu analysieren. Ist der Wettbewerb hoch, ist auch genügend Kundschaft vorhanden. Die Frage ist dann »nur« noch: Möchte diese Kundschaft lieber zu Ihnen kommen oder aber zur Konkurrenz? Was können Sie also tun, worauf haben Sie unmittelbaren Einfluss? Na klar, auf Ihr Angebot. Wenn das jedoch so einfach wäre, müsste ich dieses Buch nicht schreiben. Immer wieder höre ich von Gastronom*innen, dass sie sich nicht erklären können, warum die Gäste wegbleiben. Kurzgedacht könnte die Antwort lauten: Weil die Inflation zu hoch ist und niemand mehr Geld hat. Aber wer so einseitig denkt, kann direkt aufgeben.

GELD WOFÜR?

Egal, ob in Großstädten oder ländlichen Regionen: Wollen Sie die Kundschaft zu sich an den Tisch, an die Bar, den Tresen holen, müssen Sie sich für deren Bedürfnisse interessieren. Wenn Sie Freunde zu sich nach Hause einladen, fragen Sie doch auch, was diese essen und trinken möchten. Dieses simple Beispiel versteht eigentlich jeder, aber die Realität zeigt etwas anderes. Allzu oft verlieren sich Gastronom*innen im Alltagstrott. Bleibt die Kundschaft weg, ist die Politik schuld, das Wetter, die Konkurrenz … Laden Sie Ihre Freunde das x-te Mal zum gleichen Essen, mit den gleichen Gesprächsthemen, im selben Setting ein und hängen den ganzen Abend mit schlechter Laune am Tisch, könnte es sein, dass selbst Menschen, die Sie wirklich gernhaben, nicht mehr kommen. Und so verhält es sich auch mit Ihren Gästen.

Ja, das Geld ist gerade knapp.

Ja, die äußeren Einflüsse sind keinesfalls optimal.

Aber wenn Sie nicht aufgeben wollen, interessieren Sie sich bitte dafür, wie es weitergehen kann, und verschwenden Sie nicht Ihre kostbaren Ressourcen mit Meckern!

Schauen wir, wie es tatsächlich auf dem Gastromarkt aussieht und wie Sie konkret von der aktuellen Situation partizipieren können.

Auf hogapade.de wurde im April 2024 eine repräsentative Umfrage vom Bayerischen Zentrum für Tourismus veröffentlicht, die der Frage nachging, welche Kriterien für die Kundschaft in der Gastronomie entscheidend sind. Etwa ein Drittel der 2.024 befragten Personen gab an, einmal pro Woche essen zu gehen, ein weiteres knappes Drittel einmal im Monat. Lediglich 16 Prozent gaben an, nie oder selten außer Haus zu essen, was vermutlich auch schon immer so war. Denn etwa die Hälfte dieser

Personengruppe nannte als Grund, dass Selbstgekochtes besser schmeckt und/oder man keine Lust habe, auswärts zu essen. Konzentrieren wir uns deshalb auf jene Zweidrittel, die regelmäßig unsere Kunden sein könnten. Was sind deren Kriterien?

Auf Platz 1 steht das Preis-Leistungsverhältnis (73 Prozent), dicht gefolgt vom Ambiente und der Gemütlichkeit (63 Prozent) und der Gastlichkeit (44 Prozent). Wobei diese drei Punkte vorwiegend für die älteren Befragten relevant sind. Jüngeren, die häufig außer Haus essen, ist sowohl die Kinderfreundlichkeit als auch die Option der Online-Reservierung wichtig. In der Frage der Speisen waren sich Junge wie Alte einig, dass die italienische Küche ihr Favorit ist, also vor allem Pizza und Pasta (64 Prozent). Die deutsche Küche wird von etwa der Hälfte der Befragten bevorzugt (54 Prozent), fast gleichauf sind die asiatische Küche (47 Prozent) und die griechische Küche (46 Prozent). Die jüngeren Befragten gaben an, auch gern türkische, indische, amerikanische und mexikanische Gerichte zu essen, wobei diese Zielgruppe tendenziell öfter Lieferdienste in Anspruch nimmt.

In Bezug auf die Preiserhöhung wollen 41 Prozent der Befragten übrigens auch nach der Anhebung des Mehrwertsteuersatzes ihr Konsumverhalten nicht ändern.

Was sagt uns das? Wie bringt Sie das konkret weiter? Nun, wir wissen jetzt, was die Menschen wollen: Gastfreundlichkeit, gemütliches Ambiente, kulinarische Vielfalt, und das zum fairen Preis. Im Grunde hat sich also im Konsumentenverhalten nicht wirklich etwas im Vergleich zu vor Corona geändert. Daran sollten Sie immer denken, vor allem an miesen Tagen.

DIE GÄSTE SIND IMMER NOCH DA UND AUCH BEREIT, GELD AUSZUGEBEN.

Ich rate Ihnen dringend, sich weniger mit den Negativschlagzeilen zu befassen. Natürlich kann man sich die Welt nicht malen, wie sie einem gefällt. Das Gastrosterben ist Realität. Und ja, wir müssen uns damit auseinandersetzen. Aber bitte konstruktiv!

Was können wir also tun? Die Wünsche unserer Kundschaft kennen und respektieren, sie freundlich behandeln, ihnen etwas bieten für ihr Geld, statt Angst zu haben, dass niemand mehr kommen will. Klingt logisch? Ist es auch, wird nur nicht immer so gemacht.

BLEIBEN SIE AM PULS DER ZEIT!

Das beinhaltet, neben der Kundschaft auch die Konkurrenz im Blick zu haben. Und mal ehrlich, es gibt Schlimmeres. Schließlich befinden Sie sich in einem der schönsten Märkte überhaupt. Stellen Sie sich vor, Sie müssten Waffen oder Versicherungen verkaufen ... Eben! In der

Gastrobranche gehören zur primären Marktforschung beispielsweise so angenehme Dinge wie das Essen bei der Konkurrenz. Als Inkognito-Gast haben Sie die Möglichkeit, einfach und schnell eine Qualitäts- und Preisrecherche durchzuführen. Achten Sie zu unterschiedlichen Tageszeiten zudem sowohl auf den Service als auch auf die Zufriedenheit der Gäste Ihrer benachbarten Mitstreiter*innen. Studieren Sie die Speisekarte eingehend in Bezug auf Layout, Kundenansprache, Trends, Innovationen. Ganz nebenbei genießen Sie (bestenfalls) ein gutes Essen und können darüber hinaus die Testbesuche von der Steuer absetzen.

Für die sekundäre Marktforschung empfehle ich Ihnen branchenspezifische Informationen und Statistiken, die Sie unter anderem hier finden:

destatis.de oder hogapage.de.

Der Markt ist vorhanden und kann aufgrund der hohen und sich stetig wandelnden Nachfrage niemals gesättigt sein. **Menschen müssen essen und trinken.** Die Frage dabei ist lediglich: Wollen sie das bei Ihnen?

Natürlich sollen Sie nicht akribisch in Excel-Tabellen Ihr Unternehmen darstellen und manisch Kursentwicklungen verfolgen. Und es verlangt auch niemand von Ihnen, dass Sie ab morgen alles anders machen. Wenn Sie dieses Buch lesen, ist das ein Anfang. Vielleicht erkennen Sie, dass umfassende Veränderungen nötig sind, möglicherweise reichen Ihnen auch ein paar nützliche Tipps, um kleine Kurskorrekturen vorzunehmen. All das ist in Ordnung, solange Sie kaufmännische Entscheidungen nicht aus dem Bauch heraus treffen. Egal, ob Sie im High-End- oder Fast-Food-Bereich Ihren Gastrobetrieb führen, ob Sie in Hamburg oder Hoyerswerda ansässig sind, eines ist überall genauso wichtig:

IHR ANGEBOT MUSS ZUM MARKT PASSEN.

In den folgenden Kapiteln finden Sie eingehende Erläuterungen zum Angebot und deren Nachfrager sowie praktische Tipps, wie Sie Ihre Produkte soweit differenzieren können, dass sie sich von der Konkurrenz abheben und die Preisschraube nicht mehr allzu relevant ist. Klingt immer noch viel zu theoretisch? Sie sind Praktiker, Analysen nur Zeitverschwendung? Ihre Entscheidung!

Wer ein Patentrezept erwartet, den muss ich enttäuschen. Es gibt keine Wunderpille, die zwölf verschiedene Krankheiten heilt. Das 21. Jahrhundert ist geprägt von Vielfalt, Globalisierung, rasanten Entwicklungen, und wie bereits erwähnt, steht der Gastro-Markt dem in nichts nach. Stellen Sie sich ein opulentes Brunch-Buffet vor, vielleicht bieten Sie selbst eines an. Hier gibt es alles, was das Herz begehrt: Salate, warme Speisen, raffinierte Desserts, eine große Auswahl an frisch gepressten Säften, diversen selbstgebackenen Brotsorten, Müsli, Obst und vieles mehr. Jede/r sucht sich individuelle Favoriten heraus, die er/sie am liebsten mag, genießt das Essen und ist irgendwann satt, zufrieden und der Meinung, genügend für den Preis bekommen zu haben.

Und jetzt stellen Sie sich vor, Sie würden von dieser riesigen Auswahl lediglich ein halbes Brötchen mit Salami wählen, weil sie zum Frühstück immer nur ein halbes Brötchen mit Salami essen. Wie hoch wäre der Kosten-Nutzen-Faktor? Eben! Sie können sich also entscheiden, ob Sie dieses Buch bis auf den letzten Buchstaben aussaugen, das für sich mitnehmen, was zu Ihnen passt, oder aber jedes Kapitel mit »kenn ich schon, will ich nicht« abstempeln. Es ist Ihre Entscheidung!

Bleiben wir bei dem Brunch-Beispiel: Vor dreißig Jahren reichte das halbe Salami-Brötchen tatsächlich aus, hungrige Frühstücksgäste zufriedenzustellen. Ja, vielleicht waren es auch zwei oder drei Brötchen. Neben Salami gab es Käse und Marmelade. Was steckte hauptsächlich drin? Weizen, Zucker, tierische Fette. Punkt.

Und heute? Den Frühstücksklassiker gibt es mittlerweile in zahlreichen Varianten, mit diversen Beilagen, kalt oder warm, vegetarisch, vegan, halal, light, bio, laktosefrei, mit Weizen, Roggen, Dinkel, vitamin- und ballaststoffreich, ohne Farb- und Konservierungsstoffe, mit hohem Nährwert, aus nachhaltigem Anbau, für Allergiker geeignet, mit oder ohne Körner … Und diese Vielfalt lässt sich auf alle Speisen und Getränke projizieren. Erinnern Sie sich, wie einfach es früher war, einen Kaffee zu bestellen. Und heute?

Ja, die Zeiten haben sich gewaltig verändert. Vielfalt ist keine Ausnahme mehr, sondern die Norm. Selbst die gute alte Currywurst gibt es nicht mehr nur mit einer Soße auf durchgeweichter Pappe. Die Imbissbuden der Achtziger haben heute Räder unten dran, heißen Foodtrucks und bieten gesunde, internationale und eben vielfältige Kost für jedermann und überall. Seit wir Lebensmittel im Überfluss haben, geht es beim Essen nicht mehr nur um das Sattwerden, sondern um den Genuss, gesundheitliche sowie ökologische Aspekte und das Erlebnis. Wie es dazu kam und welche Auswirkungen solche Trends haben, erläutere ich ausführlich in Kapitel 4 und 8. Wie Sie damit umgehen können, erfahren Sie jetzt während unserer gemeinsamen Analyse.

»Die Klage über die Stärke des Wettbewerbs ist in Wirklichkeit meist nur eine Klage über einen Mangel an Einfällen.«

Diesen Satz soll einmal der deutsche Industrielle und Schriftsteller Walter Rathenau gesagt haben. Und er ist immer noch aktuell. Nur wer kreativ, kundenorientiert und qualitativ hochwertig seinen Gästen etwas bietet, wird sich über ein volles Haus und gute Umsätze freuen.

Doch nicht selten geht dieses Credo in der gastronomischen Praxis und im hektischen Alltag unter.

Wann haben Sie sich das letzte Mal mit Ihrem Team konkrete Gedanken darüber gemacht, wie und was Sie anbieten können, um sich von Ihren Mitbewerbern zu unterscheiden? Und wenn, hatten Sie dabei auch auf dem Schirm, dass dieses einzigartige Nutzungsversprechen gegenüber Ihren (potenziellen) Gästen nicht allein auf Speisen und Getränke beschränkt sein sollte?

Ja, wir alle kämpfen gerade ums Überleben, die einen pumpen Keller aus, die anderen schlagen beim Lesen der Stromrechnung die Hände über dem Kopf zusammen. Es gibt tausend Probleme, mit denen wir uns tagtäglich herumärgern müssen. Aber unsere Gäste auch. Und die Konkurrenz. Umso wichtiger ist die Bestandsaufnahme. Nennen wir die Dinge beim Namen! Das hilft eindeutig mehr, als jede Nacht mit der diffusen Frage ins Bett zu gehen, warum der Laden nicht läuft. Denn ...

OHNE ANALYSE LÄUFT NICHTS.

Nur wenn Sie sämtliche Einflussfaktoren kennen, die Ihr Geschäft betreffen, ergibt sich ein klares Bild über die tatsächlichen Zusammenhänge von Angebot und Nachfrage, Kosten und Nutzen, Erfolg und Pleite. Erst dann lassen sich Entscheidungen in Bezug auf den sogenannten Marketing-Mix treffen, der insbesondere Ihre Zielgruppe,

Ihre Produktpräsentation und Ihre Preisgestaltung beinhaltet. Schon wieder zu theoretisch? Tja, da müssen Sie jetzt durch.

Wo finde ich Antworten?

In Fachbüchern und seriösen Ratgebern werden diverse Analyse-Methoden beschrieben, und das aus gutem Grund. Sie bieten ein probates Mittel, sowohl den realen Ist-Zustand Ihres Unternehmens als auch die jeweiligen Potenziale zu benennen. Viele Gastronom*innen vernachlässigen diesen wichtigen Aspekt und wissen im Zweifel nur wenig über die tatsächlichen Stärken und Schwächen ihres Unternehmens, die Risiken und Chancen sowie entsprechende Strategien. Klingt erst mal gewaltig, ist aber eigentlich gar nicht so schwer. Im Folgenden stelle ich Ihnen eine kleine Auswahl an Analyse-Methoden vor, mithilfe derer Sie in kürzester Zeit herausfinden können, wie Ihre Markposition ist und welche konkreten Maßnahmen Sie daraus ableiten können. Und das möglichst regelmäßig, denn der Gastromarkt ändert sich schnell. In unserer Branche sind wir ständigen Schwankungen und Veränderungen ausgesetzt, die wir nur dann gewinnbringend für uns nutzen können, wenn wir imstande sind, sie rechtzeitig zu erkennen. Deshalb ist die Analyse nicht ausschließlich für Existenzgründende notwendig, sondern für alle Unternehmer*innen, die dauerhaft erfolgreich sein wollen. Schauen wir uns jetzt gemeinsam an, wie das geht ...

ANALYSIEREN SIE MINDESTENS EINMAL JÄHRLICH!

Die Befragung gehört zur klassischen Primärmarktforschung. Wirtschaftswissenschaftler unterscheiden die qualitative Befragung in Form von leitfadengestützten Interviews und die quantitative Befragung mittels Fragebogen. Wie aus dem Begriff zu erkennen ist, werden möglichst viele Personen befragt, damit das Ergebnis dieser Umfrage repräsentativ ist. Beide Formen sind grundsätzlich auf die Gastronomie anwendbar, jedoch mit einem hohen Aufwand verbunden. Sollten Sie Ihre Kundschaft selbst befragen wollen, steht Ihnen das natürlich frei. **Effizienter ist die Nutzung bereits vorhandener Quellen.** Zuallererst die Zahlen aus Ihrer Buchhaltung, also Ihre unternehmensinternen Umsatzstatistiken, die weitaus sinnvoller sind, als nur die Höhe der nächsten Steuerzahlung zu ermitteln. Darüber hinaus helfen Ihnen aber auch verifizierte Fakten aus der Fachliteratur, von Internetseiten, Online-Magazinen, virtuellen Datenbanken und Suchmaschinen. Kurzum: Die Recherche beziehungsweise **sekundäre Marktforschung** erspart eine Menge Zeit und bildet neben der primären

Marktforschung eine effiziente Möglichkeit, sämtliche Daten zusammenzutragen, die Sie für Ihre individuelle Analyse brauchen. Und was dann?

TRENNEN SIE SICH VON KOSTENFRESSERN!

Wie Sie zu Hause (hoffentlich) regelmäßig die Küchen- und Kleiderschränke ausmisten, ist es für Ihr Unternehmen absolut notwendig, sich von Altlasten zu befreien, die unnötig Geld kosten. Mit der sogenannten 4-Felder-Matrix oder auch **Portfolioanalyse** können Sie relativ einfach unter kaufmännischen Aspekten entscheiden, von welchen Bestandteilen Ihres Sortimentes Sie sich schleunigst trennen, welche Sie beibehalten und in welche Sie investieren sollten.

Erinnern Sie sich an das halbe Salamibrötchen? Es ist völlig normal, dass manche Produkte aus der Mode kommen und sich nicht mehr verkaufen lassen, andere wiederum langfristig ein Renner bleiben. Um das Warum kümmern wir uns später, jetzt ist vorerst relevant, wie Sie diese Produkte identifizieren.

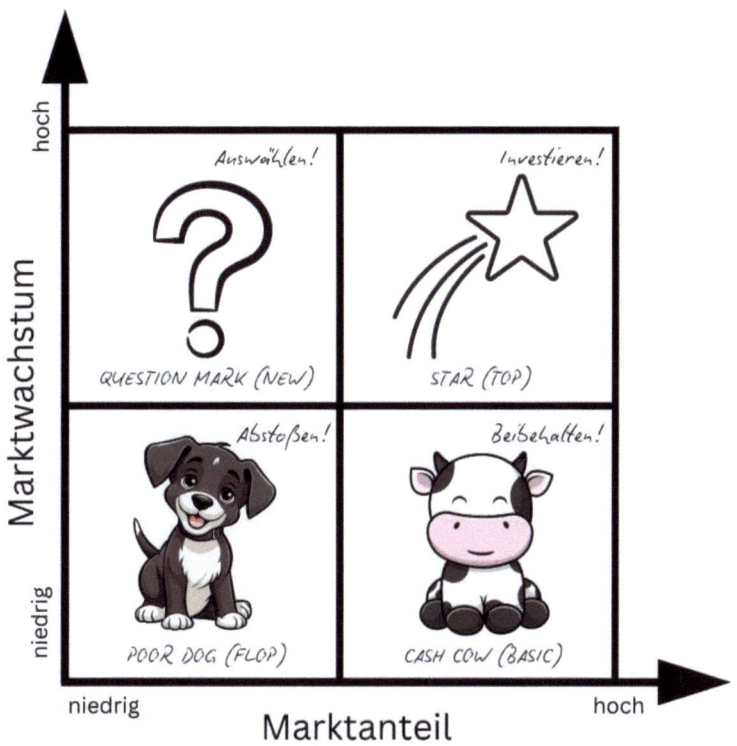

Poor Dog: Ein Gericht oder Getränk, das vor einiger Zeit sehr beliebt war, jetzt aber unbeachtet auf der Speisekarte versauert. Wenn Sie es dennoch tagtäglich bereithalten, obwohl es niemand mehr haben will, kostet dieses Produkt jeden Tag Geld, statt Umsätze zu generieren. Natürlich kann es irgendwann wieder in Mode kommen, aber für die Analyse und Kostenkalkulation zählt ausschließlich der Ist-Zustand. Verabschieden Sie sich sofort davon! Und falls Ihr Herz daran hängt, dann beachten Sie bitte die Ausführungen weiter unten im Text.

Cash Cow: Die Basis Ihres Geschäfts. Hiermit sind Produkte gemeint, die im Großen und Ganzen trend- und saisonunabhängig sind. Keine hippen Überflieger, sondern das Fundament Ihrer Einnahmen, die konservativen Lieblinge Ihrer Gäste. Diese Produkte können Sie ohne weitere Veränderungen auf der Speisekarte lassen, solange sie sich gut verkaufen.

Question Mark: Auch wenn der Marktanteil respektive der Beliebtheitsgrad für dieses Produkt noch nicht durch die Decke geht, steigen die Umsätze. In der Regel haben wir es mit neuen Produkten zu tun, die sich erst etablieren müssen. ABER das Fragezeichen steht hier nicht umsonst. Beobachten Sie diese Produkte regelmäßig. Sollten sie floppen, was möglich ist, trennen Sie sich davon, bevor aus ihnen Poor Dogs werden.

Star: Die Stars auf Ihrer Speisekarte muss ich Ihnen wahrscheinlich nicht näher erläutern. Es sind die Top-Favoriten Ihrer Kundschaft und werden oft und gern bestellt. Jedoch können Sterne vom Himmel fallen, und das ziemlich schnell. So manches Produkt, was sich vor zehn Jahren gut verkaufte, wird heute mitunter gar nicht mehr nachgefragt.

Um Kosten zu sparen, analysieren Sie bitte regelmäßig Ihr Angebot nach diesem Prinzip, denn

AUS JEDEM STAR KANN EIN POORE DOG WERDEN.

Warum solche Analysen wichtig sind, wissen vor allem Gastronom*innen in Großstädten oder touristischen Hotspots, denn dort ist die Konkurrenz am größten. Ökonomen sprechen vom sogenannten Verdrängungsmarkt. Zu viele Wirte teilen sich eine stetig verändernde und zunehmend anspruchsvollere Kundschaft, die **Nachfrageseite ist launisch und saisonal schwankend.** Aber solche heterogenen Strukturen und der starke Wettbewerb bergen nicht nur Risiken, sondern auch und vor allem Chancen. Das rasante Tempo des Wandels in der Gastronomie, die trendbewussten Konsument*innen und reichlichen Facetten der Produktvielfalt bieten ein ebenso breites Spektrum an Möglichkeiten, sich gut zu positionieren oder aber neu zu orientieren.

Was weiß ich über ...?

Wie haben Sie seinerzeit Ihren Standort ausgewählt? Suchten Sie nach einer passenden Location in einer Region, die Ihnen aus bestimmten Gründen vielversprechend erschien? Orientierten Sie sich an der hier ansässigen Zielgruppe? War es für Sie wichtig, gleich um die Ecke zu wohnen oder war Kamerad Zufall verantwortlich und Sie haben nach einem Schnäppchen gegriffen? **Die Lage eines Gastrobetriebes ist je nach Konzept und Zielgruppe ausschlaggebend.** Bestimmte Konstellationen könnten sich als äußerst schwierig erweisen, so zum Beispiel: ein Gourmet-Restaurant in einem sozialen Brennpunkt, ein Familienlokal in einem Industriegebiet, ein Fast-Food-Restaurant in einer teuren Wohngegend, eine Bar neben einer Kita, eine Event-Location neben einem Seniorenheim. Prüfen Sie deshalb die Umgebung Ihres Standorts genau. Für eine Analyse der Bevölkerungsstruktur und damit Ihrer potenziellen Gäste eignen sich sogenannte Kommunalprofile, die Sie im Internet für nahezu jedes Bundesland finden.

Jetzt können Sie natürlich meinen, dass eine Standortanalyse nur dann Sinn macht, wenn der Miet- oder Pachtvertrag noch nicht unterzeichnet wurde. Richtig! Grundsätzlich sollte man im Rahmen der Gründung ausführlich die verfügbaren Standorte analysieren, um faktisch entscheiden zu können, wo das Restaurant, die Bar oder das Bistro eröffnet werden soll.

Doch wenn Sie bereits länger im Geschäft sind, dann wissen Sie auch, dass sich Standorte verändern können. Nehmen wir beispielsweise den Friedrichshain in Berlin. Bis in die Neunzigerjahre gab es hier zahlreiche besetzte Häuser und einige Pils-Korn-Kneipen. Mehr nicht. Und heute? Die Gastronomie boomt in diesem Berliner Bezirk, zig Restaurants reihen sich in ehemaligen Wohnvierteln aneinander, viele neue Locations der Event-Gastronomie entstanden rund um die Warschauer Brücke, und es werden stetig mehr. Oder stellen Sie sich einen idyllischen Landgasthof vor, der mit gepflegter Pension und traditioneller Gastronomie über Jahrzehnte erfolgreich

gearbeitet hat. Dann wird genau nebenan ein Industrie-
park gebaut, mit Autobahn und allem Pipapo. Die Idylle
ist hin, der Erfolg ebenfalls. **Es ist keine Seltenheit, dass
sich Standorte innerhalb kurzer Zeit gravierend verändern.** Gehen Sie deshalb mit offenen Augen zur Arbeit
und denken Sie daran: Wenn Ihr Umfeld sich ändert, sollten Sie es auch.

Es reicht also bei weitem nicht aus, ein Restaurant in
Berlin oder Münchens City oder aber am Ostseestrand zu
eröffnen. Zahlreiche Insolvenzen in gerade diesen Regionen belegen, dass der Standort allein noch keinen Erfolg
garantiert.

IHR KONZEPT MUSS ZUM STANDORT PASSEN.

Möchten Sie beispielsweise ein Bio-Restaurant eröffnen
oder Ihr Angebot entsprechend umstellen, prüfen Sie
bitte vorher, ob die Menschen im Umkreis überhaupt
Wert auf nachhaltige Lebensmittel legen. Gibt es bereits
ähnliche Lokalitäten um die Ecke, die erfolgreich sind,
können Sie davon ausgehen, dass die entsprechende
Nachfrage vorhanden ist. Allerdings ist damit noch nicht
alles super. Zwar heißt es häufig »Konkurrenz belebt das
Geschäft«, doch der Verdrängungsmarkt ist nichts für
schwache Nerven. Wenn Sie das fünfte Bio-Restaurant in
der Straße führen wollen, feilen Sie unbedingt an Ihrem

Alleinstellungsmerkmal. Stellen Sie konkret heraus, was Sie von der Konkurrenz abhebt und finden so eine Marktnische, die noch besser zu Ihnen und Ihrem Umfeld passt. (Lesen Sie hierzu bitte Kapitel 3.)

Ist der Miet- oder Pachtvertrag erst unterschrieben, können Sie Ihren Standort nicht mehr spontan ändern, wohl aber Ihr Angebot. Spätestens wenn die Umsätze sinken, sollten Sie mithilfe der oben beschriebenen Portfolioanalyse die Kostenfresser ausmisten und Alternativen finden, die Ihren Gästen besser schmecken.

> **Sie können weder Ihren Standort noch den Markt verändern.** Aber Sie können sich an die Umstände anpassen, die Potenziale erkennen und somit das Beste daraus machen.

Wie geht es besser?

Vermutlich haben Sie längst eine Angebotsübersicht im Sinne der 4-Felder-Matrix erstellt, die Ihnen genau zeigt, welche Speisen und Getränke sich gut verkaufen und welche nicht. Wenn Sie jetzt auch noch konsequent den Rotstift angesetzt haben, wäre der Anfang getan, um nicht weiter unnötig Geld zu verschwenden.

Allerdings können Sie nicht immer alle Produkte in die Schubkästen »Top« oder »Flop« einsortieren, weil Ihre

Gäste sich eben nicht für ein klares Ja oder Nein entscheiden. Ihnen geht es doch nicht anders. Wenn Sie beispielsweise einen neuen Fernseher kaufen wollen, wählen Sie nicht das erstbeste Gerät im Laden. Sie lassen sich entweder von der Werbung oder einem Trend beeinflussen, von den Erfahrungen Ihres Nachbarn, dem Tipp einer Freundin oder Ihren eigenen Bedürfnissen in puncto Bildqualität, Energieeffizienz und Budget. Es ist also der individuell wahrgenommene Mehrwert (Image, Trend, Features, Preis-Leistung), der darüber entscheidet, ob und wie Sie eine Kaufentscheidung treffen. Diverse Fakten spielen eine Rolle, die auf vielfältige Weise emotional interpretiert werden können. Nicht nur beim Kauf eines Fernsehers, der übrigens vor knapp 100 Jahren erfunden wurde!

In der Angebotsanalyse geht es also nicht ausschließlich darum, Produkte zu streichen und neue hinzuzufügen, sondern bestehende Speisen und/oder Getränke anders zu gestalten, um sie besser zu verkaufen. **Mit der Produktinnovation ist es möglich, Ihr Geschäft wieder in Schwung zu bringen, ohne dass Sie sich komplett verbiegen und für viel Geld alles ändern müssen.**

Sie kennen das: Ein Shampoo oder Waschmittel, das es seit Jahren auf dem Markt gibt, wird beworben mit »neu« oder »jetzt mit verbesserter Formel«. Im Grunde gibt es dieses Produkt also schon längere Zeit, es erfährt nur einen Relaunch. Dabei wird es in einem zeitgemäßen Design und mit entsprechendem Slogan präsentiert. Die Stellschraube ist also der *gefühlte* Mehrwert für die Kunden. Genau so können Sie einige Ihrer »Poor Dogs« aufpeppen, um höhere Umsätze zu generieren.

Wie das gelingt? **Hier einige Beispiele für gelungene Produktinnovationen in der Gastronomie:** Zu Beginn dieses Jahrtausends entdeckte alle Welt den rohen Fisch für sich und verspeiste im Afterworkclub zum stylischen Cocktail knallbunt präsentiertes Sushi. Nicht neu. Die japanische Zubereitung von in Reis konserviertem Fisch ist über tausend Jahre alt. Und doch machte sich dieser Hype quasi über Nacht breit, Sushi-Bars schossen wie Pilze aus dem Boden und jeder, der hip genug sein wollte, genoss die kleinen kalten Happen am Plastikdosenfließband.

Einige Zeit später erlebte ein fast vergessener Fastfood-Pionier der Nachkriegszeit sein glamouröses Revival. Kleingeschnitten und im Gläschen serviert, fand man die Currywurst nunmehr als Fingerfood auf dekadenten Upperclasspartys und am Trend-Imbiss mit verschiedenen Soßen. Sogar Champagner passte auf einmal zum einstigen Sattmacher des Proletariats. Auch dieser Hype zog zahlreiche Restauranteröffnungen nach sich und Konnopke - das Berliner Original im einstigen Ost-Berliner Prenzlauer Berg - avancierte zum Kult-Imbiss.

Natürlich können Sie jetzt sagen: Das sind Eintagsfliegen. Wie soll ich denn bitte solche Tipps auf meine Küche anwenden? Selbstverständlich verlangt niemand von Ihnen, aus dem Stand einen neuen Trend zu kreieren. Das ist sowieso unmöglich. Bei der Produktinnovation geht es um die Veränderung von Kleinigkeiten in der Zubereitung und/oder Präsentation. Nehmen wir beispielsweise die Entwicklung des belegten Brötchens, wie ich es zu Beginn dieses Kapitels beschrieben habe. Sie erinnern sich? Aus der ordinären Wurstsemmel wurde ein innovatives und zugleich lukratives Produkt. Wie?

Rösten Sie einen Dinkel-Bagel, belegen Sie ihn zum Beispiel mit geräuchertem Sellerie, garnieren Sie mit frischem Rucola oder Bio-Kresse und servieren dazu einen leckeren Smoothie oder eine nach Hausrezept gekochte Suppe mit Gemüse und/oder Fleisch aus regionalem Anbau. Voilà! Ein klassisches Produkt - innovativ zubereitet.

Mehr zu diesem Thema erfahren Sie übrigens ab Kapitel 7, wenn es ums Marketing und die Potenziale der Gastrobranche geht. Den veganen Räucherbelag stellt Gerdi in ihrer Gastro-Story HESSEN vor.

SCHAUEN SIE, WAS IHRE GÄSTE WOLLEN, UND REAGIEREN SIE DARAUF!

Ihr Gastrobetrieb ist ein Gesamtkonzept, das unterschiedliche Bedürfnisse vereint. Kennen Sie diese Bedürfnisse nicht, können Sie den größten Aktionismus betreiben - es wird nichts bringen. Interessieren Sie sich also bitte dafür, warum die Menschen zu Ihnen kommen oder wegbleiben. Was sind die unmittelbaren Gründe? In Ihrem Lokal, nicht in der Regierung!

Was können Sie konkret ändern, bewirken?

Ein wichtiger Bestandteil der Portfolioanalyse ist die Imagepflege mit der Frage: Wie wird mein Gastrobetrieb von (potenziellen) Gästen wahrgenommen? Passt mein Angebot zu diesem Image? Passt dieses Image zu meinen Umsätzen? Oder hätte ich gern andere? Jede Antwort auf diese Fragen erhalten Sie mit einem mutigen Blick in den Spiegel. Mein Job ist es, Sie zu motivieren, diesen Blick in den Spiegel zu wagen und die nötigen Veränderungen zuzulassen.

In Kapitel 4 befassen wir uns eingehender mit der Zielgruppe sowie den einzelnen Konsumententypen, aber bereits jetzt sollte Ihnen klar sein, dass der Gast von heute weitaus mehr erwartet, als nur satt zu werden. Je nachdem, in welchem Bereich unserer Branche Sie tätig sind, haben Sie sich ein Image aufgebaut oder sind noch dabei. **Das ist harte Arbeit, darauf können Sie zurecht stolz sein. Und weil das so ist, gehen Sie bitte sorgsam mit diesem Image um. Jeden Tag!**

Stellen Sie sich immer wieder die folgenden Fragen: Stimmt das Ambiente? Fühlen sich meine Gäste wohl? Sind die Toiletten sauber, die Speisekarten in einwandfreiem Zustand? Ist mein Personal freundlich? Ist meine Online-Präsentation aktuell, die Website gepflegt, die

Social-Media-Accounts mit ansprechendem Content gefüllt? Was steht in den Rezensionen bei Google & Co.? Wohlbefinden, Qualität, Unterhaltung, Trends, Sauberkeit, Genuss - all das gehört zu Ihrem Angebot und einem Mehrwert, den Sie Ihrer Kundschaft bieten oder eben nicht. In Kapitel 5 werden wir uns noch ausführlicher mit Ihrem Angebot befassen. Bleiben wir zunächst beim Markt und der Frage ...

Soll ich mit den Preisen runter?

Entscheiden Sie über Ihre Preise bitte niemals nach Gefühl! Vor allem jetzt nicht, da viel über den gastronomischen Weltuntergang fabuliert wird. In den Kapiteln 5 und 7 werden wir uns detailliert mit der Preiskalkulation befassen, also den Methoden, Hintergründen und Auswirkungen der Preisgestaltung sowie der Fragestellung, warum Geiz nicht mehr geil ist. Hier und jetzt befassen wir uns zunächst mit der Analyse, also der systematischen Untersuchung aktueller Preisentwicklungen im Markt sowie der preisbestimmenden Faktoren (Kosten, Wettbewerb und Kundennutzen).

Warum das wichtig ist?

Sie agieren nicht um luftleeren Raum. Die Preise Ihres Angebots stehen jederzeit in unmittelbarem Zusammenhang zu den Preisen Ihre Mitbewerber*innen. Wenn Sie beispielsweise seit Jahren Döner für 2,70 Euro verkaufen, der marktübliche Preis aber mittlerweile bei 8 Euro liegt, könnte Ihr Schnäppchen ein Wettbewerbsvorteil sein. Realistischer ist jedoch, dass Sie schlichtweg gepennt oder jede Menge Geld zu verschenken haben.

Der wichtigste Faktor in puncto Preisanalyse sind heute die laufenden Kosten für Beschaffung, Bereitstellung und Herstellung Ihres Angebots. Bieten Sie besagten Döner für 2,70 Euro an, sind die Gewinnchancen gleich null. Angesichts der explodierenden Kosten ist der angestrebte Wettbewerbsvorteil über einen Schnäppchenpreis also reine Illusion. Und damit wäre die Frage, ob Sie mit den Preisen runtergehen sollen, eigentlich schon beantwortet: NEIN!

Nutzen Sie für Ihre Preisanalyse insbesondere die eigenen Umsatz- und Kostenstatistiken aber auch die der Konkurrenz sowie allgemein verfügbare Marktforschungsdaten. Und belassen Sie es nicht bei der Analyse.

Auch wenn es schwerfällt, als Unternehmer*in müssen Sie sich konsequent von Verlustbringern trennen sowie jederzeit bereit und offen sein für Veränderungen. Warum? Weil es genauso wenig sinnvoll ist, die Preise einfach zu erhöhen. Wenn Ihre Gäste mehr bezahlen sollen, machen sie das nicht aus reiner Nächstenliebe. Nur zu erklären, dass alles teurer geworden ist, wird niemanden zufriedenstellen. Jede Preiserhöhung muss ein neues Kundenversprechen beinhalten, einen Mehrwert für Ihre Gäste, der einen Vorteil im Vergleich zur Konkurrenz verspricht.

Was macht die Konkurrenz?

Hatten Sie bisher für Ihre Konkurrenz kein nettes Wort übrig, sollten Sie darüber nachdenken, Ihre Meinung ein Stück weit zu revidieren.

> *»Liebe deine Feinde, denn sie verraten dir deine Fehler.«*
>
> BENJAMIN FRANKLIN

Der Wettbewerb ist keinesfalls schuld daran, wenn Ihr Geschäft nicht so gut läuft, wie Sie es sich wünschen. Verantwortlich für Ihren Erfolg sind Sie allein beziehungsweise Ihre Einstellung, Ihre Begeisterung, Schaffenskraft und Ihr Interesse für die Branche, den Markt, die Kundschaft und die Konkurrenz. Seien Sie dankbar für jeden Mitbewerber, ermöglicht er Ihnen doch, direkte Vergleiche anzustellen, Kooperationen einzugehen, Feedback zu geben und nicht allein zu sein.

Konkurrenz ist wie Familie: Ob gut oder schlecht, sie ist nun mal da. Also machen wir das Beste daraus!

Beobachten Sie den Wettbewerb und seien Sie vor allem kritisch sich selbst gegenüber. Was hat die Konkurrenz zu bieten, was ich nicht habe? Warum ist das Restaurant neben meinem viel besser besucht? Welchen

Mehrwert finden die Menschen dort? Was kann ich konkret besser machen? Nutzen Sie die Konkurrenz als Informationsquelle. Wie gesagt, es gibt Schlimmeres.

Lohnt sich Gastro noch?

Bevor die Zukunft Sie einholt, sollten Sie sich bewusst mit ihr auseinandersetzen. Was man kennt, ist weniger bedrohlich. Oder anders: Die größte Angst hatten Menschen schon immer vor dem Unbekannten.

Der Markt entwickelt sich rasant, die Kundschaft entdeckt quasi über Nacht immer neue Bedürfnisse und die Konkurrenz schläft nicht. Zeiten ändern sich, und zwar jeden Tag. Das war schon immer so, auch in der viel gerühmten Vergangenheit. Großeltern kochen anders als ihre Enkel – seit Jahrtausenden. Die gutbürgerliche Küche heißt heute »The New Classic«. Na und? Die Speisekarten sind international und zunehmend digital. Was ist verkehrt daran?

Selbstverständlich können Sie über die sogenannte Zeitenwende schimpfen, alles und jeden dafür verantwortlich machen, nur helfen Sie damit niemandem, am wenigsten sich selbst. Verwenden Sie Ihre Kraft bitte darauf, sich den Chancen zu widmen, den Potenzialen, die unsere Branche bietet. Und das vor allem dann, wenn Sie Begriffe wie »Vielfalt« nicht mehr hören können oder generell ablehnen. Machen Sie sich vertraut mit dem Unbekannten, es beißt nicht! Haben Sie Geduld mit sich und anderen! Bringen Sie diese Tugend zurück in Ihr Leben und Ihr Geschäft! Ein Leitsatz der Psychologie lautet:

WER SICH SELBST ERKENNT, IST BEREIT FÜR VERÄNDERUNGEN.

In den Achtzigerjahren aß man noch überwiegend zu Hause. Der Restaurantbesuch war ein gesellschaftliches Highlight. Heute gehört das auswärtige Essen und Trinken zum Alltag. Immer mehr Menschen treibt es nach Corona wieder aus der eigenen Küche. Senioren wollen heute etwas erleben, Schüler*innen und Studierende kennen kaum noch das klassische Pausenbrot. Für Gourmets, Genießer, Gesundernährer und Gelegenheitsesser steht eine wahre Fülle gastronomischer Vielfalt zur Verfügung. Kochmuffel werden überall satt. Für Kochwillige wurde eine ganz eigene Nische erfunden. Man geht zum Essen oder das Essen kommt nach Hause. Von Delikatessen bis Fastfood, von High End bis Quickservice, vom Vereinslokal bis zum Foodtruck, von der Szenekneipe bis zum Weinlokal ... **Ob high, fast, slow oder low: Noch nie war der Markt innovativer und größer.** Warum sollten Sie sich also nicht darin behaupten können?

> Wer andere für das eigene Schicksal verantwortlich macht, wird nichts ändern. Wenn sich die Welt ändert, kann niemand alles beim Alten belassen. **Wir haben keinen Fluxkompensator!**

In den folgenden Kapiteln befassen wir uns mit der Nachfrage, Ihrem Alleinstellungsmerkmal und einer passenden Marketingstrategie. Doch zuvor fassen Sie bitte mithilfe der folgenden Checkliste zusammen, wo Sie im Gastromarkt stehen, was dieser Markt für Ihren Gastrobetrieb bereithält und welche Veränderungen für Sie von Vorteil sind.

CHECKLISTE 2: MARKT

- Wie gesättigt ist der Markt?
- Wie hoch sind die Chancen für mein Angebot?
- Sind Veränderungen/Trends gut oder schlecht?
- Welche Speisen/Getränke kosten mich nur Geld?
- Sollte ich meine Preise senken/erhöhen?
- Welche Mitbewerber gibt es in meinem direkten Umfeld?
- Welchen Mehrwert biete ich ich meinen Gästen?
- Wie hoch/niedrig sind unsere Preise im Vergleich zur unmittelbaren Konkurrenz?
- Wo liegen die Stärken der Wettbewerber?
- Habe ich mir schon mal Gedanken über mein Image gemacht?
- Wann beginne ich mit meiner detaillierten Portfolioanalyse?
- Wie sind unsere Standortbedingungen (Parkplätze, ÖPNV etc.)?
- Wie ist das soziale Umfeld (Nachfragewünsche, Einkommensgefälle, Bevölkerungsstruktur)?
- Welche Potenziale/Chancen bringt mir der Markt?
- Wie kann ich die konkrete Marktsituation für mich nutzen?

**Sie können nicht alle Fragen beantworten?
Dann lesen Sie weiter und widmen sich dieser
Checkliste später.
Am Ende zählt nur das Ergebnis!**

3. USP

Sie kennen diese Fragen, oder? Was ist Ihr USP? Womit grenzen Sie sich im Markt ab? Was bieten Sie, was die Konkurrenz nicht hat?

Und? Was ist Ihre Antwort?

Keine Ahnung?

Dann sollten Sie spätestens jetzt Papier und Stift holen und sich während der nun folgenden Seiten einige Notizen machen. Uns Gastronom*innen schwirrt tagtäglich eine wahre Flut an Visionen, innovativen Ideen und vor allem Problemen im Kopf herum. Es wird Zeit, sie beim Namen zu nennen!

Wenn es Ihnen so geht wie den meisten in der Branche, können Sie vermutlich vage beschreiben, was Ihr Alleinstellungsmerkmal ist, worauf Sie stolz sind oder was Sie erreichen wollen. Aber hilft Ihnen das? Sind Sie in der Lage, mit diesen vagen Beschreibungen Kundschaft zu akquirieren, Werbung zu machen, Umsätze zu generieren?

Bevor wir uns in Kapitel 6 mit Ihrem Konzept und der Finanzierung Ihrer Ideen befassen, sollten Sie sich jetzt darüber klar werden, wer Sie sind, was Sie konkret wollen und zukünftig ändern möchten. In Kapitel 1 haben wir damit begonnen und die Basis geschaffen. Meine Erfahrung sagt mir, dass zu Beginn nur etwa 20 Prozent aktiv mitmachen. Gehören Sie dazu, haben Sie die Checklisten durchgearbeitet und sich Notizen gemacht? Glückwunsch! Wenn nicht, ist das absolut kein Problem.

SIE ALLEIN BESTIMMEN ÜBER IHRE ZEIT, IHRE CHANCEN, IHRE ZUKUNFT.

Vielleicht haben Sie schon einiges ausprobiert und sind gescheitert. Möglicherweise fragen Sie sich, warum Sie ein Alleinstellungsmerkmal brauchen. Immer wieder höre ich von Gastronom*innen, dass sie einfach nur über die Runden kommen wollen und keine Zeit haben für diesen USP-Quatsch. Sie hätten ihre Stammgäste, das würde reichen. Okay. Aber wieso werde ich dann gebraucht?

Weshalb lesen Sie dieses Buch?

Der Markt ist vielfältig. Punkt. Daran können Sie nichts ändern. Wohl aber daran, ob und wie Ihr Unternehmen gefunden wird. Dafür braucht es vor allem in der virtuellen Welt aber auch im zwischenmenschlichen Miteinander ein definiertes Wording, eine präzise Kundenansprache. Geben Sie sich und Ihren Gästen die Chance, in einem Satz zu erklären, warum Ihr Gastrobetrieb es wert ist, besucht zu werden. Dabei spielt Ihr Angebot eine wesentliche Rolle, aber nicht ausschließlich. Denn wer hat dieses Angebot entwickelt, zusammengestellt, wer steht dahinter? Eben! Sie sind der Mittelpunkt Ihres Geschäfts und deshalb sollte die Beantwortung der Frage nach dem Alleinstellungsmerkmal auch immer bei Ihnen beginnen.

Glauben Sie mir, das ist weitaus effizienter und ressourcenschonender, als irgendwelche Pauschal-Tipps zu befolgen oder irgendeinem Hype nachzulaufen, der im Zweifel gar nicht zu Ihnen passt. Nur wenn Sie wissen, wer Sie sind und was Sie zu bieten haben, ist es Ihnen möglich, eine klare Linie zu verfolgen, sich auf Ihre Stärken zu fokussieren und Ihr Geschäft strategisch darauf ausrichten.

EIN USP IST DER KOMPASS FÜR IHRE KUNDEN.

Und dieser USP ist nicht in Stein gemeißelt. Was mochten Sie vor zwanzig Jahren, welche Musik, welches Essen, welche Kleidung? Und, ist das heute noch exakt genauso?

Nicht nur die Bedürfnisse unserer Gäste ändern sich, auch wir Gastwirte. Falls Sie also bereits einen USP ermittelt haben und jetzt sagen, das brauche ich nicht mehr: Machen Sie es trotzdem! Nehmen Sie sich bitte die Zeit und formulieren jetzt einfach mal ins Blaue ...

Warum kommen die Gäste zu uns?

_____

_____

_____

_____

_____

_____

_____

_____

_____

_____

_____

_____

_____

_____

Ich habe bewusst so viel Platz gelassen, weil es durchaus mehrere Antworten geben kann. Menschen kommen aus den unterschiedlichsten Gründen zu Ihnen. Die Kunst liegt jetzt darin, aus dieser Vielfalt die Exklusivität herauszufiltern. Und auch die beginnt bei Ihnen.

Wer bin ich?

Mögen Sie Ihre Gäste? Sind es Menschen, die Ihre Vorlieben und Ihre Begeisterung teilen. Oder haben Sie das Gefühl, sich tagtäglich verbiegen zu müssen? Wenn ja: Hören Sie sofort auf damit! Ein ausgesprochener Fleisch-Fan wird nie leidenschaftlich veganes Essen verkaufen. Umgekehrt genauso wenig. Ein Boxer muss keine Primaballerina sein. Warum auch? Weil wir heute alles sein können? Ja, richtig. Aber wir entscheiden, jede/r für sich!

WER SICH VERBIEGT,

KANN DEN KURS NICHT SEHEN.

Wenn Sie eher der klassische Typ sind, warum sollten Sie dann Luftschlösser bauen? Sie bieten Ihren Gästen etwas Konstantes. In der Schnelllebigkeit der heutigen Zeit eine Seltenheit, die durchaus nachgefragt wird und ein Alleinstellungsmerkmal sein kann. Lesen Sie hierzu gern, was Gerdi in ihrer Gastro-Story BERLIN geschrieben hat.

Doch bedenken Sie bitte, dass nicht jedes klassische Angebot eine Exklusivität verspricht, für die Menschen

Geld ausgeben. Bockwurst mit Kartoffelsalat aus der Dose gibt es in jedem Supermarkt. Falls Sie etwas in dieser Art anbieten und die Menschen trotzdem zu Ihnen kommen, liegt das definitiv nicht am Essen. Der Grund muss ein anderer sein. Finden Sie ihn!

Wenn Sie hingegen offen sind für Neues, Sie Ihren Horizont gern erweitern und sich für Trends und Innovationen begeistern, dann werden Sie Ihr Angebot entsprechend ausrichten. Ihre Kundschaft darf immer wieder gespannt sein, was Sie sich Raffiniertes ausgedacht haben. Damit bohren Sie am Zahn der Zeit. Als Trendsetter*in wissen Sie ganz genau, was gerade läuft, haben tolle Ideen und setzen diese auch konkret um. Oder? Stehen Ihnen Luftschlossruinen im Weg, die Sie regelmäßig neu entwerfen, aber nie fertigbauen?

SEIEN SIE BITTE EHRLICH ZU SICH SELBST!

Wenn Sie glauben, dass Ihr Restaurant oder Ihre Bar nur deshalb leer ist, weil Ihre Kundschaft kein Geld hat und die Regierung keine Ahnung, dann werden Sie bestimmt rechtbehalten. Die Frage ist nur, ob sich mit dieser Einstellung irgendetwas ändert, zum Positiven, beispielsweise Ihr Kontostand. Haben Sie bitte den Mut, sich an die eigene Nase zu fassen, um tatsächlich etwas bewirken, etwas ändern zu können. Vielleicht nicht sofort zum Guten, aber das Schlechte kommt auch nicht über Nacht.

Schauen Sie selbstkritisch in den Spiegel und finden heraus, welche Attribute Sie ausmachen und warum diese für Ihr Geschäft wichtig sind. Machen Sie sich Notizen und gehen nötigenfalls zurück zu den Fragen in Kapitel 1.

Ich weiß, das ist verdammt schwer. Weil wir nicht geübt darin sind, eine kritische Selbsteinschätzung abzugeben und darüber hinaus zu ergründen, was wir Positives zu bieten haben. Eltern, Lehrer und sogar Freunde sagen uns meist nur, was wir nicht können, wofür wir zu klein, zu jung, zu alt, zu dick, zu dumm sind. Wer sich für das eigene Ich interessiert, gilt als egoistisch. Dabei ist das eigene Ich doch alles, was wir haben, was uns ausmacht, was wir einbringen können. Wenn Sie das verstehen, wird Ihnen die Selbsteinschätzung leichter fallen. **Es gibt kein Richtig oder Falsch. Niemand bewertet, was Sie aufschreiben. Tun Sie es bitte jetzt!**

WAS HABEN SIE PERSÖNLICH ZU BIETEN? SIE GANZ ALLEIN!

Die folgenden Ausführungen geben Ihnen eine Hilfestellung. Ich habe mich bemüht, den Facettenreichtum der menschlichen Psyche auf neun gastrotaugliche Beispiele herunterzubrechen. Die Nummerierung stellt übrigens keine Wertung dar, sie dient lediglich der Wiedererkennung. Und selbstverständlich sind alle binären und nonbinären Personen gemeint und fühlen sich hoffentlich angesprochen.

1. Verfügen Sie über empathische Fähigkeiten? Können Sie sich leicht in andere Menschen hineinversetzen?

2. Geben Sie gern? Sind Sie eine Person, die andere glücklich machen will?

3. Sind Sie ein leidenschaftlicher Tüftler? Macht es Ihnen Spaß, neue Rezepte auszuprobieren und dann in die begeisterten Gesichter Ihrer Probanden zu schauen?

4. Sind Sie kommunikativ? Könnten Sie den lieben langen Tag über Gott und die Welt plaudern? Haben Sie ein umfassendes Allgemeinwissen und sind somit in der Lage, sich jederzeit an Gesprächen konstruktiv zu beteiligen?

5. Interessieren Sie sich für die Psychologie? Ist Ihr Hobby, Menschen zu beobachten oder gar zu beraten und gewisse Zusammenhänge zu erkennen?

6. Sind Sie ein sozialer Mensch? Macht es Sie glücklich, anderen zu helfen und sich für gesellschaftliche Projekte zu engagieren?

7. Sind Sie extrovertiert? Lieben Sie es, im Mittelpunkt zu stehen, auf jeder Party der Entertainer zu sein und Leute zu unterhalten?

8. Sind Sie gesellig? Verfügen Sie über einen großen Freundeskreis? Fühlen Sie sich erst in der Gemeinschaft so richtig wohl?

9. Sind Sie ein Netzwerker? Fachsimpeln Sie gern, tauschen sich mit anderen aus und kommunizieren über sämtliche Kanäle, welche die analoge aber vor allem die digitale Welt zu bieten hat?

Haben Sie sich in diesen Beispielen wiedergefunden und eines oder mehrere angekreuzt? Sehr gut. Dann kommen wir direkt zur nächsten Frage ...

Was kann ich?

Die folgenden Ausführungen knüpfen an die obigen an und sind ebenfalls nur Beispiele beziehungsweise meine Hilfestellung während der Analyse Ihres USP. Picken Sie einfach für sich das Beste heraus:

1. Als empathischer Mensch merken Sie sofort, wie sich Ihre Kundschaft fühlt. Konzentrieren Sie sich auf diese Gabe! Lassen Sie Ihre Gäste spüren, dass Sie wissen, wie es ihnen geht und was sie brauchen. Damit steigt

die Akzeptanz, wenn Sie Empfehlungen für bestimmte Speisen und/oder Getränke aussprechen.

2. Sie geben gern? Das ist selten geworden. Deshalb liegt genau hier Ihre Stärke. Gemeint sind definitiv keine Freigetränke und Gratisessen. Werben Sie mit ehrlicher Gastfreundschaft und Ihrer Passion, Menschen glücklich machen zu wollen. Und haben Sie keine Angst, ausgenutzt zu werden. Denn Sie bestimmen die Regeln!

3. Ihre Leidenschaft für Rezepte und neue Kreationen könnte legendär werden. Beziehen Sie Ihre Gäste in diese Experimentierfreudigkeit ein. Veranstalten Sie entsprechende Events und seien Sie bitte bei der Vermarktung so mutig wie in der Küche!

4. Sie sind eine Bereicherung für jede Gesprächsrunde? Ihre Gäste wissen das wahrscheinlich längst zu schätzen. Oder lassen Sie etwa die anderen gar nicht zu Wort kommen? Drosseln Sie Ihr Mitteilungsbedürfnis auf ein Maß, das es Ihnen ermöglicht, die Kommunikation in beide Richtungen stattfinden zu lassen. Beobachten Sie Ihre Gesprächspartner und vor allem sich selbst!

5. Bei Ihnen findet man immer Rat? Sie können quasi in die Köpfe anderer blicken und meistens liegen Sie mit

Ihrer »Diagnose« richtig? Großartig! Dann verlagern Sie diese Gabe noch ein bisschen mehr auf Ihr Geschäft, ins Teambuilding. Fähige Leute zu finden und zu halten, dürfte für Sie kein Problem sein.

6. Sie helfen gern und engagieren sich ehrenamtlich? Nur Mut! Beziehen Sie Ihre (potenzielle) Kundschaft in karitative Projekte ein, nutzen Sie diese tolle Eigenschaft für Ihre Werbung. Die Rettung der Welt wird schließlich nicht mit Licht und Liebe bezahlt.

7. Sie sind passionierter Entertainer, der tatsächlich etwas draufhat? Nutzen Sie dieses Talent! Bieten Sie Ihren Gästen gute Unterhaltung und verwenden Sie diesen Mehrwert auch in Ihrem Marketing!

8. Wenn Sie die Gemeinschaft glücklich macht, dann ist bei Ihnen immer volles Haus. Oder kommen die Gäste nur, wenn es Freibier gibt? Wer nicht allein sein kann, macht sich abhängig. Achten Sie darauf, Privates und Geschäftliches zu trennen! Setzen Sie klare Grenzen, das ist Ihr gutes Recht.

9. Als Netzwerker sind Sie viel unterwegs und bringen jede Menge Input mit nach Hause. Das ist toll, solange Sie und Ihr Geschäft davon einen tatsächlichen Nutzen haben. Nicht jeder Trend, nicht jede Idee ist umsetzbar. Sie wissen doch: die Guten ins Töpfchen, die Schlechten ins Kröpfchen. Sammeln Sie nicht nur

Ideen, sondern suchen Sie die besten für sich aus! Und vergessen Sie Ihre eigene Werbung nicht beim Netzwerken. Sie sitzen schließlich an der Quelle.

Was biete ich?

Warum ist Individualität so wichtig? Eine berechtigte Frage, die ich gern an Sie weitergeben möchte: Wie viele Restaurants, Bars, Bistros, Caterer etc. gibt es in Ihrer Nähe, im Word Wide Web? Was wollen Ihre Gäste? Die Vielfalt wächst – nicht nur in der Gastronomie. Jede/r von uns kennt das: Sie suchen im Großmarkt einfach nur Senf, stehen vor einem zehn mal drei Meter großen Regal und haben die Qual der Wahl angesichts einer unglaublichen Kollektion. Wie fühlen Sie sich? Welche Kriterien sind ausschlaggebend?

Beobachten Sie sich in einer solchen oder ähnlichen Situation. Es wird immer einen Grund für Ihre Entscheidung geben, die nicht unbedingt etwas mit dem Preis oder der Qualität zu tun hat. Bei der Vielfalt des Angebotes sind wir kaum noch in der Lage, ausschließlich nach rationalen Kriterien zu entscheiden. Ihre Gäste auch nicht. Es geht heute nicht mehr nur um Preis-Leistung, den Kosten-Nutzen-Faktor, wenn im besagten Regal vierzig Senfsorten stehen, die nahezu genauso viel kosten und die gleiche Packungsgröße haben. Deshalb entscheiden wir überwiegend nach Bauchgefühl. Spricht uns die

Farbe an, das Etikett? Kennen wir die Sorte aus der Werbung, was verspricht der entsprechende Slogan? Hat uns jemand diesen oder jenen Senf empfohlen?

Im Wettbewerb des 21. Jahrhunderts geht es primär um das WIE und WARUM, weniger um das WAS. Welche Zutaten sind drin, woher stammen die Inhaltsstoffe? Folge ich einem Trend, mögen mich die Leute, wenn ich dieses Produkt benutze, mich in diesem Restaurant oder jener Bar blicken lasse? Steigt meine Followerzahl bei Instagram oder TikTok, wenn ich ein Foto von mir in dieser Szenekneipe poste? Die Bedürfnisse der Konsument*innen verändern sich, ob wir wollen oder nicht. Übrigens auch die Bedürfnisse derjenigen, die fest daran glauben, dass früher alles besser war.

IHRE GÄSTE WOLLEN NICHT NUR SATT WERDEN.

Es ist die immaterielle Wertschöpfung, welche heute ausschlaggebend ist für Top oder Flop. Wer es nicht vermag, seine Kunden auf der emotionalen Seite abzuholen, der wartet vergeblich auf Umsatz. Der Mehrwert für Ihre Gäste liegt nicht allein im Essen. Sie wollen sich wohlfühlen, beachtet werden, sich etwas gönnen, genießen … Deshalb reicht es nicht aus, wenn Sie Ihr Angebot als das bewerben, was es ist: Essen und Trinken. Sprechen Sie die Emotionen an! Wie fühlen sich Ihre Gäste? Welchen

Vorteil haben Menschen, bei Ihnen ihr sauer verdientes Geld ausgeben? Und wer kann diese Frage besser beantworten als Sie?

Ein Alleinstellungsmerkmal ist keine abrechenbare Größe, kein Ergebnis einer Kalkulation. **Der USP ist ein immaterieller Wert, der auf den individuellen Kundennutzen abzielt** und sich aus Ihrem Angebot, der richtigen Kommunikation und natürlich Ihnen selbst zusammensetzt. Doch wenn Sie nicht wissen, welche Attribute Ihrer Persönlichkeit für Ihre Individualität verantwortlich sind, dann werden Sie keinen USP finden und Ihre Gäste keinen konkreten Grund, ausgerechnet in Ihr Lokal zu kommen.

WENN SIE ES NICHT WISSEN, WER DANN?

Ihr Alleinstellungsmerkmal ist keinesfalls nur ein Werbeslogan. Es ist ein Leitsatz, ein Credo, ein Versprechen. Wenn Sie beispielsweise mit veganer Küche werben, dann sollte man Sie nicht regelmäßig am Currywurststand um die Ecke antreffen. Bieten Sie ausschließlich hochwertige, nachhaltige und ökologisch einwandfreie Produkte in Ihrem Gastrobetrieb, wirkt es mehr als unglaubwürdig, wenn Sie privat nur billiges Fleisch im Discounter kaufen. Ihr Angebot und Ihr Alleinstellungsmerkmal sind ein Teil von Ihnen. Den können Sie nicht nach Feierabend im Spint einschließen. **Der USP spiegelt Ihre Persönlichkeit wider, er ist Ihre Philosophie, und**

zwar 24/7. Notieren Sie bitte jetzt in Stichpunkten, was Sie und Ihr Angebot einzigartig macht:

Was kann ich besonders gut?

_____

_____

_____

_____

_____

_____

_____

Wie bleibe ich einzigartig?

Im Zusammenhang mit der Fragestellung, was Sie einzigartig macht, ist gleichfalls zu berücksichtigen, wie Sie und Ihr Angebot einzigartig bleiben. Genau genommen ist es eigentlich völlig egal, was Sie anbieten, solange Sie mit jeder Faser Ihres Herzens davon überzeugt sind. Die Basis Ihres Alleinstellungsmerkmals sind Sie, Ihr Auftreten, Ihre Leidenschaft. Deshalb haben wir uns in Kapitel 1 ausführlich damit beschäftigt. Sollten Sie die dort gestellten Fragen überlesen haben, wäre jetzt ein guter Zeitpunkt, die

Antworten nachzuholen. Zur kleinen Erinnerung: Wenn Sie es nicht wissen, wer dann?

Authentizität ist die Devise! Oder wollen Sie nur das billige Abziehbild Ihrer Konkurrenz sein? So geht es nämlich vielen, die ihre eigene Individualität nicht erkennen. Und ganz ehrlich? Warum sollten sich Menschen für eine mittelmäßige Kopie entscheiden, wenn sie das Original haben können?

SEIEN SIE KEINE BILLIGE KOPIE!

Finden Sie Ihren eigenen Weg, und der beginnt bekanntlich direkt vor Ihren Füßen. Haben Sie den Mut, Ihre Stärken und auch vermeintliche Schwächen zu erkennen, Ihre Individualität zu nutzen und mit all Ihrer Leidenschaft zu vertreten! Selbstbewusstsein, Eigenliebe sind keine lapidaren Phrasen, sie helfen Ihnen, den Kopf über Wasser zu halten. Wie weit? Das entscheiden Sie!

Falls Sie es noch nicht können, dann lernen Sie, sich selbst und Ihre Arbeit wertzuschätzen. Wer soll es sonst tun? Wie wollen Sie andere motivieren, begeistern, wenn Sie nicht selbst von dem überzeugt sind, was Sie bieten?

> **Ein USP ist der Kompass für Ihre Kunden.** Nur so finden diese in der Vielfalt des Angebotes die Nadel im Heuhaufen, nämlich Sie.

CHECKLISTE 3: USP

Sich mit sich selbst zu befassen, ist nichts Verwerfliches, sondern hilft Ihnen dabei, Ihren Fokus zu finden.

Bevor wir uns mit Ihrer Zielgruppe befassen, widmen Sie sich bitte zunächst diesen drei Fragen und nutzen Sie dazu die vorangegangenen Erläuterungen:

Wer bin ich?

_____

_____

_____

Was kann ich?

_____

_____

_____

Was biete ich?

_____

_____

_____

4. ZIELGRUPPE

Beim Angeln favorisieren Sie eine bestimmte Fischart. Ja, rein hypothetisch. Schließlich können Sie nicht gleichzeitig Hecht und Hering fangen. Für den Erfolg sind sowohl die Wahl für Salz- oder Süßwasser als auch die passenden Köder entscheidend. Für Sie als Gastronom*in gilt Ähnliches: Wer sich nicht auf eine Zielgruppe fokussiert, fischt letztlich blind im großen Teich des Marktes.

Viele Gastronom*innen unterschätzen dieses Thema, visieren eine viel zu breite Zielgruppe an und haben sich bisher nur mittelmäßig darüber Gedanken gemacht. Glauben Sie mir, ich weiß genau, wovon ich rede. Zu Beginn meiner Gastrolaufbahn machte ich nämlich genau diesen Fehler: Mein Ziel war es, das Lieblingsrestaurant für Jedermann zu sein. Naiv und beratungsresistent arbeitete ich nach dem Spaghetti-Prinzip.

Was damit gemeint ist? Werfen Sie eine Handvoll gekochter Spaghetti an die Wand. Einige werden kleben bleiben. Vielleicht. Also nur, wenn Sie Glück haben. Diese Form der Auswahl können Sie beliebig wiederholen, es wird immer nur Kamerad Zufall darüber entscheiden, wie viele Nudeln kleben bleiben. Natürlich kann man diverse Varianten kochen, über Wurfmethoden fachsimpeln und zig Möglichkeiten ausprobieren. Allerdings ist dieser Aktionismus mit einem hohen Zeitverlust, Aufwand und zu vielen unbekannten Variablen verbunden – von der Verschwendung ganz zu schweigen.

Mein Irrglaube bestand in der Annahme: Wenn mich und mein Unternehmen möglichst viele Menschen kennen, werden sie alle zu mir kommen. Aber das ist Blödsinn. Menschen sind unterschiedlich, ihre Bedürfnisse ebenfalls, weshalb ist unmöglich ist, es ihnen allen gleichzeitig recht zu machen. Wir können immer nur eine bestimmte Personengruppe ansprechen – egal, wie oft wir das Konzept wechseln ... oder die Nudelsorte.

Sie können es niemals allen recht machen. Akzeptieren Sie das, bevor Sie Geld mit purem Aktionismus verschwenden. Lassen Sie niemals Kamerad Zufall über Ihr Geschäft entscheiden!

Nicht jedem muss Ihre Speisenauswahl, die Dekoration, die Location oder die Art der Präsentation gefallen. Bieten Sie beispielsweise das beste Steak der Stadt, werden Sie damit naturgemäß keine Fleischverzichter überzeugen. Müssen Sie auch nicht.

Für wen will ich arbeiten?

Wenn Sie Ihren Gastrobetrieb erfolgreich führen wollen, müssen Sie wissen, wer zu Ihnen passt. Überlegen Sie deshalb ganz genau, wer Sie sind, was Sie bieten und für wen Sie arbeiten wollen.

Um es Ihnen etwas leichter zu machen, die passende »Schublade« zu finden, schauen wir uns gemeinsam an, wie sich die Nachfrage im Gastromarkt verändert hat. Die Gründe dafür sind zahlreich und triftig. Diverse Skandale der Lebensmittelindustrie verunsichern Verbraucher*innen, der Klimawandel und seine Folgen aber auch das zunehmende Interesse für gesunde Ernährung führen zu einem konsequenten Umdenken. Es sind schon längst nicht mehr nur überzeugte Veganer*innen oder aber Personen mit Allergien, die genauer auf die Speisekarten schauen. Der Durchschnittsgast ist heute weitaus anspruchsvoller als vor zehn Jahren. Gesundes Essen wird mittlerweile von der Mehrheit der Bevölkerung nachgefragt, denn es ist der ganz normale Bürger, der den ganz normalen Wahnsinn satt hat.

Die Bedürfnisse und Essgewohnheiten der Deutschen spiegelt sehr gut der aktuelle BMEL-Ernährungsreport 2024 wider. Unter dem Titel DEUTSCHLAND WIE ES ISST fragte das Bundesministerium für Ernährung und Landwirtschaft (BMEL) zum neunten Mal in Folge, was den Bewohner*innen unserer Republik beim Essen, Einkaufen und Kochen wichtig ist. Im direkten Vergleich zur ersten Umfrage 2015 stieg die Achtsamkeit in den folgenden Punkten:

Tierwohl: von 36 auf 65 Prozent
Ökologischer Anbau: von 47 auf 59 Prozent
Gesundes Essen: von 89 auf 92 Prozent

Der tägliche Fleisch-/Wurstverzehr sinkt hingegen weiter, von 34 Prozent (2015) auf 23 Prozent (2024). **Die wichtigsten Aspekte beim Essen sind heute: Geschmack & Gesundheit.** Weiterhin wichtig sind Saisonalität bei Obst und Gemüse (80 Prozent) sowie Regionalität (77 Prozent). Schnäppchen interessieren nur noch 68 Prozent, Fleisch- und Wurstprodukte finden lediglich 25 Prozent der Befragten zu teuer. Die überwiegende Mehrheit (91 Prozent) ist sich einig, dass in Haushalten und im Handel weniger Lebensmittel weggeworfen werden sollten.

KONSUMENTENVERHALTEN

Verbraucher sind aufmerksamer und vor allem sensibler gegenüber Arbeits- und Umweltbedingungen geworden. Naturkatastrophen, Dürre, Überschwemmungen, Krieg und Kinderarbeit rücken via Internet und Fernsehen näher in den Fokus der öffentlichen Wahrnehmung. Kollektive Standpunkte in Bezug auf Qualität und Nachhaltigkeit entwickeln sich in der Mitte der Gesellschaft. Es sind nicht nur die »Ökos« im Strickpullover, »Müslifresser« und »Klimakleber«, die vehement Umweltschutz, Tierwohl und Menschenrechte einfordern. Sogar das Junkfood ist mittlerweile fettreduziert, teilweise bio und wird mit gesunden Produkten aufgepeppt.

GESUNDES ESSEN UND HAUSGEMACHTER STRESS

Zu jeder beliebigen Uhrzeit können wir uns heute umfassend und aktuell informieren. Wir sind immer und überall erreichbar. Das Smartphone gehört zum täglichen Leben dazu wie das Atmen. Das Internet ist unser ständiger Begleiter, ebenso permanente Verfügbarkeit und pausenloser Zeitmangel. Diese Lebensweise hat sich etabliert. Wir sind 24/7 online. Seit der Pandemie arbeiten rund ein Viertel aller Beschäftigten im Home-Office und verlassen nicht mehr jeden Morgen um dieselbe Uhrzeit das Haus. Das klassische Zeitmodell hat ausgedient.

In puncto Ernährung hat längst ein Paradigmenwechsel stattgefunden, der sich auf die Nachfrage in der Gastronomie auswirkt. Dieser generationenübergreifende Wertewandel in Bezug auf Gesundheit, Tierwohl, Nachhaltigkeit und Klimaschutz findet sich überall in der Gesellschaft, durch alle sozialen Schichten, die heute weit weniger starr sind als noch vor fünfzig Jahren.

Studierende holen sich Kaffee und Snacks im selben Shop wie ihre Professor*innen. YouTube-Stars sitzen neben Künstler*innen in Berliner, Hamburger, Münchner, Kölner, Leipziger Szenekneipen. Upperclass-Witwen gehen (heimlich) zu Burger King oder Aldi. Menschen aller Couleur kaufen im BIO-Laden. Metzger entdecken für sich vegane Wurst. Im Konsumentenverhalten findet schon länger ein Prozess statt, der die einstigen Schubladen von Reich und Arm und die damit einhergehenden Vorurteile gewaltig durcheinanderwürfelt. Wenngleich

Geringverdiener (leider) naturgemäß nicht aus den Vollen schöpfen können, möchten sie trotzdem in gesunde Ernährung investieren, auswärts essen, dazugehören und sich (zumindest manchmal) etwas Gutes gönnen.

Warum auch nicht?

Jede/r möchte ein Stück vom Kuchen haben. Social Media ist voll von Influencer*innen, die für Anti-Aging-Produkte werben. Laut Statistischem Bundesamt benutzen knapp 5 Millionen Frauen und Mädchen ab 14 Jahren in Deutschland täglich Antifaltencremes. 2023 wurden in deutschen Privathaushalten für rund 42,9 Milliarden Euro Kosmetik- und Körperpflegeartikel gekauft. Der Umsatz für Nahrungsergänzungsmittel in deutschen Apotheken stieg 2022 auf knapp 3 Milliarden Euro.

Laut einer Forsa-Umfrage im Auftrag des Bundesverbands des Deutschen Lebensmittelhandels ernährten sich im Jahr 2023 über 12 Prozent aller Bürger*innen bei uns vegetarisch oder vegan, also knapp 10 Millionen Menschen. Weitere 41 Prozent sind nach eigenen Angaben Flexitarier. Die unter 30-Jährigen verzichten in weit höherem Maße auf Fleisch als die über 60-Jährigen. In einer Pressemittelung des Statistischen Bundesamtes vom Mai 2024 heißt es: *»Trend zu Fleischersatz ungebrochen: Produktion steigt 2023 um 16,6 % gegenüber dem Vorjahr.«*

Auf der Website des Bundesministeriums für Bildung und Forschung wird eine repräsentative Umfrage aus dem Jahr 2013 zitiert, wonach bereits vor über zehn Jahren mehr als 80 Prozent der Befragten angaben, sich unabhängig vom Einkommen gesund zu ernähren. 2023 ermittelte die Allensbacher Markt- und Werbeträgeranalyse (AWA), dass knapp ein Drittel der Erwachsenen eine besonders hohe Ausgabebereitschaft für Gesundheit und Wellness hat.

> Soziale Schichten, Haushaltseinkommen etc. sind keine verlässlichen Parameter, wenn es um die Zielgruppe geht. Trends, gesellschaftliche Veränderungen und äußere Einflüsse bestimmen die Nachfrage.

Die Größe des Geldbeutels spielt zwar nach wie vor eine Rolle, ist aber mittlerweile nicht mehr primär ausschlaggebend. Geiz ist also nicht mehr geil, und das ist gut so!

Was das mit der Suche nach Ihrer Zielgruppe zu tun hat? ALLES! Wenn Sie wissen, wofür die Menschen ihr Geld ausgeben und welchen Vorteil sie sich davon versprechen, können Sie Ihr Angebot danach ausrichten.

Menschen wollen aus den unterschiedlichsten Gründen ihrem Alltag entfliehen, den Stress zu Hause lassen und lieber in ihrem Lieblingslokal ein bisschen Kraft tanken, glücklich sein, gemeinsam feiern, sich frei fühlen, die eigenen Erfolge oder aber Personen in Ihrem Umfeld wertschätzen. Der Preis ist dabei zweitrangig, der Anlass ist entscheidend und die Motivation.

Wenn sich Frauen zum Mädelsabend treffen, lassen sie die Korken knallen. Da wird nicht auf den Cent geschaut, Spaß muss es machen. Beim Kindergeburtstag, der Jugendweihe, Konfirmation oder Hochzeit zählt nur eins, dass dieses Event unvergesslich wird. Wenn Fußball-Fans sich zum Public Viewing treffen, steht das Spiel im Mittelpunkt und die Gemeinschaft.

Für manche ist der Restaurantbesuch eine Prestigesache, anderen fehlt schlichtweg die Zeit oder das Knowhow zum Kochen. Für wieder andere gehört das auswärtige Essen, der Brunch am Sonntag, der Skatabend einfach dazu. Ältere Menschen werden von ihren Familien alleingelassen und sehnen sich nach Gesellschaft. Und die Jugend? Die isst schon längst nicht mehr brav am Familientisch, sondern holt sich Snacks unterwegs oder bestellt via App. Weltoffene Menschen bevorzugen nicht das gleiche Essen wie Traditionsbewusste. Eltern legen nicht auf dieselben Dinge wert wie Kinderlose. Diese Liste lässt sich endlos fortführen.

ZIELGRUPPENMERKMALE

Neben den individuellen Bedürfnissen haben sich die Prioritäten und Vorlieben der Konsument*innen im Allgemeinen verändert. Sie sind anspruchsvoller geworden, kritischer und fordern Qualität, Ausgewogenheit, Vielfalt und gesunde Produkte aus nachhaltigem, umweltverträglichem Anbau. Und wie bereits erwähnt, sind sie überwiegend bereit, mehr dafür zu bezahlen. Vor diesem Hintergrund lassen sich Zielgruppenmerkmale pauschal in vier Kategorien einteilen. Ja, nur vier. Es wird also übersichtlicher.

Demographisch: Alter, Geschlecht, Familienstand, die Größe des Haushaltes und die Art der Siedlung und Lebensführung.

Sozioökonomisch: Bildungsgrad und Beruf, das Einkommen sowie die sozialen, religiösen und kulturellen Hintergründe im Allgemeinen.

Psychographisch: Interessen, Hobbies, Trends, Lebenseinstellungen und daraus resultierende Prioritäten wie Genuss, Gemeinschaft, Gesundheit etc.

Verhaltensspezifisch: kommunikationsbezogene Merkmale wie etwa die Nutzung des Internets, der sozialen Netzwerke oder klassischer Medien.

In der Praxis können diese vier Zielgruppenmerkmale nicht eindeutig getrennt werden, dennoch ist ein systematisches Vorgehen und damit eine Eingrenzung Ihrer Zielgruppe auf Basis der oben genannten Kategorien absolut sinnvoll und auch machbar. Es sei denn, Sie wollen es immer noch jedem recht machen und weiterhin Spaghetti an die Wand werfen.

Die Zielgruppenbestimmung ist eine gängige Methode des Marketings. Dabei geht es nicht darum, Menschen qualitativ zu bewerten, sondern auf Basis individueller Faktoren zu bestimmen, wo und wie diese Menschen ein Angebot favorisieren.

Wer passt zu mir?

Die Zielgruppe ist wie eine Pizza. Der Teig entspricht der gesamten Bevölkerung, der Belag den Zielgruppenmerkmalen und das Topping den Zielgruppenarten. Ob nun Margherita, Marinara, Bianca, Salami, Funghi, Prosciutto oder Quattro Formaggi: Sie allein entscheiden sich aus der breiten Fülle des Sortimentes für oder gegen Schinken, Meeresfrüchte, Tomaten oder Käse. Und es steht Ihnen selbstredend frei, immer nur bei einer Sorte zu bleiben oder aber herauszufinden, ob eine andere oder die Mischung besser schmeckt. Dafür ist es jedoch notwendig, sämtliche Sorten zu kennen. Damit Sie nicht alle probieren müssen und sich den Magen verderben, habe ich die gängigen Zielgruppenarten zusammengefasst:

- **TWENS:** Junge und Junggebliebene, die offen für Neues sind.
- **TRENDS:** Mainstreambewusste Personen, die gern mit der Zeit gehen.

- **BUSINESS:** Eine finanzstarke Klientel, die mittags schnell und ausgewogen satt werden und am Abend das Geschäftsessen stilvoll aber ungestört genießen möchte.

- **FAMILY:** Familien und Alleinerziehende, die großen Wert legen auf eine nervenstarke Bedienung, kindgerechte Speisen und ein entsprechendes Umfeld.

- **OLDIES:** Konservative, ältere Gäste, die eine traditionelle Kost, kleine Portionen und die Gemütlichkeit schätzen.

- **SZENE:** Gruppierungen, die beispielsweise eine gemeinsame Musikrichtung bevorzugen und gern unter sich bleiben wollen.

Es liegt in der Natur der Sache, dass 20-Jährige andere Bedürfnisse haben als 70-Jährige, allerdings können sie die gleichen Interessen und Vorlieben teilen. Wenn Sie Ihren USP bereits ermittelt haben, sollte es jetzt nicht mehr allzu schwer sein, Ihre Zielgruppe zu bestimmen. Vielleicht haben Sie das auch schon längst getan. So oder so kann es nicht schaden, sich den imaginären Pizzateig noch einmal vorzunehmen und über Belag sowie Topping zu entscheiden. Denn Sie allein bestimmen, wer zu Ihnen kommt, wer sich von Ihnen angesprochen fühlt.

IHRE ZIELGRUPPE ENTSPRICHT
IHREM ANGEBOT.

Prüfen Sie deshalb regelmäßig, ob Ihr Angebot tatsächlich zu den Menschen passt, die Sie in Ihrem Gastrobetrieb haben möchten. Ja, man kann das Pferd auch von hinten aufzäumen, was notwendig wird, falls Sie mit ihrer Kundschaft nicht zufrieden sind. Ich kenne genügend Gastronom*innen, die sich genau darüber beschweren. Und ja, bisweilen kann auch ein verändertes Umfeld dafür verantwortlich sein, dass die Lieblingsgäste wegbleiben. Ich habe es weiter oben bereits erwähnt und auch Gerdi hat in ihrer Gastro-Story HAMBURG einen wichtigen Grund angesprochen, weshalb Gastrobetriebe dichtmachen müssen. Stadtteile werden gentrifiziert, neue Bevölkerungsgruppen siedeln sich an. Umgekehrt verwahrlosen Wohngegenden und werden kriminalisiert. Neue Infrastruktur wird gebaut, woanders stirbt der öffentliche Nahverkehr im ländlichen Raum, der Einzelhandel in den Innenstädten. Nichts bleibt, wie es ist. Die Welt, die Natur, die Bevölkerung, die Gastronomie unterliegt einem stetigen Wandel.

Schauen Sie sich um, in Ihrem Lokal aber auch draußen auf der Straße, bei der Konkurrenz. Welche Menschen verkehren, wohnen, leben dort? Was hat sich verändert? In welche Konsumentengruppe könnte man diese Menschen einordnen? Welche Zielgruppenmerkmale stellen Sie fest? Wie genau kennen Sie die Bedürfnisse Ihrer Kundschaft?

ANALYSIEREN SIE IHR UMFELD
UND IHRE GÄSTE!

Der Markt, Ihre Zielgruppe, Trends und Bedürfnisse, Ihr konkretes Angebot, das passende Marketing sowie akkurat kalkulierte Preise gehören zum Gastro-Gesamtkonzept. **Ist ein Bereich in Ihrem Konzept unstimmig, können Sie sich in allen anderen noch so viel Mühe geben, es wird nicht reichen.**

Fragen Sie sich: Wie und für wen ist mein derzeitiger Gastrobetrieb ausgerichtet? Wenn Sie noch einmal durchstarten könnten oder gerade dabei sind: Wer passt zu mir und meinem Angebot? Für welche Zielgruppe möchte ich am liebsten arbeiten?

Wer sind meine Lieblingsgäste und warum?

_____

_____

_____

_____

_____

Entwickeln Sie eine gewisse Übung im Vergleichen, denn dasselbe tun Ihre Gäste auch mit Ihnen. Es ist Ihr gutes Recht, eine Personengruppe mehr zu mögen als eine andere. Das ist absolut menschlich. Stellen Sie fest, welche Personengruppe das ist. Mit diesem ersten Schritt nehmen Sie die Zügel wieder in die Hand. Denn es ist Ihre Entscheidung, für wen Sie tagtäglich Ihre Leidenschaft einsetzen, Ihre Zeit und Ihr Geld investieren.

Natürlich sind wir mehr von unserer Kundschaft abhängig als umgekehrt. Und doch bestimmen wir die Regeln. Niemand zwingt uns, eine Spielecke einzurichten und bunte Eisbecher anzubieten, obwohl wir mit Kindern gar nichts anfangen können. Wollen wir keine Touristen in unserer Skatkneipe oder unserem Literaturcafé, bleiben wir beim Understatement und machen keine pompöse Online-Werbung. Gehen uns Hipster auf die Nerven, bieten wir solide Speisen, eine übersichtliche Getränkekarte und kein Chichi. Wollen wir Ruhe, Gediegenheit und Exklusivität, läuft wohl kaum Techno, sondern leise Musik. Wollen wir Gäste, die unsere Küchenkreationen wertschätzen, werden wir keine Happy Hour anbieten. **Falls der innere Schweinehund Ihnen also immer noch sagt, dass Sie nichts ändern können, hören Sie bitte ab sofort nicht mehr hin.**

Wer bestimmt die Regeln?

Sollten Sie gerade unglücklich sein, weil Sie Ihre Gäste eigentlich gar nicht mögen, dann ändern Sie etwas. Sofort! Und zwar nicht nur ein bisschen, sondern radikal. Setzen Sie sich mit Ihrem Team zusammen, erkunden Sie die Situation, lassen Sie Gefühle zu, analysieren Sie die Probleme und finden Lösungen!

Vielleicht müssen Sie sich von Menschen trennen, garantiert jedoch von eingefahrenen Routinen. Ja, Sie müssen Ihre Komfortzone verlassen und das kann wehtun. Aber glauben Sie mir, es wird noch mehr wehtun, wenn Sie Ihre Träume aufgeben und den Laden schließen müssen. Denn ganz ehrlich: Wie wollen Sie Menschen gegenüber gastfreundlich sein, die Sie im Grunde Ihres Herzens nicht mögen, schlimmstenfalls sogar verachten?

Wenn Sie beispielsweise passionierter Veganer sind und Ihnen bei dem Gedanken an Fleisch geradezu schlecht wird, dann sollten Sie auch kein Fleisch mehr anbieten. Wenn es Ihnen damit besser geht und Sie logischerweise mit viel mehr Liebe und Elan bei der Sache sind, weil Sie endlich die Speisen anbieten, die zu Ihnen passen, dann wird sich auch Ihre Kundschaft ändern. Schnitzeljunkies und Steakfreunde werden eben eine Tür weiter fündig. Dafür spricht es sich herum, dass es in Ihrem Lokal die buntesten Bowls, schmackhaftesten Suppen oder den besten veganen Kuchen gibt. Sie können das Beispiel umkehren, für sich anpassen und ein paar Minuten darüber nachsinnen ... Na, wie fühlt sich das an?

GEHT ES IHNEN GUT, FÜHLEN SICH AUCH IHRE GÄSTE WOHL.

Wann sind Menschen am glücklichsten? Genau! Wenn Sie sich mit Leuten umgeben, die ihnen ähnlich sind, die ihnen guttun. Das geht uns allen so - Ihnen als Wirt*in und selbstverständlich Ihrer Kundschaft.

Kommen wir also noch einmal zurück zum ersten Kapitel und Ihrer Leidenschaft. In einem Lokal, wo sich nicht nur die Gäste, sondern auch das Personal und der Chef/die Chefin respektiert und wertgeschätzt fühlen, macht sowohl das Arbeiten als auch das Zeitverbringen viel mehr Spaß, richtig?

Wenn Sie sich jedoch verbiegen müssen und jeden Tag mehr den Eindruck haben, im Hamsterrad zu sitzen, wird es Ihnen auch mit höchster Selbstdisziplin nicht gelingen, mittel- und langfristig erfolgreich zu sein. Das Betriebsklima wird rauer werden, die Gäste bleiben fern und Sie riskieren nicht nur die Insolvenz, sondern Ihre Gesundheit.

Neben der Analyse Ihres Umfeldes, der Konkurrenz und Ihrer Kundschaft sowie der abschließenden Entscheidung, ob diese zu Ihnen passt, bleibt darüber hinaus zu klären, ob und wie Sie von Ihrer Zielgruppe wahrgenommen werden. Die eigene Meinung ist dabei wenig repräsentativ und unterscheidet sich mitunter gravierend von der Wahrnehmung anderer. Deswegen sollten Sie Ihr Umfeld befragen. Beginnen Sie in Ihrem Bekannten-/Verwandtenkreis. Denn egal, ob Sie vorhaben, eine Existenz in der Gastronomie zu gründen oder aber schon länger dabei sind: Ihre Freunde und Ihre Familie kennen Sie wie niemand sonst, deshalb sollten Sie diese Jury nutzen und konkret fragen:

Wie wirke ich auf andere?

Welcher Typ Mensch bin ich?

Als kleine Gedankenstütze dient Kapitel 3, in dem ich einige Beispiele genannt habe. Vielleicht haben Sie sich dort bereits wiedergefunden und können jetzt Ihre Wahrnehmung von sich selbst mit der Ihres privaten Umfeldes abgleichen. Fragen Sie Ihre Freunde, Ihre Kinder, Eltern, Kollegen, Lebensgefährten, ob Sie mit Ihrer Selbsteinschätzung richtig liegen.

Vermeiden Sie bitte die Einteilung in Stärken und Schwächen, denn vor allem Letztere sind stets relativ zu betrachten. Was für den einen eloquent oder temperamentvoll ist, wertet ein anderer als streitsüchtig, dominant oder besserwisserisch. Behalten Sie also gemeinsam mit Ihren Feedbackgeber*innen generell im Fokus, welche Ihrer Eigenschaften Sie im Geschäft weiterbringen kann. Sind Sie ein Trendsetter, Träumer, Ratgeber,

Entertainer, Hobby-Psychologe, empathisch, kommunikativ, kreativ, konstruktiv, konservativ oder temperamentvoll ...?

Wie wirke ich auf andere?

_____

_____

_____

_____

_____

Wenn Sie sich und Ihr Handeln nicht reflektieren, können Sie kaum wissen, was anderen an Ihnen gefällt. Dieses Wissen aber ist die Basis in der Gastronomie. **Nur wer sich selbst wertschätzt, kann auf die Bedürfnisse anderer eingehen.**

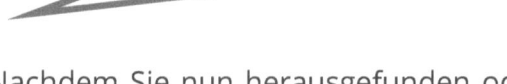

Nachdem Sie nun herausgefunden oder sich in Erinnerung gerufen haben, wer Sie sind, für wen Sie am liebsten arbeiten, wie Sie auf andere wirken und wer am besten zu Ihnen passt, schauen wir uns jetzt gemeinsam an, wie

Ihre Zielgruppe aussieht. Weiter oben habe ich Sie bereits gebeten, in Stichpunkten zu notieren, wer Ihre Lieblingsgäste sind und warum. Schauen Sie auf Ihre Notizen und ergänzen diese in der folgenden Tabelle.

Merkmale	momentan	Ziel
Altersgruppe		
Geschlecht		
Familienstand		
Wohnort		
Bildungsgrad		
Beruf		
Einkommen		
Kultur		
Religion		
Lebenseinstellung		
weltoffen		
traditionell		
gesellig		
Genießer/Healthy		
Masse/Klasse		
Vorlieben		
Bedürfnisse		

Selbstverständlich können Sie diese Tabelle beliebig erweitern oder ändern. Am Ende zählt, dass Sie ein konkretes Bild von Ihren Gästen, Ihrer Zielgruppe haben, um sich so auf deren Eigenschaften, Bedürfnisse und Vorlieben einstellen zu können.

Und, haben Sie jetzt ein genaues Bild? Wissen Sie, für wen Sie arbeiten (wollen)? Sehr gut! Gehen Sie bitte die folgende Checkliste durch, dann können wir uns im Anschluss damit befassen, ob Ihr Angebot zu dieser Zielgruppe passt.

Sie können es niemals allen Menschen recht machen. Müssen Sie auch gar nicht!

CHECKLISTE 4: ZIELGRUPPE

- Wer bin ich und was habe ich zu bieten?
- Wie wirke ich auf andere?
- Wie und warum hat sich das Konsumentenverhalten in den letzten Jahren gravierend verändert?
- An welchen Zielgruppenmerkmalen kann ich mich orientieren?
- Zu welchen Konsumententypen passt meine Zielgruppe?
- Für wen ist mein derzeitiger Gastrobetrieb ausgerichtet?
- Arbeite ich gern für meine Gäste oder will ich andere?
- Wie sieht meine ideale Zielgruppe aus (Alter, Ansprüche, Interessen etc.)?
- Bringe ich genügend Erfahrungen und Wissen für diese Zielgruppe mit?
- Passt diese Zielgruppe zu meiner Persönlichkeit, meiner Location, meinem Ambiente, meiner Küche, meinem Umfeld?
- Ist diese Zielgruppe groß genug?
- Welche Vorteile bietet mir diese Zielgruppe?
- Werfe ich immer noch Spaghetti an die Wand?

5. ANGEBOT

Erinnern Sie sich? Sie können es nicht jedem recht machen. Müssen Sie auch gar nicht. Warum sollten Sie von Currywurst bis Carpaccio, von Bier bis Champagner, vom Kindereisbecher bis zum Parfait alles anbieten? Schließlich schmeckt Ihnen auch nicht jedes Essen und Sie fühlen sich auch nicht überall gleich wohl. Und genauso, wie Sie besondere Vorlieben haben, bringt auch jede Zielgruppe unterschiedliche Voraussetzungen und Ansprüche mit, wünscht sich ein anderes Ambiente, einen anderen Service, eine andere Speisenauswahl. Selbst die Öffnungszeiten sollten auf die jeweilige Zielgruppe abgestimmt sein. Denn es liegt in der Natur der Sache, dass der 20-jährige Student einen anderen Geschmack und Lebensrhythmus hat als der 70-jährige Pensionär oder berufstätige Eltern.

Wie präsentiere ich richtig?

Fassen wir zusammen: Für einen so überaus vielfältigen Markt, in dem Kaufentscheidungen nahezu vollständig aus dem Bauch getroffen werden, wo Angebote keine Wünsche offen lassen, Konsument*innen reizüberflutet sind und die Gastwirte selbst nach Individualität streben (sollten), kann es keine Pauschaltipps für Ihren Erfolg geben. Wie bereits erläutert, liegt die Lösung für die richtige

Zielgruppe und das passende Angebot bei Ihnen, bei Ihrer Persönlichkeit, Ihren Stärken, Ihrer Leidenschaft.

ES GIBT KEIN NULL-ACHT-FÜNFZEHN-REZEPT

Falls Sie bisher wenig bis keine Zeit in Ihr Alleinstellungsmerkmal investiert und die Kapitel 1 bis 4 in der Hoffnung überflogen haben, irgendwo endlich auf den eindeutigen Hinweis zu stoßen, wie Sie mehr Gäste, mehr Umsatz generieren können: **Hören Sie auf, nach der Wunderpille zu suchen. Es gibt keine.**

Immer wieder begegne ich Gastronom*innen, die sich wenn überhaupt nur lustlos mit Konzepten auseinandersetzen, die glauben, dass ihre Person nicht ausschlaggebend ist, sondern sie ihr Angebot ausschließlich am Wettbewerb ausrichten müssen. Worauf das im Allgemeinen hinausläuft, ist relativ klar. Es wird bei der unmittelbaren Konkurrenz geschaut, vermeintlich Gutes abgekupfert und am Ende des Tages unterscheidet sich das Angebot nur noch in einem Merkmal: dem Preis. Da wird mit Happy Hour geworben, Sonderaktionen werden gestartet und das Elend dann auch noch als innovatives Marketing deklariert. Doch das ist es ganz und gar nicht. Der Preiskampf ist der Anfang vom Ende.

UM DEN PREIS WIRD NUR GEKÄMPFT, WENN ES KEINE ANDEREN UNTERSCHEIDUNGSMERKMALE GIBT.

Natürlich wählt der Kunde das günstigste Angebot, wenn es ansonsten nichts gibt, was ebenjenes unterscheidet. Das würden Sie genauso tun. Ein gutes Beispiel dafür ist der alljährliche Weihnachtsmarkt. Glühweinstände so weit das Auge reicht. Was meinen Sie, warum immer mehr Sorten kreiert oder wiederentdeckt werden? Genau! Wer wochenlang in der Kälte sein Geld verdient, der kann es sich schlichtweg nicht leisten, im Preiskampf seine Existenz aufs Spiel zu setzen. Denn was wäre die Konsequenz des Preisdumpings?

Zuerst freuen sich die Konsument*innen über den billigen Glühwein. Irgendwann fällt ihnen auf, dass sie nur noch gepantschtes Gesöff vorgesetzt bekommen und beschweren sich darüber, bis der letzte Glühweinstand dichtmachen muss.

Es gibt keine Gewinner im Preiskampf. Zuerst stirbt die Leidenschaft, dann die Qualität und zum Schluss das Angebot. Bevor Sie sich also auf dieses dünne Eis begeben und ohne kaufmännisches Kalkül pausenlos an Ihrem Angebot, Ihren Preisen herumbasteln, stellen Sie sich bitte die Frage: Wie kann ich auf andere Weise am Markt bestehen und mich von der Konkurrenz abheben? Die folgenden Kapitel geben Aufschluss darüber, welche Möglichkeiten Ihnen zur Verfügung stehen.

Preiskampf ist kein Marketing! Verabschieden Sie sich von dieser Strategie und finden Sie andere Möglichkeiten, sich von der Konkurrenz abzuheben. **Fragen Sie sich niemals, was Sie anbieten sollen, sondern was Sie zu bieten haben.**

Das Glück der Verführung

Was ist überhaupt ein Angebot? Im kaufmännischen Sinne ist ein Antrag zur Begründung eines Vertragsverhältnisses gemeint beziehungsweise eine Willenserklärung, mit der ein Rechtssubjekt einem anderen den Abschluss eines Vertrages anbietet. Ja, ich weiß: staubtrocken. Rein rechtlich gesehen, handelt es sich bei unserem Angebot um das im Bürgerlichen Gesetzbuch definierte, doch können wir uns den Luxus erlauben, ebenjenes weitaus anschaulicher gestalten zu dürfen. Während in so vielen Branchen ein Angebot lediglich mit Papier und einer Produktbeschreibung auskommen muss, haben wir die Chance, unsere (potenziellen) Gäste mit allen zur Verfügung stehenden Sinnen von unserem Angebot zu überzeugen ... nein ... zu verführen.

»Es ist noch nicht genug, eine Sache zu beweisen, man muss die Menschen zu ihr auch noch verführen ...«

FRIEDRICH WILHELM NIETZSCHE

Wir haben die großartige Möglichkeit, unsere Gäste mit dem Geruch nach köstlichem Essen, dem Geräusch einer Kaffeemühle, dem Geschmack eines guten Weins oder Desserts, der Sehnsucht nach Gemeinschaft und dem Gefühl von Behaglichkeit und Entspannung zu locken.

Unsere Chance besteht darin, die emotionale Seite unserer Kundschaft anzusprechen, den Bauch. Und genau dort werden Kaufentscheidungen getroffen. Wissenschaftliche Studien belegen, dass der Informationsverlust besonders hoch ist, wenn wir Dinge nur lesen oder hören. Überzeugen lässt sich der Mensch hingegen von dem, was er mit all seinen Sinnen erfasst und selbst buchstäblich begreift.

Insofern haben wir Gastronom*innen einen klaren Vorteil: Unser Angebot kann von unseren Gästen gesehen, geschmeckt, gefühlt, gerochen und getestet werden. Falls Sie also gerade in einem Tief stecken, stellen Sie sich vor, Sie müssten Beton, Panzer, Intimpflege oder Gummimuffen verkaufen.

DAS GEWISSE ETWAS ...

Unsere Gäste wollen sich also verführen lassen und müssen nicht mit harten Fakten überzeugt werden. Der Preis allein entscheidet nur dann, wenn das Angebot der Konkurrenz identisch ist und wir sonst nichts zu bieten haben. Aber wie finden wir das gewisse Etwas? Nehmen wir als Beispiel Kartoffelsalat. Ein Klassiker. In Bayern anders zubereitet als in Berlin, aber grundsätzlich ein ziemlich langweiliges Gericht, das leider immer noch allzu oft direkt aus der maschinell gefüllten Dose serviert wird. Niemand will dafür das Haus verlassen und Geld ausgeben. Und wenn doch, warum dann gerade bei Ihnen?

Weil der Kartoffelsalat billiger ist als im Supermarkt? Nein! Weil Sie ihn auf eine besondere Weise zubereiten und präsentieren? Möglicherweise.

Beachten Sie bei Ihrem Angebot, dass Qualität, Service und Kompetenz heute lediglich Schlagwörter sind, die jede/r für sich in Anspruch nimmt. Diese Attribute werden von Ihren Gästen vorausgesetzt und sind definitiv nicht das gewisse Etwas, sondern lediglich die Kartoffeln im Salat. Finden Sie etwas, das Ihrer Zielgruppe gefällt und Ihnen Freude macht. **Schütten Sie nicht einfach Mayo über die Kartoffeln und hoffen, das Zeug schon irgendwie loszuwerden.** Kreieren Sie Ihr persönliches Rezept nach Ihren eigenen individuellen Bedürfnissen und denen Ihrer Zielgruppe: als nostalgisches Erlebnis, als vegane Variante, mit ungewöhnlichen Zutaten oder Beilagen, auf besonderem Geschirr, zu unvergesslichen

Ereignissen. Sie entscheiden, was Ihnen lieb und teuer ist und was Ihre Gäste wertschätzen können.

> **Verführen Sie Ihre Gäste mit allen Sinnen!** Kennen Sie Ihre eigenen Vorlieben und die Ihrer Gäste. Werden Sie sich darüber bewusst, was das gewisse Etwas ist oder sein kann, mit dem Sie Ihr Angebot wertvoll machen.

Zutaten für ein gutes Angebot

Sie sind Profi, also muss ich Ihnen nicht erklären, dass es bei jedem Gericht und jedem Getränk auf perfekt abgestimmte Zutaten ankommt. Natürlich wissen Sie, dass die Qualität, die Zubereitung, die Kreation sowie Präsentation darüber entscheidet, ob sich Menschen bei Ihnen wohlfühlen oder lieber zur Konkurrenz gehen. Fassen wir trotzdem noch einmal zusammen, was wir bisher an Fakten gesammelt und über uns selbst sowie unsere Kundschaft wissen (sollten):

- die Gastronomie ist ein hart umkämpfter Markt;
- im Käufermarkt bestimmt der Gast;
- es gibt unterschiedliche Konsumententypen;
- Sie kennen Ihre Zielgruppe und deren Bedürfnisse;
- Ihre Gäste passen zu Ihnen und Ihrem Angebot;
- Sie sind mit Leidenschaft und Elan bei der Arbeit;

- Preiskampf ist kein Marketing;

- Kaufentscheidungen werden im Bauch getroffen;

- wir haben das Glück, unsere Gäste verführen zu dürfen;

- bei der Vielfalt des Angebotes entscheidet das gewisse Etwas.

So weit, so gut. Wenn Sie bis hierhin alles berücksichtigt haben, dann sind Sie mit Leidenschaft bei der Sache, kennen Ihre Stärken, Ihre Zielgruppe, deren Vorlieben und Ansprüche, wissen bereits einiges über Ihre Branche, den Markt und dass Sie ein Alleinstellungsmerkmal brauchen, um sich gegenüber der Konkurrenz durchzusetzen. Das ist eine Menge, aber noch nicht alles. Stellen Sie sich vor, Sie haben das perfekte Date geplant, wissen aber nicht, wie Sie Ihren Herzensmenschen einladen sollen.

Wie spreche ich meine Gäste an?

Allein zum Thema Kommunikation finden sich unzählige Ratgeber, Coachings und Tutorials. Im Folgenden bringe ich für Sie auf den Punkt, was Sie in Bezug auf Ihre Kundenansprache in der Gastronomie wissen müssen und worauf Sie bei der Präsentation Ihres Angebotes (Internet, Social-Media, Flyer, Speisekarte etc.) achten sollten.

BILDER SAGEN MEHR ALS WORTE.

In kaum einer anderen Branche ist es so leicht, das Angebot zu visualisieren. Anders als bei Gummimuffen, Panzern & Co. benötigen unsere Kund*innen keine Bedienungsanleitung. Die Abbildung einer köstlichen Speise oder eines erfrischenden Getränks kann schon ausreichen, um das Interesse zu wecken. Das gilt sowohl für unsere Speisekarte als auch für die Werbung im Netz, auf Flyern, in Anzeigen etc. Das trifft sich insofern gut, weil heute kaum noch jemand liest. Die Wahrnehmung hat sich im stetig fortschreitenden Konsum digitaler Medien soweit verschoben, dass wir lieber Bilder oder Videos schauen, als lange Texte zu lesen.

Die Entscheidung für oder gegen ein Angebot wird also nicht getroffen, weil wir uns wahnsinnig viele Gedanken machen, sondern weil uns ein Bild anspricht oder aber die Anzahl der vergebenen Herzchen und Sterne in den Online-Bewertungen. Im Strudel der täglich auf uns einstürzenden Informationen sucht unser Auge nach einem Highlight und bleibt nur dort hängen, wo ihm tatsächlich etwas geboten wird.

Aus Erfahrung weiß ich, dass viele Gastronom*innen hier am falschen Ende sparen. Ihr Angebot kann noch so gut sein, wenn es schlecht präsentiert wird, haben Sie zumindest im Online-Marketing leider verloren. Denken Sie immer daran, dass Sie nur wenige Sekunden haben, um Ihre potenziellen Gäste für sich und Ihr Angebot zu begeistern.

DIE WIEDERHOLUNG MACHT'S:
KEYWORD-SELLING

Negative Erfahrungen werden durch die Wiederholung nicht besser. Positive können hingegen nicht oft genug erwähnt werden. Slogans wie »Gut, besser, Paulaner.« oder »vollendet veredelter Spitzenkaffee« oder »Ich will so bleiben, wie ich bin.« prägen sich ein und bleiben im Kopf, wenn sich Kunden damit identifizieren können.

Sie kennen Ihre Zielgruppe sowie deren Vorlieben und Ansprüche. Generieren Sie aus diesen Informationen eine handverlesene Anzahl Schlagwörter (Keywords) und nutzen Sie diese regelmäßig sowohl in Ihrem Online-Marketing (SEO) als auch vor Ort im direkten Gespräch mit Ihren Gästen. Sind diese leistungsorientiert und gesundheitsbewusst, verwenden Sie in Ihrer Kundenansprache bitte entsprechende Begriffe wie zum Beispiel: »ohne großen Aufwand, aber dennoch hochwertig und gesund« oder »fresh, simple and healthy«.

DIE MACHT DER FORMULIERUNG

Achten Sie auf Ihre Worte, auf jedes einzelne! **Unbewusst geäußerte Bemerkungen können schnell nach hinten losgehen.** Streichen Sie deshalb bitte den Konjunktiv komplett und auch Phrasen wie »ein bisschen«, »vielleicht« oder auch »billig«, »teuer«, »alt« aus Ihrem

Vokabular und weisen Sie Ihre Mitarbeiter*innen an, generell darauf zu verzichten. Warum? Wenn Sie einem Gast auf einen Wunsch hin antworten: »Ich würde versuchen, das eventuell für Sie zu klären«, macht sich dieser kaum Hoffnung auf ein zufriedenstellendes Ergebnis. Relativieren Sie also bitte nicht Ihre Aussagen, sondern äußern Sie sich klar und eindeutig. Das schafft Vertrauen.

Belehren Sie Ihre Gäste nicht, wenn diese beispielsweise den falschen Wein zum Essen bestellen. Empfehlen Sie Ihnen eine Alternative. Sollte der Gast bei seiner Wahl bleiben wollen, lassen Sie sich nicht auf Diskussionen ein. Streichen Sie unbedingt das Wörtchen »aber«! Argumentationen, die ein »aber« enthalten, implizieren ein Veto. Wenn Sie beispielsweise sagen: »Herzlichen Dank, dass Sie mich darauf hinweisen, aber ...«, verpufft der Service-Charakter und die von Herzen kommende Dankbarkeit wird Ihnen niemand abkaufen.

Darüber hinaus »zahlen« Ihre Gäste nicht, sondern »begleichen die Rechnung«, es sind also keine »Kosten für ein Essen«, sondern »eine wunderbare Investition in Genuss, Entspannung und Wohlbefinden«.

Trainieren Sie bitte Ihr Personal darauf, die passenden Worte zu benutzen. Verbieten Sie in Ihrem Gastrobetrieb übergriffige Formulierungen wie: »Ist bei Ihnen alles in Ordnung?« oder »Kann ich Ihnen helfen?« und bringen Ihrem Team stattdessen bei zu fragen: »Haben Sie noch einen Wunsch?« oder »Womit darf ich Sie verwöhnen?«

NUTZEN SIE DEN KONKRETEN NUTZEN!

Welchen konkreten Nutzen haben Ihre Gäste von Ihrem Angebot: Qualität, Service, Kompetenz? Das ist kein Nutzen, sondern Standard und darüber hinaus eine leblose Phrase. Hier liegt eines der größten Mankos, das Konsument*innen in allen Branchen zurecht bemängeln. Verkäufer verlieren sich im allgemeinen Geschwätz, reden zu viel über sich selbst und kennen zu über 80 Prozent nicht die wahren Kaufgründe und Bedürfnisse Ihrer Kundschaft. Machen Sie es bitte besser!

Wenn Sie Ihre Zielgruppe und deren Ansprüche kennen, können Sie aus dem Schlagwort »Qualität« herunterbrechen, was ebenjene in Ihrem Gastrobetrieb tatsächlich bedeutet beziehungsweise was Ihre Gäste damit verbinden. Verwenden Sie beispielsweise nur Gemüse aus ökologisch einwandfreiem Anbau oder Fleisch vom Bio-Bauern der Region, dann sagen Sie das auch. Werben Sie mit konservativen Werten, falls Sie und Ihre Gäste traditionsbewusst sind. **Je weiter Sie Ihr Qualitätsmerkmal differenzieren und auf Ihre Zielgruppe anpassen, desto effizienter ist Ihre Kundenansprache.**

Überprüfen Sie Ihre derzeitige Produktpräsentation und finden Sie die Essenz Ihres Angebotes, das gewisse Etwas! Denken Sie immer daran, dass Ihre Gäste nur dann gern Geld ausgeben, wenn sie einen Nutzen davon haben. Suggerieren Sie diesen konkreten Nutzen in Ihrer

Werbung und präsentieren ihn auch dann, wenn die Kundschaft bei Ihnen am Tisch sitzt.

DER ERSTE EINDRUCK ZÄHLT.

Machen Sie sich bitte immer wieder bewusst, dass Sie nicht unzählige Chancen haben und insbesondere online nur wenige Sekunden, Ihre potenziellen Gäste zu überzeugen oder besser gesagt: zu verführen. Verpatzen Sie also nicht den ersten Eindruck - weder digital noch real.

- Wie sieht Ihr Freisitz aus, Ihre Speisekarte, Ihre Internetseite, Ihr Social-Media-Profil?

- Finden Ihre Gäste hier eine tatsächlich ansprechende Präsentation?

- Wie sehen Ihr Geschirr, Ihre Toiletten, Ihre Fensterscheiben, die Kleidung Ihres Service-Personals aus?

- Stimmen die Fotos Ihres Angebots mit dem überein, was Sie Ihren Gästen vor Ort servieren?

Stellen Sie sich aus der Perspektive eines Fremden bitte regelmäßig die Frage: Wie ist der erste Eindruck?

AUTHENTIZITÄT IST EIN BLICK HINTER DIE KULISSEN.

Neben der Qualität, dem Service und der Kompetenz haben Konsument*innen heute einen weiteren Anspruch: Sie wollen Authentizität. Aber was ist damit eigentlich gemeint? Ganz bestimmt nicht, Vorurteile zu bedienen. Wenn Sie beispielsweise kroatischer Herkunft sind und in Ihrem Pizza-Restaurant so tun, als wären Sie in Italien geboren, hat das nichts mit Authentizität zu tun. Wenn eine zugereiste Pfälzerin in einer Berliner Szenekneipe mit »icke, dette, kieke mal« den Anschein erwecken will, Hauptstädterin zu sein, wirkt das maximal komisch.

Finden Sie das Echte in Ihrem Angebot, bei sich und Ihren Mitarbeiter*innen!

Sollte in Ihrer Küche ein Koch arbeiten, der mit jeder Faser seines Herzens am Herd steht, dann filmen Sie ihn. Interviewen Sie Ihren Barmann, der dafür bekannt ist, die besten Cocktails der Stadt zu mixen. Besuchen Sie Ihren Fleisch-, Wein- oder Gemüselieferanten und lassen sich in einem kurzen Statement die Vorteile der nachhaltigen Viehzucht oder des regionalen Anbaus erklären. Werben Sie mit realem Content, geben Sie Ihren potenziellen Gästen die Chance, einen Blick hinter die Kulissen Ihres Geschäftes zu werfen. Denn bei wahrer Authentizität geht es nicht um billige Klischees, sondern um Transparenz, Ehrlichkeit und Leidenschaft.

REDUZIEREN SIE AUF DAS WESENTLICHE!

Kommen wir noch einmal zurück zu den Spaghetti an der Wand. Der erste Impuls bei der Angebotspräsentation ist häufig, so viel wie möglich von dem zu zeigen, was man hat und was man kann. Machen Sie diesen Fehler bitte nicht! Unsere Welt besteht aus einem einzigen Überangebot, unser Gehirn kämpft mit einer permanenten Reizüberflutung. Überfordern Sie also Ihre (potenziellen) Gäste nicht damit, Ihre Speisekarte, Internetseite und Social-Media-Accounts mit unendlich vielen Details vollzustopfen.

In der Vielfalt des 21. Jahrhunderts sehnen wir uns nach Entschleunigung, und die beginnt bei der Wahrnehmung. Achten Sie deshalb bei der Auswahl Ihrer Werbemittel und der Präsentation Ihres Angebotes auf:

- positive Formulierungen,
- wenig Text – hochwertige Bilder,
- Schlüsselwörter/Keywords/Hashtags,
- konkrete Nutzenargumente,
- Hingucker/Eyecatcher,
- Emotionen/Verführung,
- Corporate Design,
- Authentizität.

UND VERGESSEN SIE NICHT DAS AUSRUFEZEICHEN!

Jede Präsentation, jedes Kundengespräch, jede Marketingaktion dient schließlich nicht dem Selbstzweck, sondern dem Verkauf. Wenn Sie Ihren Gästen einen Nutzen bieten, dann ist es nur legitim, wenn Sie diesen mit einem Appell versehen, damit die Leute sich auch tatsächlich auf den Weg zu Ihnen machen.

Nicht selten verpufft die Einladung, wenn sie keine Aufforderung enthält. CALL TO ACTION - wie es in der Fachsprache heißt. Viele Gastronom*innen verwenden Hinweise wie »willkommen«, »wir freuen uns auf Sie« oder »schön, dass Sie da sind« … Alles wunderbar, nur leider wirken diese hoffentlich ernstgemeinten Sprüche ohne Ausrufezeichen zu schwammig und damit lieblos.

In Ihrem Zuhause empfangen Sie Freunde mit: »Komm rein!« Warum sagen Sie es dann nicht zu Ihren Gästen? Es ist nicht unhöflich, eine freundliche Aufforderung zu äußern. Ganz im Gegenteil. Welche Kundenansprache finden Sie besser:

»KANN ICH IHNEN HELFEN?«
»SUCHEN SIE SICH ETWAS AUS!«

Natürlich entscheidet die Zielgruppe über die Form der Ansprache. In einer Berliner Kneipe könnte sogar der schnoddrig verwendete Imperativ zur Authentizität gehören, in einem Fünf-Sterne-Hotel eher nicht. Es kommt also auf Ihre Kundschaft an, wie Sie eine Aufforderung formulieren. In jedem Fall sollte es aber eine sein.

Da ich weiß, wie vorsichtig wir mit dem Ausrufezeichen geworden sind, weil es leicht als erhobener Zeigefinger interpretiert werden kann, habe ich folgende Aufgabe für Sie: Stellen Sie sich vor, eine Gruppe Frauen kommt zu Ihnen ins Lokal, hat viel zu erzählen und eigentlich keine Zeit, sich mit der Speise- oder Cocktailkarte zu befassen. Die Bestellung wird mehrfach verschoben, einige Frauen können sich nicht entscheiden, andere entscheiden sich um, äußern Sonderwünsche, Telefone klingeln, neue Kundschaft kommt rein, an Tisch 4 will ein Gast bezahlen, jemand fragt nach dem Klo. So oder ähnlich der ganz normale Wahnsinn. Wenn Sie jetzt aber wissen, dass Sie sich nicht auf Diskussionen einlassen dürfen, den Konjunktiv weglassen und den Imperativ dosiert verwenden sollen: Was sagen Sie?

Gerade in Stresssituation und gegenüber Gästen, die wirklich anstrengend sind, fällt es schwer, positiv zu bleiben und mit freundlichem Nachdruck keine wertvolle Zeit zu vertrödeln – weder die eigene noch die der Kundschaft. Legen Sie sich deshalb mindestens fünf wohlformulierte Sätze zurecht, die es Ihnen und Ihren Mitarbeiter*innen ermöglichen, einen kühlen Kopf zu bewahren, auch wenn es mal heiß hergeht. Denn was Ihren Gästen definitiv nicht hilft, sich bei Ihnen wohlzufühlen, sind Belehrungen und schlechte Laune.

Welche Formulierungen helfen mir und meinen Gästen?

1.

_____

2.

_____

3.

_____

4.

_____

5.

_____

Sind meine Gäste zufrieden?

Was führt dazu, dass Ihre Gäste wiederkommen und/oder Sie weiterempfehlen? Viel und oft wird in den letzten Jahren darüber gesprochen und geschrieben, dass Konsument*innen mehr als nur Zweckmäßigkeit wünschen. Sie wollen den Wow-Effekt.

Kluge Gastronom*innen haben erkannt, dass sie etwas bieten müssen, was die Konkurrenz nicht hat und Menschen motiviert, Geld auszugeben. Wir haben bereits über das gewisse Etwas gesprochen. Jetzt geht es um die andere Seite, den Perspektivwechsel und die Frage: Macht dieses gewisse Etwas Ihre Gäste auch tatsächlich glücklich?

Was könnte dieser Wow-Effekt sein?

Wenn ein Gast die Augen schließt, während er zufrieden kauend Ihrem Koch den Daumen nach oben zeigt? Der Weingenießer sich entspannt zurücklehnt und den kredenzten Tropfen wertschätzt? Wenn gestresste Eltern bei einer Tasse Kaffee oder Tee die hart verdiente Auszeit genießen? Ja, genau! Es sind meist die kleinen und leisen Dinge, die wirklich glücklich machen.

Niemand verlangt von Ihnen, für Ihre Gäste pausenlos ein Feuerwerk zu veranstalten. Der Wow-Effekt ist in unserer turbulenten Zeit immer öfter etwas, das Ruhe vermittelt, Entschleunigung, bewusstes Genießen. Ihre Gäste hetzen von einem Termin zum nächsten, sind gestresst von der permanenten Erreichbarkeit, ohne Smartphone läuft nichts mehr, im Minutentakt kommunizieren sie auf zig verschiedenen Kanälen mit Vorgesetzten, Kunden, Freunden, Kindern. Soziale Netzwerke und die gigantischen Weiten des World Wide Web sind Segen und Fluch zugleich. Die Welt ist zu laut, zu schnell, zu oberflächlich. Wir sehnen uns nach fünf Minuten Stillstand, nach einem Augenblick der Entspannung und Behaglichkeit.

Bieten Sie das Ihren Gästen, kein lautes TÄTÄRÄTÄ! Es sei denn, eben das wird explizit gewünscht. So oder so halten Sie sich bitte an die zwei wichtigsten und zugleich seltensten Attribute unserer Zeit:

AUFMERKSAMKEIT + DANKBARKEIT

Fragen Sie sich bitte regelmäßig, warum Ihre Gäste wiederkommen, in positiver Weise über Sie sprechen und Ihr Lokal weiterempfehlen. Und falls nicht, aus welchem

Grund. Ich sage es Ihnen. **Es gibt einen gemeinsamen Nenner, der jede Zielgruppe, jeden Menschen, sowohl Sie als auch Ihre Gäste anspricht: Liebe.**

Sie können selbstverständlich auch den Begriff emotionales Kapital oder Lovemarks verwenden. Aber egal, wie Sie es nennen: Konsument*innen möchten Produkte und Dienstleistungen, die ihr Herz und ihren Bauch ansprechen. Sie wollen verstanden, akzeptiert, anerkannt, gesehen werden – mit all ihren Sehnsüchten, Bedürfnissen und Ansprüchen. Und wo beginnt Verständnis? In einer Umarmung, einer Berührung, einem Blick.

Das Kundenerlebnis muss also kein Zwölf-Gänge-Menü sein, sondern manchmal reicht eine Tasse Tee, ein Keks und der Satz: »Schön, dass Sie da sind! Was kann ich Ihnen Gutes tun?«

Viele Unternehmen haben längst erkannt, dass das Geheimnis des Erfolgs in der Befriedigung der emotionalen Bedürfnisse ihrer Kundschaft steckt. Diese Idee ist also keinesfalls neu, wird aber dennoch viel zu selten umgesetzt.

LOVEMARKS

Falls Sie sich also schwertun mit der Werbung und Social Media, den vielen Trends und der Vielfalt, denken Sie immer daran, dass der Wow-Effekt im Grunde ein winziges Detail mit großer Wirkung ist. Ich lernte das als Kind von meinen Eltern. Unsere Empfehlungsquote war enorm.

Die Wartezeit am Wochenende auf einen freien Tisch betrug etwa eine Stunde. Unsere Stärke war die Gastfreundschaft – gepaart mit der Herzlichkeit einer familiären Atmosphäre. Als ich später das Restaurant meiner Eltern übernahm, kannte ich jeden Stammgast persönlich mit Namen, dessen Familienmitglieder und Vorlieben, die bei uns stets bemerkt und berücksichtigt wurden. Es bereitete mir große Freude, mit meinen Gästen kurzweilige Späße und Unterhaltungen zu führen. Und ich liebte es, meinen Kunden einfach nur zuzuhören. Das ist über dreißig Jahre her und doch hat sich an der Liebe und den Grundbedürfnissen der Menschen nichts geändert.

ERFÜLLEN SIE ERWARTUNGEN!

Der beste Weg herauszufinden, wann Ihre Kunden zufrieden sind, führt zurück zu Ihnen. Wann sind Sie zufrieden? Unter welchen Umständen erfüllen sich Ihre Erwartungen? Denn genau darum geht es bei der Kundenzufriedenheit. Wir sind erst dann zufrieden, wenn unsere Erwartungen erfüllt sind. Begeisterung stellt sich ein, wenn ebendiese Erwartungen übertroffen wurden. Werden sie hingegen nicht erfüllt, na ja ...

Erinnern Sie sich an Weihnachten. Also an früher, als Sie noch ein Kind waren. Mit viel Mühe haben Sie einen Wunschzettel gemalt und sich vorgestellt, wie toll es wäre, wenn der Weihnachtsmann oder das Christkind tatsächlich die neuen Ski, das Fahrrad oder endlich die heiß ersehnte Puppenstube oder Playstation bringen würde. Wochenlang haben Sie auf diesen einen Tag gewartet und hatten am Heiligabend das Gefühl, es vor Aufregung kaum noch auszuhalten.

Und dann war es soweit. Das Glöckchen erklang. Unter dem Weihnachtbaum lag ein riesiges Paket. Sie sagten hastig Ihr Gedicht auf und ... Ja, und?

Heute sind Sie erwachsen und denken vielleicht kaum oder gar nicht mehr an diese Zeit zurück. Wir müssen jetzt auch nicht küchenpsychologisch ergründen, welche Trigger oder Trauma aus Ihrer Vergangenheit wofür verantwortlich sind. Tatsache ist jedoch, dass Sie selbst irgendwann einmal in Ihrem Leben dieses Gefühl kennengelernt haben sollten, wie es ist, wenn sich Erwartungen erfüllen oder nicht. Erinnern Sie sich!

HABEN SIE JEMALS DAS BEKOMMEN, WAS SIE SICH GEWÜNSCHT HABEN?

Oder waren in den Weihnachtspäckchen Ihrer Kindheit nur kratzige Socken, später Krawatten oder andere furchtbar nützliche Dinge? Denken Sie an ihre erste große Liebe, die überraschend gute Note in der Schule oder was auch immer Sie in Ihren persönlichen Erinnerungen finden ... und dann halten Sie diese fest, speichern sie ab, damit Sie dieses Gefühl jederzeit abrufen können, wenn Sie die Erwartungen Ihrer Gäste erfüllen wollen.

Wer immer das bekam, was er/sie sich wünschte, wird leicht zufriedenzustellen sein. Aber es gibt eben auch jene, die zu Weihnachten immer das Falsche bekamen, die Enttäuschten, die Zyniker. Sind Sie so ein Mensch? Ich hoffe nicht. Versetzen Sie sich trotzdem in die Gefühlswelt einer Person, die an allem herumnörgelt und durch nichts zufriedenzustellen ist, weil sie eben nie gelernt hat, was Zufriedenheit bedeutet, weil sie Erwartungen immer nur mit Enttäuschungen verknüpft.

Vermutlich kennen Sie solche Gäste, die Sie natürlich ignorieren können. Aber was, wenn Sie diesen Nörgler mit etwas Unerwartetem überraschen? Wenn er öfter kommt, wissen Sie oder Ihr Personal in der Regel, was dieser Gast trinkt und/oder isst. Geben Sie ihm das Gefühl, willkommen zu sein und stellen ungefragt »den Tee/das Bier wie immer« hin. Dieses Mal jedoch mit einer kleinen Aufmerksamkeit, die zu ihm passt. Tun Sie einfach etwas, das dieser Gast nicht erwartet, dann kann er auch nicht enttäuscht werden.

Das muss nicht klappen, wäre aber einen Versuch wert. Und falls es klappt, verspreche ich Ihnen, dass dieser Gast Sie lieben wird, für immer, auf seine ganz besondere Weise. Denn mit Ihrer Geste haben Sie ihm den vielleicht wichtigsten Wunsch seines Lebens erfüllt: gesehen zu werden.

SIE BEWIRTEN NICHT NUR IHRE GÄSTE, SIE ERFÜLLEN WÜNSCHE.

Marketingexperten sehen einen unmittelbaren Zusammenhang zwischen der Kundenzufriedenheit und der Umsatzsteigerung. Wer zufrieden ist, kommt wieder. Erfüllen Sie die Erwartungen Ihrer Gäste regelmäßig, führt dies dazu, dass sich eine gewisse Loyalität einstellt. Da kann sich Ihr Personal in der Küche oder im Service auch mal einen Patzer erlauben, es geht um das Gefühl des Kunden, bei Ihnen exakt das zu bekommen, womit er sich wohlfühlt. Haben Sie das geschafft, wird er auch bereit sein, Sie weiterzuempfehlen und überdies beim nächsten Besuch seine Freunde oder Familie mitzubringen oder in den sozialen Netzwerken Werbung für Sie zu machen.

Es lohnt sich deshalb allemal, ein bisschen Zeit zu investieren. Wenn Sie sich daran erinnern, wann Sie das letzte Mal zufrieden waren und genau dieses Gefühl auf Ihre Gäste projizieren, bringt Sie das also ein gutes Stück weiter.

Was ist der richtige Preis?

Geht die Anzahl der Gäste zurück, kommen viele Gastronom*innen zu dem einzigen Schluss, dass sie preiswerter sein müssen als die Konkurrenz. Der Preiskampf beginnt … und endet oft direkt in der Pleite. Ich habe es weiter oben bereits angesprochen: Geiz ist nicht geil und billig keine gute Werbung. Sie erinnern sich an die Spaghetti?

Preisdumping widerspricht einer soliden kaufmännischen Unternehmensführung. Wir alle kommen an den steigenden Energiepreisen, Personal- und Betriebskosten, der zunehmenden Nachfrage nach hochwertigen Produkten sowie einem immer höheren finanziellen Aufwand nicht vorbei. Im Rahmen der Zurücksetzung des Mehrwertsteuersatzes auf 19 Prozent gab es im Frühjahr 2024 deutschlandweit einige Gastronom*innen, die versucht haben, über eine massive Senkung ihrer Preise einen Vorteil gegenüber der Konkurrenz zu generieren.

Kurzfristig kann das durchaus funktionieren, über eine künstliche Erhöhung der Nachfrage die Umsätze zu steigern. Aber bedenken Sie dabei bitte immer, dass auch die Kosten steigen, wenn Ihnen schnäppchenhungrige Gäste die Bude einrennen. Und was, glauben Sie, werden ebendiese ihren Freund*innen empfehlen: das tolle Essen oder die niedrigen Preise?

Auch wenn es anfänglich gut läuft, können Sie auf Dauer das Schnitzel mit Spargel nicht für 8 Euro anbieten oder den Döner für 3 Euro. Nicht mal, wenn Sie billig einkaufen und Ihr Personal schlecht bezahlen. Über kurz oder lang müssen Sie also die Preise auf ein marktgerechtes Niveau angleichen. Und was passiert dann? Jene Schnäppchenhungrige, die nur zu Ihnen kamen, weil bei Ihnen das Essen so billig war, werden das Gegenteil von zufrieden sein, nicht mehr kommen, sich über den »Preiswucher« beschweren und ihren Freund*innen abraten, Ihr Lokal jemals wieder zu besuchen. Zumindest ist das die landläufige Erfahrung und mal ganz ehrlich: Haben Sie weiter oben bei der Frage, für wen Sie arbeiten wollen, tatsächlich die Schnäppchenhungrigen und Geizgeilen zu Ihren Lieblingsgästen erkoren?

GEIZ IST NICHT GEIL, PREISDUMPING KEINE LÖSUNG.

Das Gesetz der kleinen Zahlen taugt nicht generell für die Gastrobranche, maximal im Fastfoodbereich. Die Kunst der nachhaltigen Unternehmensführung liegt generell in der Balance einer ausgewogenen Kosten-Nutzen-Gestaltung. Viele Gastronom*innen empfinden diese Aufgabe als unlösbar, weil sie den Preis immer noch als Nonplusultra des Marketings betrachten. Verabschieden Sie sich bitte endgültig von diesem Irrglauben und behalten Sie stets im Hinterkopf: **Um den Preis wird nur gekämpft, wenn es keine anderen Unterscheidungsmerkmale gibt.**

Ein Beispiel: Wenn Sie ein High-End-Restaurant mit exklusiver Atmosphäre, exzellentem Service und hochwertiger Küche eröffnen oder führen wollen, sind naturgemäß die Kosten weitaus höher als bei einem Imbiss. Die Klientel ist eine andere. Sowohl Einkommen als auch Ansprüche sind deutlich höher, ebenso die Zahlungsbereitschaft. Diese Zielgruppe möchte in Exklusivität, Stil und Image investieren. Wer hingegen in einen Imbiss geht, erwartet keine Sterne-Küche, wenngleich trotzdem Qualität. Selbstredend kann man auch Currywurst mit Champagner servieren, wie beispielsweise im BIER'S KUDAMM 195 oder ADLON in Berlin. Aber das gelingt nur, wenn Sie Menschen finden, die eine solche Kombination als stilvoll oder exklusiv erachten und sich weniger für die Wurst als vielmehr für das Drumherum interessieren. Der Grund für die Kundenzufriedenheit ist hier nicht das Essen, sondern der Status. Manche Menschen zahlen dafür, zu sehen und gesehen zu werden. Gerdi hat dafür einige Beispiele in ihrer Gastro-Geschichte über Mecklenburg-Vorpommern.

DER PREIS MUSS ZUM ANGEBOT PASSEN UND DAS ANGEBOT ZUR ZIELGRUPPE.

Das Wichtigste am Preis ist die richtige Kalkulation – ein Thema, das gern und oft von Gastronom*innen vernachlässigt wird. Alles über Kostenmanagement, Finanzplanung, Produkt- und Preiskalkulation finden Sie weiter hinten in diesem Buch. Bleiben wir jetzt noch bei Ihrem Angebot und der Frage, wie Sie Preisdumping vermeiden können.

Stellen Sie sich vor, Sie führen ein Restaurant in bester Lage. Die Exklusivität ist vorhanden, die Nachfrage riesig, die angesprochene Klientel zahlungskräftig. Nur die Schlangen der hochmotivierten Gäste bilden sich vor dem Restaurant nebenan. Was läuft da schief?

Produktdifferenzierung

Natürlich, die Leute haben einfach keine Ahnung. Eine oft und gern genutzte Ausrede, die nichts bringt außer Frust. Was können wir stattdessen tun?

Die Analyse des Marktes haben wir hinter uns. Wir kennen die Nachfrageoptionen, die unterschiedlichen Konsumententypen, Zielgruppenmerkmale, die Gründe, warum Analysen uns weiterbringen, und die Tatsache, dass Leidenschaft, Empathie und das gewisse Etwas mehr wert sind als auf Hochglanz poliertes Tafelsilber. Was fehlt also zum Erfolg? Was können Sie konkret tun, damit die Gäste aus oben genanntem Beispiel tatsächlich zu Ihnen kommen?

DAS **WAS** IST WICHTIG, DAS **WIE** UMSO MEHR.

Je stärker die Konkurrenz ist, desto besser sollten Sie Ihre Produkte differenzieren. Bieten Sie Ihren Gästen einen Nutzen, der höher oder individueller ist als bei Ihren Mitbewerbern. Sorgen Sie dafür, dass Ihre Gäste zufriedener und begeisterter sind als nebenan. Wenn Sie das vierte vegane Restaurant im Kiez führen, dann schauen Sie sich als erstes an, was die Konkurrenz auf den Tisch bringt. **Kopieren Sie nicht, sondern suchen bitte Ihren USP!** Werben die Kolleg*innen nebenan mit bio, dann setzen

Sie noch einen drauf und überzeugen Ihre Kundschaft mit Regionalität nach dem Motto: UNSER GEMÜSE HAT EINEN NAMEN. Ihre Zielgruppe interessiert sich für die Herkunft und den Anbau? Dann werben Sie nicht mit allgemeinen Öko-Phrasen, sondern einem konkreten Nutzen für Ihre (potenziellen) Gäste, denn ...

GEMÜSE IST NICHT GLEICH GEMÜSE.

Und Fleisch nicht gleich Fleisch. Gehören Sie zu jenen Gastronom*innen, die ihren Gästen gern etwas vom Grill servieren? Wunderbar! Suchen Sie nach aktuellen Trends und holen sich die nötige Inspiration durch Umfragen bei Ihren Gästen und/oder Recherchen in Gastrobetrieben, die Ihrem ähnlich, aber erfolgreicher sind. Sammeln Sie Informationen und finden für sich das gewisse Etwas! Bewerben Sie beispielsweise die hauseigene Marinade, eine exklusive Gewürzmischung, die besondere Art des Grills oder die hochwertige Qualität des Fleisches. Geht die Kundschaft trotzdem zur Konkurrenz, bieten Sie während eines Events Kostproben an oder werben Sie mit Videos in den sozialen Netzwerken, in denen zu sehen, zu spüren ist, wie gut Ihre gegrillten Steaks schmecken.

SEIEN SIE GASTFREUNDLICHER ALS DIE KONKURRENZ!

Ein hübsch angelegter Kräutergarten im Freisitz Ihres Lokals könnte als Eyecatcher dienen. Das kostet nicht viel, duftet aber herrlich und impliziert sowohl Behaglichkeit als auch frische Zutaten und damit Qualität. Ein Zweig Rosmarin auf dem Steak, Petersilie oder Dill im Kartoffelsalat, frische Minze im Tee oder Cocktail ...

Voraussetzung ist natürlich, dass diese Kräuter nicht lieblos im Plastik des Großmarkts verbleiben, sondern liebevoll arrangiert und gepflegt werden. Stecken Sie kleine Schilder dazu, auf denen die Namen der Kräuter stehen. Pflanzen Sie Tomatenstauden und Johannisbeersträucher statt langweiliger Hecken. Essbare Gärten liegen voll im Trend. Die Kinder Ihrer Gäste könnten neugierig sein. Nutzen Sie das! Schulen Sie Ihr Personal, beziehen Sie insbesondere Ihre kleinen Gäste mit ein und schaffen sinnliche Erlebnisse abseits der Teller.

Vielleicht wird sich nicht herumsprechen, wie gut Ihr Grillfleisch schmeckt, dafür aber, welche Freude man in Ihrem Lokal beim Essen hat. Seien Sie dankbar für jedes positive Feedback und konzentrieren Sie sich genau darauf!

Differenzieren Sie Ihr Angebot, finden Sie Unterscheidungsmerkmale, Kundenvorteile und denken Sie immer daran, dass Sie etwas Einzigartiges zu bieten haben, das wertvoll ist. Ihre vorderste Aufgabe besteht darin, dieses einzigartige Etwas zu finden und entsprechend zu kommunizieren.

Was Sie und Ihr Angebot nun im Einzelnen von der Konkurrenz unterscheidet und mit welchem gewissen Etwas Sie Ihre Gäste verführen, kann ich für Sie nicht pauschal beantworten. Als Ihr Coach kann ich Ihnen aber empfehlen, sich zeitnah und konkret mit der Produktdifferenzierung zu befassen. Bringen Sie bitte jetzt zu Papier, was Ihr Angebot gegenwärtig und/oder zukünftig einzigartig macht:

Welchen Kundenvorteil kann ich meinen Gästen bieten?

_____

_____

_____

_____

_____

Was wertvoll ist, kann nicht billig sein, muss aber nicht viel kosten. Erinnern Sie sich, wann Sie das letzte Mal rundum zufrieden waren und schenken Sie dieses Gefühl Ihren Gästen!

Corporate Identity

Ihre Überzeugung und Begeisterung, Ihre Leidenschaft und Liebe zur Gastronomie nützt nichts, wenn niemand davon weiß. **Kommunizieren Sie Ihre Exklusivität sowohl nach außen als auch nach innen.** Denn Ihr USP sowie die Philosophie Ihres Unternehmens sind das Herzstück Ihres Marketings, von dem nicht nur Ihre Kundschaft, sondern zuerst Sie und Ihre Mitarbeiter*innen überzeugt sein sollten.

Auch wenn ich bemüht bin, in diesem Buch so wenig Fachbegriffe und Anglizismen wie möglich zu nutzen, beschreibt letztlich der Begriff CORPORATE IDENTITY am besten, was für Sie das Sahnehäubchen der Angebotspräsentation bedeuten sollte. Damit gemeint ist die Summe dessen, was Ihr Unternehmen ausmacht – von der Philosophie über das Angebot bis hin zum Image. Es ist Ihre Identität beziehungsweise die Ihres Gastrobetriebs. Ihre Einzigartigkeit, Ihr USP, Ihre Persönlichkeit und Ihr individuelles sowie ehrliches Versprechen in Bezug auf Herzlichkeit und Kundenzufriedenheit sollte sich ausdrücken im:

• Corporate Design

Beim **Erscheinungsbild** Ihres Unternehmens sind in puncto Kreativität keine Grenzen gesetzt. Achten Sie auf eine aussagekräftige Visualisierung Ihrer Firmenphilosophie, Ihres USP, dem gewissen Etwas. Eine simple Farbe, ein Logo oder Slogan kann bereits ein Markenzeichen sein. Und dies sollte sich wiederfinden in allem, was Ihr Unternehmen betrifft: Servietten, Speisekarte, Innenausstattung, Werbemittel, Internetseite ... bis hin zu Ihrer Arbeitskleidung und der Ihrer Mitarbeiter*innen.

Achten Sie ebenfalls darauf, dass dieses Markenzeichen von Ihren (potenziellen) Gästen GEFÜHLT wird. Es sollte also ansprechend sein, auch in kleiner Größe wahrgenommen werden können und widerspiegeln, was Ihr emotionales Kundenversprechen ausmacht. Haben Sie selbst keine Ideen, fragen Sie nach Hilfe und überlassen das Kreieren einem Profi. Denken Sie bitte immer daran: **Wer kopiert, kann niemals ein Original sein.**

• Corporate Culture

Die **Unternehmenskultur** oder auch Firmenphilosophie ist der Ursprung, die Quelle Ihres Handelns. Hier finden sich Ihre Stärken, Ihre Werte und Überzeugungen wieder und stellen bestenfalls die Einzigartigkeit Ihres Gastrobetriebs dar. Das harmonische Erscheinungsbild (Corporate Design), übereinstimmendes Verhalten (Corporate Behaviour) sowie die einheitliche Kommunikation (Corporate Communication) Ihrer Unternehmenskultur sind die Basis für Vertrauen, Authentizität, Kompetenz und letztlich Ihren Erfolg.

• Corporate Communication

Erinnern Sie sich, was ich über Keywords und Eyecatcher gesagt habe? Wenn Sie Ihre Angebotspräsentation auf das Wesentliche reduzieren und die passenden Schlagworte gefunden haben, die Ihr Unternehmen am besten beschreiben, dann nutzen Sie diese bitte nicht nur für einen bestimmten Teil Ihres Marketings. Die Kommunikation der Werte und Normen Ihres Gastrobetriebs sollte immer und überall stattfinden. Die Basis dafür schaffen Sie. Ihre Person, Ihr Angebot steht für eine ganz bestimmte Sache, welche sowohl von Ihnen als auch von Ihrem Personal mit Begeisterung vertreten werden sollte.

Die beste Online-Präsentation nützt Ihnen nichts, wenn vor Ort nicht jede/r Ihrer Mitarbeiter*innen sagen kann: »Ich arbeite gern bei XY, weil ...« Corporate Communication ist also **eine einheitliche Botschaft, die in derselben Sprache nach innen und nach außen kommuniziert wird.**

• Corporate Behaviour

Ist die Konsequenz Ihrer Unternehmenskultur. Deren Botschaft und Verbreitung schließt **das Verhalten aller Akteure** in Ihrem Gastrobetrieb ein. Was nutzt es, wenn Sie mit Enthusiasmus sechzehn Stunden am Tag Ihre Firmenphilosophie vertreten, während Ihre Mitarbeiter*innen sich hinter Ihrem Rücken lustig machen oder gar Ihre Reputation infrage stellen. Jede Handlung, Aktion und Reaktion muss im Sinne des Unternehmens stattfinden.

Machen Sie sich und Ihrem Personal regelmäßig bewusst, dass Vertrauen, Authentizität und Kompetenz nur realisierbar sind, wenn alle im Boot in dieselbe Richtung rudern. Insofern ist es zwingend erforderlich, ein gemeinsames Ziel zu formulieren und die Leidenschaft zur Gastronomie im Sinne der Gemeinschaft zu teilen. Wenn Sie wissen wollen, wie das geht: Im Folgenden befassen wir uns noch ausführlicher mit der Führung und Ausbildung Ihrer Mitarbeiter*innen.

• Corporate Image

Und last but not least macht das Corporate Image sichtbar, wie Sie und Ihr Unternehmen von Ihren Kunden wahrgenommen werden. Es ist das Abbild dessen, was Sie mit Ihrem Konzept, der Präsentation und Kommunikation Ihrer Corporate Identity bezwecken. **Die Qualität dieser Wahrnehmung bestimmen vor allem Sie und darüber hinaus sämtliche Akteure in Ihrem Unternehmen.**

HOLEN SIE IHRE MITARBEITER*INNEN INS BOOT!

Kaum etwas ist trauriger als eine schlecht gelaunte Servicekraft, die der interessierten Kundschaft gelangweilt die Speisekarte vorliest. Damit verdirbt sie nicht nur den Gästen den Appetit und die Lust auf ein zweites Mal, sondern vor allem Ihnen das Geschäft. Am Anfang dieses Buches sprachen wir über Ihre Leidenschaft. Nicht nur der Herd in Ihrer Küche muss heiß sein, sondern Sie müssen brennen für Ihre Ideen, Ihr Geschäft, Ihre Visionen. Erinnern Sie sich stets daran, was Sie bewogen hat, Gastronom*in zu werden und nutzen Sie diese Synergie.

Machen Sie sich und Ihrem Personal immer wieder klar, was Sie, alle gemeinsam, Großartiges zu bieten haben. Sie werden sehen, dass die Arbeit viel leichter von der Hand geht und Sie Ihre Kundschaft angenehmer und authentischer überzeugen (verführen) können, wenn alle im Boot dasselbe Ziel verfolgen. Mehr dazu ab dem nächsten Kapitel.

Falls Sie ein Kontrollfreak sind und Ihre Mitarbeiter*innen lediglich als notwendiges Übel tolerieren, dürfen Sie nicht erwarten, dass so etwas wie Teamgeist oder Corporate Identity möglich ist. Beziehen Sie Ihr Personal mit ein! Veranstalten Sie regelmäßig gemeinsame Treffen, interessieren Sie sich für Ihre Mitarbeiter*innen und **sorgen bitte dafür, dass alle Akteure in Ihrem Unternehmen nach innen und außen im Sinne der Gemeinschaft denken, fühlen, handeln. Sie eingeschlossen!**

Was biete ich meinem Team?

Was diese Frage mit Ihrem Angebot zu tun hat? Alles! Denn nicht nur Ihre Zielgruppe und ihre Produkte oder Dienstleistungen müssen zu Ihnen passen, sondern insbesondere jene Menschen, die mit Ihnen und für Sie arbeiten. **Als Chef*in geben Sie nicht nur Arbeit, sie nehmen diese auch, und dafür sollten Sie dankbar sein.**

Das Prinzip Geben und Nehmen funktioniert in zwei Richtungen, weshalb Sie sich nicht nur fragen sollten, was Sie von Ihren Mitarbeiter*innen fordern, sondern was diese von Ihnen erwarten dürfen.

Faire Bezahlung? Okay.

Ein harmonisches Miteinander? Klar.

Respekt und Anerkennung? Logisch!

Tatsächlich?

Wie entsteht Respekt? Kann Teamgeist angeordnet, gefordert, bezahlt werden? Wie oft lesen Sie diese oder ähnliche Attribute in Bewerbungen und welche davon haben sich in der Praxis in Luft aufgelöst? Gibt es überhaupt schlechtes Personal? Natürlich. Wie es auch schlechte Chefs gibt. Und wer zieht am Ende den Kürzeren, wer hat mehr zu verlieren?

Ihr Personal kann sich andere Arbeitgeber*innen suchen, die sie besser, fairer, wertschätzender behandeln. In Zeiten des Fachkräftemangels und der Vollbeschäftigung ist es leicht, einen neuen Job zu finden.

Aber was ist mit Ihnen? Können Sie einfach so alles aufgeben und ab morgen wieder angestellt sein? Eher nicht, oder? Kümmern Sie sich also bitte um Ihr Personal! Was haben Sie Ihren Mitarbeiter*innen zu bieten? Und damit meine ich nicht die mittlerweile üblichen Standards wie freie Wochenenden oder Bezahlung über Mindestlohn. Schauen Sie bitte ehrlich in den Spiegel und fragen sich:

Warum arbeitet mein Personal gern bei bzw. mit mir?

_____

_____

_____

_____

_____

Meine Visitenkarte

Bleiben wir bei dem Beispiel der gelangweilten Servicekraft, die lustlos aus der Speisekarte vorliest. Vielleicht haben Sie das auch schon beobachtet und sich gefragt, woran es liegen könnte. An der Motivation? Klar. Am Stress? Möglich.

Es könnte aber auch sein, dass der Grund viel banaler ist. Wenn Sie Ihr Geschäft als Gesamtkonzept begreifen, mit all den Features, die wir bisher zusammengetragen haben, dann ist spätestens jetzt klar, dass alles zu jedem passen muss, damit es funktioniert. Und die Speisekarte ist dabei das i-Pünktchen Ihrer Präsentation, das Aushängeschild, die Visitenkarte.

Oder was ist die Speisekarte für Sie? Lediglich eine Aufzählung Ihres Angebots? Eine Gedankenstütze für Ihr Personal? Das macht schließlich jeder, also gehört sie irgendwie dazu?

IHRE SPEISEKARTE DECKT AUF, WER UND WAS SIE ZU BIETEN HABEN.

Die Speisekarte ist so viel mehr, als nur ein bedrucktes und schlimmstenfalls bekleckertes Etwas. Immer wieder sehe ich veraltete und bisweilen optisch furchtbare Exemplare auf Websites, Social Media, bei Google und in einschlägigen Gastro-Portalen. Ja, schauen Sie gern direkt nach, wie aktuell Ihre Speisekarte im Netz ist, ob Preise und Infos noch stimmen. Und schauen Sie sich bitte auch die Fotos an, mit denen Sie Ihr Angebot präsentieren. Alles super, tipptopp? Lesen Sie bitte trotzdem weiter!

Was passiert, wenn potenzielle Gäste in freudiger Erwartung zu Ihnen kommen, dann aber feststellen müssen, dass es ein bestimmtes Gericht gar nicht mehr gibt und/oder die Preise viel höher sind als auf dem Foto im Netz, das vier Jahre alt ist? Richtig, die Erwartung wird nicht erfüllt, auch wenn Sie und Ihre Mitarbeiter*innen sich noch so viel Mühe geben.

Wenn Sie Glück haben, sind es nette Gäste, die abwinken und sich mit den Alternativen begnügen. Doch ein bitterer Beigeschmack der Enttäuschung bleibt. Muss das sein?

Eine andere Situation, die Sie vielleicht kennen: Ihre Servicekraft ist motiviert und wirklich gut. Aber auch die einfallsreichste und eloquenteste Person muss passen, wenn sie den Gästen bei jedem zweiten Gericht sagen muss, dass es gerade nicht verfügbar ist, weil die Speisekarte veraltet ist und es bestimmte Zutaten aktuell nicht zu kaufen gibt.

Erinnern wir uns an die leeren Regale während der Pandemie, an fehlendes Speiseöl und generelle Lieferengpässe. Mit den ersten EU-Sanktionen im Ukraine-Krieg gab es keinen russischen Wodka mehr. Missernten, Dürren und Hochwasser führen zu einem Mangel an frischem Gemüse, Getreide, Wein. Achten Sie also bitte auf die Aktualität Ihrer Speisekarte – auch und vor allem im Kontext des Klimawandels, der Krisen und Kriege.

Niemand kann voraussagen, was morgen ist. An den Konsequenzen globaler Ereignisse können wir nichts ändern, wohl aber an der Formulierung und Aufmachung unserer Speisekarte.

WENIGER IST HIER MEHR.

Seit Jahren ist es bereits Usus in der Gastronomie, das Angebot zu reduzieren und nicht mehr alles anzubieten. Das Überflussprinzip hat ausgedient. Wir wollen nicht tonnenweise Lebensmittel wegwerfen. Massentierhaltung hat zurecht ein negatives Image. Nachhaltigkeit ist gefragt. Und die Menschen haben schlichtweg keine Lust mehr, ihre kostbare Zeit damit zu vergeuden, ellenlange Speisekarten zu lesen. Sie interessieren sich dafür, was drin ist, für Klasse statt Masse.

Auch Ihr Personal in der Küche ist sicherlich froh darüber, nicht mehr 40 Gerichte kochen zu müssen, sondern sich mehr und besser auf das Weniger zu konzentrieren. Und Ihre motivierte Servicekraft wird motiviert bleiben, wenn sie alles von der Karte empfehlen darf, weil alles vorhanden ist.

Wie das geht?

> »In der Einfachheit liegt die höchste Vollendung.«
>
> LEONARDO DA VINCI

Es ist gar nicht so schwer, aus der Not eine Tugend zu machen und die Erwartungen Ihrer Gäste trotz aller Herausforderungen zu erfüllen. Hier ein paar Vorschläge und wichtige Tipps:

- Reduzieren Sie Ihre Speisekarte auf das Mögliche!
- Bieten Sie saisonale Gerichte immer als temporäres Highlight an!
- Ist etwas nicht generell verfügbar, formulieren Sie es als Tagesempfehlung!
- Frische Beilagen sollten immer variabel sein, je nach Verfügbarkeit.
- Digitale Speisekarten sind schneller zu ändern.
- Entrümpeln Sie das Internet, Ihre Website und Social-Media-Profile!

Es gibt diverse Möglichkeiten, Ihre Speisekarte so flexibel wie möglich zu gestalten, damit die Servicekraft Ihre Kundschaft beim Bestellen nicht enttäuschen muss. Erklären Sie Ihren Gästen, dass Sie nachhaltig wirtschaften im Sinne unseres Planeten und der Zukunft unserer Kinder, weshalb es unmöglich ist, im Dezember frischen Spargel anzubieten, im Sommer Grünkohl oder ganzjährig Erdbeeren. Schreiben Sie diesen Hinweis wohlformuliert in Ihre Speisekarte und werben mit einem saisonalen/variablen/regionalen Angebot. Allerdings nur, wenn Sie davon überzeugt sind.

Gehören Sie zu jenen, die den Klimawandel leugnen und Bündnis90/Die Grünen für alles Unheil verantwortlich machen, werden vermutlich auch Ihre Gäste keinen Cent für Nachhaltigkeit und Biodiversität ausgeben. Umgekehrt wird Ihre Kundschaft jedoch verstehen, weshalb bestimmte Gerichte oder Beilagen nicht fest auf der Karte stehen, sondern je nach Verfügbarkeit.

Kommunizieren Sie, dass die Gastronomie am Puls der Zeit lebt und Ihr Angebot nicht mehr in Stein gemeißelt sein kann. Kommen Sie mit Ihren Gästen ins Gespräch über den Wandel und das, was sich konkret für sie ändert - egal, in welcher politischen Ausrichtung. Sie wissen schon, Ihre Zielgruppe muss zu Ihnen passen.

Sie können natürlich auch beharrlich bleiben und alles so beibehalten, wie es ist. Falls Sie vorwiegend konservierte Produkte aus der Dose oder dem Tetrapack anbieten, könnte das sogar bis in alle Ewigkeit funktionieren. Wenn Sie hingegen die Bedürfnisse der überwiegenden Mehrheit im Sinn haben und auf frische Zutaten, Abfallvermeidung, Ressourcenschutz, CO_2-Einsparung, Biodiversität, Nachhaltigkeit und Tierwohl Wert legen, sollten Sie Ihre Speisekarte entsprechend anpassen, um Ihre Gäste nicht unnötig zu enttäuschen.

NEGATIVE SCHLAGZEILEN FRESSEN SICH FEST WIE ANGEBRANNTE MILCH.

Achten Sie darauf, dass Sie nur solche Gerichte auf die fixe Speisekarte setzen, die in Ihrer Küche jederzeit zubereitet werden können. Beziehen Sie Ihre Mitarbeiter*innen ein und spezialisieren Sie Ihr Angebot unter dem Motto: Qualität geht vor Quantität. Suchen Sie sich unbedingt professionelle Unterstützung bei der optischen

Umsetzung Ihrer Ideen. Denn eine irgendwie zusammengeschusterte oder standardisierte Speisekarte sorgt für kein exklusives Image.

Ein zeitgemäßes Layout gibt Ihren Gästen einen Hinweis auf Ihre Innovationsbereitschaft und damit auf die Qualität Ihres Angebots. Ein persönlicher Gruß kommt immer gut an. Eine freundliche Erläuterung, was hausgemacht ist, woher Sie das Fleisch beziehen, dass der Fisch nicht einmal um die Welt reisen musste und das Gemüse aus regionalem Anbau stammt, schafft Vertrauen und Kundenzufriedenheit.

Fragen Sie ruhig den einen oder anderen Stammgast, was er oder sie von Ihrer Speisekarte hält, vom Angebot, dem Layout, was möglicherweise fehlt oder verbessert werden könnte. Setzen Sie Ihren Namen und Ihre Stärken richtig in Szene und achten Sie auf beste Qualität – auch beim Design. Analysieren Sie regelmäßig Ihre Speisekarte (mindestens einmal jährlich) und finden Sie heraus, welche Speisen/Getränke die höchsten Umsätze, das größtmögliche Lob und die meisten Weiterempfehlungen generieren.

Sorgen Sie stets für saubere Karten – sowohl sprichwörtlich als auch buchstäblich. Wenn die Tomatensoße vom letzten Gast noch an der Karte klebt oder die Preise aus Friedenszeiten stammen, sollten Sie dieses Exemplar schnellstmöglich entsorgen – analog und digital.

Je nach Spezialisierung Ihres Angebots kann es sinnvoll sein, separate Speisekarten anzubieten. Neben der fixen

Standardkarte beispielsweise eine für Frühstück, für Wein, Tee oder Kaffee, saisonale Highlights, Tages- oder Wochenempfehlungen. Übrigens genauso hübsch, kein knittriger Zettel hinter Plastik.

Behalten Sie bitte auch das Alter Ihrer Gäste im Blick. Kommen überwiegend Senioren zu Ihnen, bieten Sie kleinere Portionsgrößen mit entsprechenden Preisen, dafür aber größere Buchstaben auf der Speisekarte an. Sind viele Kinder unter Ihren Gästen, könnte eine Speisekarte im kindgerechten Design kleine oder sogar große Wunder bewirken, denn die Eltern werden es Ihnen danken und Sie garantiert weiterempfehlen.

DIGITAL IST FAST NORMAL.

Nutzen Sie die Effizienz der digitalen Welt und machen Ihre Speisekarte interaktiv. Das entlastet vor allem Ihr Personal, wenn das Bestellen und Bezahlen automatisiert wird. Überall sonst in Europa klappt das doch auch. Oder sind Sie skeptisch, weil QR-Codes und E-Cash unpersönlich wirken und insbesondere die Generation 60+ überfordern können? Fragen Sie bitte zuerst sich selbst, wer damit das größere Problem hat: Sie oder Ihre Gäste?

IHRE SPEISEKARTE IST KEIN LEBLOSES ETWAS, SIE IST DAS TOR ZUM HERZ IHRER GÄSTE.

Die zwischenmenschliche Interaktion mit Ihren Gästen wird immer wichtig sein, das persönliche Gespräch kann keine KI ersetzen. Anderseits können Sie sich die Servicekräfte auch nicht aus den Rippen schneiden. Sie wissen selbst, wie viel Zeit und Aufwand nötig ist, eine Bestellung aufzunehmen, Gäste abzukassieren. Immer öfter höre ich von Gastronom*innen, dass sie sich über fehlende Kundschaft nicht beklagen können, wohl aber darüber, dass ebendiese viel zu lange warten muss, weil es am Personal mangelt.

Vermeiden Sie Unzufriedenheit und Hektik, automatisieren Sie, was möglich ist, und schaffen so die nötige Zeit, für Ihre Gäste da zu sein. In Kapitel 8 befassen wir uns ausführlich mit dem Personalmangel und wie man klug darauf reagieren kann. Aber eins nach dem anderen. Schauen Sie sich bitte zunächst die Checkliste an, damit wir das Kapitel ANGEBOT abschließen können.

CHECKLISTE 5: ANGEBOT

- Was können mein Personal und ich besonders gut?
- Warum kommen meine Stammgäste? Wann habe ich sie das letzte Mal nach dem Grund gefragt?
- Kaufentscheidungen werden im Bauch getroffen: Womit »verführe« ich meine Gäste?
- Wie spreche ich die emotionale Seite meiner Kundschaft an?
- Wie definiere ich Service? Wie definiert ihn mein Personal?
- Welche Schlagwörter (Keywords) beschreiben unser Angebot?
- Welche dieser Unwörter »vielleicht«, »Kosten«, »alt«, »aber«, »man« benutzen wir bei der Kundenansprache (demnächst nicht mehr)?
- Stimmt meine Online-Werbung tatsächlich mit der Realität überein?
- Wann war ich das letzte Mal zufrieden? Kennt mein Personal dieses Gefühl?
- Was sind drei Pluspunkte unseres Angebots?

Jeder Mensch, jedes Unternehmen hat Stärken. Machen Sie sich Ihre bewusst!

6. KONZEPT

Selbstverständlich laufen Sie nicht plan- oder ziellos durchs Leben. Sie wissen genau, was Sie wollen. Richtig? Ihre Visionen sind notiert, Ziele wurden mit Ihren Mitarbeiter*innen diskutiert, kommuniziert, kalkuliert. Oder? Allzu oft höre ich von Gastronom*innen, dass sie ihr Konzept im Kopf hätten und genau wüssten, wohin die Reise gehen soll. Warum also Zeit damit vertrödeln, das alles zu Papier zu bringen? Sie wären schließlich keine Beamten in irgendeiner Behörde. Nein, Letzteres sind Sie ganz sicher nicht. Wir haben jeden Tag und oft auch die halbe Nacht viel um die Ohren, müssen Entscheidungen treffen, Termine im Blick haben, unser Personal motivieren, unsere Gäste zufriedenstellen ... und ... und ... und sollen dabei stets lächeln und gut drauf sein. Das ist doch die Realität!

Nach einer anstrengenden Schicht, im Laden lief alles drunter und drüber, legen Sie sich mit tausend Eindrücken ins Bett, schließen die Augen ... und dann fällt Ihnen ein, dass die Steuer überfällig ist, Ihr Kind zum Zahnarzt muss, Ihr Koch eine ganz bestimmte Zutat braucht, Ihre Mutter schon seit Wochen auf einen Rückruf wartet oder was sonst zum täglichen Wahnsinn gehört, der sich Leben nennt.

Wie gut werden Sie schlafen?

Wie schaffe ich mir einen freien Kopf?

Natürlich werden die zu erledigenden Aufgaben nicht weniger, nur weil man sie aufschreibt. Aber leichter! Was Sie notiert haben, müssen Sie nicht mehr permanent mit sich herumschleppen.

Wie oft ist es Ihnen schon passiert, dass Sie einen Termin vergessen haben? Wie oft sagen Sie Sätze wie: »Ja, ich weiß. Kümmere ich mich später drum.«

Ich kenne das nur zu gut. Die imaginäre Liste der unerledigten Dinge wächst von Tag zu Tag. Permanent klingelt das Telefon, der Koch fragt nach seiner Lieferung, eine Mitarbeiterin aus dem Service erinnert Sie schon das fünfte Mal daran, dass Servietten bestellt werden müssen. Die Familie ist sauer, weil Sie ein Treffen nach dem nächsten absagen. Und Sie? Wann waren Sie das letzte Mal bei einer Vorsorgeuntersuchung, beim Zahnarzt – vom Fitnessstudio, Wellnesscenter oder Urlaub ganz zu schweigen. **Wie oft wünschen Sie sich, dass der Tag mehr als nur 24 Stunden hat?**

Wie oft schieben Sie etwas auf die lange Bank und werden immer wieder dazu aufgefordert, endlich mal in die Puschen zu kommen? Sie reagieren gereizt, fühlen sich überfordert, ungerecht behandelt, weil Sie doch schließlich den ganz Tag ackern wie ein Tier?

WER IM HAMSTERRAD STRAMPELT, KOMMT NICHT VOM FLECK.

Wie oft haben Sie sich schon vorgenommen, etwas zu ändern? Und wann haben Sie es tatsächlich getan? Jetzt wäre der perfekte Zeitpunkt! Legen Sie dieses Buch beiseite, besuchen Sie den nächsten Schreibwarenladen und kaufen sich einen Terminkalender. Ja, Sie haben richtig gelesen. Kaufen Sie sich ein analoges Notizbuch mit Kalendarium. Bestenfalls im A5-Format.

Natürlich können Sie die entsprechenden Funktionen in Ihrem Smartphone, Tablet oder Laptop nutzen. Im 21. Jahrhundert haben wir dutzende Möglichkeiten, unsere Termine und Pläne digital zu erstellen ... und umzusetzen. Aber tun Sie es? Regelmäßig? Mit Erfolg?

Ich rate Ihnen nicht zur vorsintflutlichen Analogvariante, weil ich alt bin und hinter der Zeit. Mein Büro ist mein Smartphone. Und doch habe ich es mir zur Routine gemacht, parallel in einer Kladde alle wichtigen Termine, Ideen, Pläne und Kontakte festzuhalten. Zum einem, weil ich Papier als stromunabhängiges Backup sehr zu schätzen weiß. Zum anderen, weil unser Gehirn keinesfalls auf digital umgestellt hat.

Unser Denkorgan ist quasi noch das eines Höhlenmenschen. Was wir handschriftlich notieren, bleibt besser im Kopf. Stimulieren wir unser Hirn mit haptischen Hilfsmitteln, kann es viel besser arbeiten. Wenn wir etwas aufschreiben, skizzieren oder auch nur beim Zuhören Kringel auf Papier malen, verdichten wir die aufgenommen Informationen, können rational und kreativ sein, weil eben mehr als nur eine Hirnregion aktiv ist. Der Stift in der Hand, der Geruch des Papiers, das Rascheln der Buchseiten, der Tastsinn unserer Finger ... all das kann die Haptik des Handys nicht ersetzen.

Ja, es erinnert uns per Vibration oder Klingelzeichen an Termine, vergisst keine Telefonnummer und hält uns immer auf dem Laufenden. Aber es hindert uns auch am Denken, lenkt uns mit Schlagzeilen und Katzenvideos ab, nervt mit seinem Gedudel und stiehlt uns Zeit.

Laut einer repräsentativen Umfrage im Auftrag des Digitalverbands Bitkom aus dem Jahr 2024 nutzen wir unser Handy pro Tag durchschnittlich 150 Minuten. Jüngere etwas mehr, Ältere etwas weniger. Selbst die Generation 65+ hängt im Schnitt 96 Minuten täglich am Smartphone, das sich so vortrefflich zum Prokrastinieren eignet. Nur mal schnell bei Instagram, YouTube oder im WhatsApp-Chat gucken ... Zack! Eine Stunde weg.

Sie kennen das. Ich kenne das. Und was bringt es uns?

Diese Zeit können Sie besser nutzen. Bestenfalls bevor die Gäste kommen. Machen Sie eine festgelegte Stunde hinter Ihrem Schreibtisch zu einem festen Ritual und sorgen Sie mit dem passenden Ambiente dafür, dass Sie sich wohlfühlen. Hören Sie gern laute Musik? Nur zu! Belohnen Sie sich mit einem leckeren Snack oder Getränk? Dann los! Besitzen Sie überhaupt einen Schreibtisch, einen abgeschlossenen Raum, wo Sie ungestört die Büroarbeit erledigen können? Nein? Tja, damit sind Sie nicht allein. Viele Gastronom*innen glauben, dass die Buchhaltung, das Telefonieren mit Lieferanten oder dem Steuerberater und sogar Personalgespräche zwischen Tür und Angel erledigt werden können. Schließlich sind wir heutzutage alle mobil. Das stimmt. Grundsätzlich kann man mit Smartphone und Tablet oder i-Pad überall arbeiten. Aber nicht überall mit maximalem Ergebnis.

WER ALLES AUF EINMAL WILL, SCHAFFT MEIST NUR DIE HÄLFTE.

Sie können sich nicht um Ihre Gäste kümmern und gleichzeitig um die Quartalszahlen oder Lohnabrechnungen. Oft höre ich von Gastronom*innen, dass sie diese Arbeit mit nach Hause nehmen. Aber mal ganz ehrlich: Hat Ihre Familie, haben Sie nichts Besseres verdient? Feierabend heißt Feierabend, Zeit für Ihre Kinder, Partner, Freunde, für sich und Ihre individuellen Bedürfnisse.

Mein Ideen-Ort

Falls die Räumlichkeiten in Ihrem Gastrobetrieb kein eigenes Büro hergeben, denken Sie bitte trotzdem daran, Privates und Berufliches soweit wie möglich zu trennen. Erledigen Sie wichtige Telefonate nicht auf dem Nachhauseweg oder während der Laden voll ist. Planen Sie Ihre Bürozeiten so, dass diese vor dem Feierabend stattfinden, bestenfalls bevor die Gäste kommen und optimalerweise dort, wo Ihr Büro hingehört: in Ihrem Unternehmen. Es reicht aus, wenn Sie sich an einen Tisch oder den Tresen setzen, solange Sie ungestört sind. Besser wäre jedoch ein Raum mit einer Tür, die Sie jederzeit schließen können. Schaffen Sie sich Ihren persönlichen Rückzugsort, wo Sie alles haben, was Sie zum Arbeiten brauchen, und der von allen Akteuren in Ihrem Unternehmen oder Zuhause als solcher respektiert wird. Hängen oder kleben Sie ein Schild an die Tür, das auf Ihr Refugium hinweist. **Kommunizieren Sie Regeln, nehmen Sie sich Zeit und Ruhe, und beides bitte täglich!**

Vielleicht fragen Sie sich jetzt, warum Sie täglich im Büro hocken sollen, während Ihre eigentliche Arbeit auf Sie wartet. Ein gefährlicher Trugschluss, dem leider viele Gastronom*innen erlegen sind. Denn ebenjene Büroarbeit ist nicht nur etwas Leidliches, das irgendwie getan werden muss, sondern Ihr Kerngeschäft.

Um die Gäste können sich Ihre Mitarbeiter*innen kümmern, vielleicht sogar um die Bestellungen oder was sonst im laufenden Betrieb anfällt. Aber **Sie halten das Steuer in der Hand, Sie bestimmen den Kurs und Sie haften für alle Fehler und Versäumnisse.**

DAS GUTE GEFÜHL DES ABHAKENS

Auch wenn ich Ihnen jetzt schon wieder mit der Psychologie kommen muss, ist es eine Tatsache, dass sich in uns ein positives Gefühl einstellt, wenn wir Dinge nicht nur erledigen, sondern tatsächlich abhaken können. Übrigens noch ein Grund, warum Sie handschriftlich vorgehen sollten. Ein schwungvoll ausgeführtes Häkchen befriedigt wirklich ungemein. Perfekt geeignet dafür ist eine Übersicht mit sämtlichen geplanten Aktivitäten.

Wenn Sie nun also regelmäßig zu einer festen Zeit und an einem ruhigen Ort Ihrer Bürostunde nachgehen, sollte die To-Do-Liste immer dabei sein. Tragen Sie in dieser Liste alles zusammen, was Sie vom Schlafen abhält. Ob Sie hier Privates und Geschäftliches trennen, ist Ihre Entscheidung. Wichtig ist nur, dass Sie Ihre Aktivitäten schriftlich fixieren, kontrollieren, abhaken. Dabei kommt es nicht auf Schönheit an, sondern ausschließlich auf Ihre Routine, die Sie dabei unterstützt, das tägliche Chaos zu meistern, Versäumnisse zu vermeiden, Unliebsames nicht länger zu ignorieren und sich beim Abhaken gut zu fühlen.

Selbstverständlich bringt es die Praxis mit sich, dass nicht immer alles erledigt werden kann, was Sie sich vorgenommen haben. Prioritäten verschieben sich, Termine werden abgesagt, neue Aufgaben kommen hinzu. Deshalb ist die Regelmäßigkeit und Konsequenz, mit der Sie Ihre To-Do-Liste bearbeiten, so ungemein wichtig für deren erfolgreiche Umsetzung. Planen Sie bestenfalls täglich eine Stunde in Ihren beruflichen Alltag ein, um möglichst stressfrei sämtliche Aufgaben erledigen zu können, die Sie als Chef*in erledigen müssen. Finden Sie eine bestimmte Uhrzeit, die grundsätzlich realisierbar ist.

NICHT ZU VIEL AUF EINMAL!

Falls Sie jetzt tatsächlich eine Kladde gekauft oder im Schrank gefunden haben, steht es Ihnen selbstredend frei, sofort alles zu notieren, was Ihnen schon ewig durchs Hirn rattert. Sich vom Ballast zu befreien, ist immer gut. Achten Sie darauf, das Chaos nicht einfach nur aufs Papier zu übertragen. Schaffen Sie Struktur und legen mehrere Listen an, die jeweilig in einem bestimmten zeitlichen Rahmen umsetzbar sind.

Nehmen Sie sich nur so viel vor, wie Sie auch erreichen können. Wenn Sie nämlich keine Erfolgserlebnisse haben, also keine Häkchen setzen können, werden Sie diese Methode schon bald als lästig verfluchen. Finden Sie Kategorien und Prioritäten für Ihre Ideen und Aufgaben. Etwa eine Liste für nächstes Jahr, eine für die kommende Saison und eine für die laufende Woche. Wenn Sie es richtig machen wollen, unterteilen Sie diese To-Do-Liste auf Ihre Arbeitstage und notieren alle wichtigen Aktivitäten. Beispielsweise für Dienstag: zwei Anrufe, eine Bestellung, die aktuelle Einkaufsliste, der Termin beim Steuerberater oder für ein Personalgespräch.

Achten Sie auf eine überschaubare Anzahl Ihrer Aufgaben, die Sie ohne Stress in der Zeit schaffen, bevor Ihr

Laden öffnet, der Betrieb losgeht. Wenn Sie nur vier davon erledigen können, weil Sie beispielsweise jemanden am Telefon nicht erreicht haben, dann übertragen Sie diese Aufgabe auf den Folgetag und haken ihn für heute dennoch ab. Sie werden sehen, dass Sie weitaus leichtfüßiger und konzentrierter Ihre Kundschaft begrüßen und mit Ihren Mitarbeiter*innen umgehen können, wenn das Nötigste bereits getan ist.

> Absolut unerlässlich ist die Digitalisierung Ihres Zeitmanagements. Haben Sie schon? Sehr gut! Falls nicht, könnte Ihnen **ordio.com** weiterhelfen. **Die Plattform für alles. Schichtplanung, Urlaubsplanung, Lohn- und Gehaltsplanung, Mitarbeiter-App ...**

Gemeinsam geht's leichter

Kommen wir noch einmal zurück auf das Beispiel, dass Ihrem Koch eine bestimmte Zutat fehlt und keine Servietten mehr vorrätig sind. Ja, es ist Ihr Job, dafür zu sorgen, dass Ihr Laden läuft. Aber deshalb müssen Sie sich nicht um alles kümmern. Delegieren Sie Aufgaben und Verantwortungsbereiche! Ihr Personal weiß am besten, was fehlt. Finden Sie eine geeignete Möglichkeit (z. B. ein Memoboard oder ein Bestellbuch), Ihre Mitarbeiter*innen einzubeziehen. Falls es zu Ihnen passt, kann auch eine digitale Bestellliste sinnvoll sein, auf die alle involvierten Akteure Zugriff haben. Wichtig ist, dass solche Maßnahmen zum festen Bestandteil betriebsinterner Abläufe werden.

VERMEIDEN SIE
LOSE-BLATT-SAMMLUNGEN!

Kommunizieren Sie die Vorteile und schaffen regelmäßige Deadlines, bis wann Ihre Mitarbeiter*innen beispielsweise die aktuelle Einkaufsliste ergänzen sollen. Sie können natürlich auch täglich dreimal zum Großmarkt oder Händler fahren, weiterhin auf Zuruf funktionieren und somit jede Menge Zeit verlieren. Oder aber Sie planen je nach Art Ihres Gastrobetriebes einen oder mehrere fixe Zeitpunkte für den Einkauf. So weiß jede/r in Ihrem Geschäft, bis wann das fehlende Toilettenpapier, die Getränke, Gewürze und frischen Zutaten auf der Einkaufsliste stehen müssen.

Vielleicht tun Sie das auch schon längst, weil Sie ein ordentlicher Mensch sind und gern alles unter Kontrolle haben. Wenn ja, dann gehören Sie in diesem Fall ganz klar zu einer Minderheit. In der Regel regiert das Chaos, werden Aufgaben zugerufen und wieder vergessen oder auf lose Zettel gekritzelt und im Kuddelmuddel irgendwo verlegt. Eingekauft wird, wenn gerade Zeit ist. Der Lieferant steht immer dann vor der Tür, wenn Sie am wenigsten mit ihm gerechnet haben, obwohl der Termin fix ist. Verstehen Sie, worauf ich hinaus will?

SIE HABEN ERST DANN ALLES UNTER KONTROLLE, WENN SIE NICHT REAGIEREN, SONDERN AGIEREN.

Und das trifft längst nicht nur auf Ihre tägliche Routine zu. Wann war das letzte Mal jemand vom Amt bei Ihnen? Schon etwas länger her? Glück gehabt! Und, halten Sie sich an alle Vorschriften in Bezug auf die Sauberkeit der Sanitärbereiche und die Hygiene in Küche und Servicebereich?

(K)Eine saubere Sache

Wenn Sie als Gast nach der Vorspeise die Toilette aufsuchen und feststellen müssen, dass dort schon ewig nicht mehr geputzt wurde ... Wie fühlen Sie sich? Schmeckt das Essen, wenn Sie auf der Tischdecke genau erkennen können, was der Gast vor Ihnen auf dem Teller hatte? Wenn Sie in einer Bar am Tresen im wahrsten Sinne des Wortes festkleben, heißt das nicht zwangsläufig, dass Sie bleiben wollen. Richtig?

Stellen Sie sich vor, Sie sitzen in einem Restaurant und sind bisher begeistert vom Ambiente, der Speisekarte, dem Wein ... Und dann kommt der Koch aus der Küche, wischt sich die Hände an seiner vor Dreck starrenden

Schürze ab und bläst sich eine fettige Haarsträhne aus der verschwitzten Stirn. Man muss nicht penibel sein, um in einer solchen Situation den Appetit zu verlieren.

GÄSTE SETZEN SAUBERKEIT UND QUALITÄT GLEICH.

Ein großes Manko in vielen Gastrobetrieben ist leider immer noch die mangelnde Hygiene. Daran hat auch Corona nur wenig geändert. Wie ist das in Ihrem Gastrobetrieb? Leisten Sie sich externes Reinigungspersonal?

Meistens wird das eigene Team dazu verdonnert. Nur selten klappt das gut. Warum sollte es auch? Ein Koch ist ein Koch, eine Kellnerin eine Kellnerin und keine Putzkraft. Natürlich können Sie mit Ihren Mitarbeiter*innen vereinbaren, dass jeder und jede den eigenen Zuständigkeitsbereich sauber hält und alle rollierend dran sind, die Toiletten zu putzen. Vergessen Sie aber bitte nicht, diese Zusatzarbeiten zeitlich zu planen, als Mehrleistung zu vergüten und regelmäßig zu kontrollieren. Messen Sie diesem wichtigen Aspekt hingegen keine große Bedeutung zu, wundern Sie sich bitte nicht, wenn die Umsätze sinken und Ihr Personal begeistert Stellenangebote der Konkurrenz studiert.

Im Kontext diverser Lebensmittelskandale, allgemeiner Sitten und gesetzlicher Vorgaben sollten Sie als Profi wissen, wie wichtig die Sauberkeit in allen Bereichen Ihres Gastrobetriebes ist. Handeln Sie also entsprechend und achten regelmäßig auf eine konsequente Einhaltung aller Hygiene-Vorschriften, die im Übrigen auch einen Mindeststandard körperlicher Hygiene beinhaltet. Schulen Sie Ihr Personal, beziehen Sie es mit ein und kommunizieren Sie die Notwendigkeit, dass sich jede/r im Team daran hält.

Das ist doch alles selbstverständlich? Na ja! Im Sommer 2016 berichteten wir in unserem Blog auf www.gastro-coaching.de darüber, wie fatal es mitunter in Europas Gastroküchen aussieht und sich der Mythos hartnäckig hält, dass Gefrorenes keimfrei ist und nicht verderben kann. Immer wieder werden Gastrobetriebe geschlossen, weil Prüfungen der zuständigen Gesundheitsämter gravierende Hygienemängel feststellen. Gerdi berichtet unter anderem in ihrer BREMEN-Story darüber.

BAKTERIEN-COCKTAILS SIND KEINE SELTENHEIT IN DER GASTRONOMIE.

Eiswürfel beispielsweise gelten in der Gastronomie per Definition als Lebensmittel. Gemäß einer Veröffentlichung der »Hygieneampel« vom 11.09.2012 dürfen in einem Milli-Liter Eiswürfelwasser nicht mehr als 100 Keime vorkommen, wobei für E.Coli, coliforme Keime, Enterokokken und Pseudomonas aeruginosa eine Nulltoleranz herrscht. Doch die Praxis zeigt, dass Gastronom*innen den Keimbefall ihrer Eisschränke und Kühlkammern fahrlässig unterschätzen. In der Online-Ausgabe »Mail on Sunday« wurde im Juni 2013 davon berichtet, dass in sechs von zehn britischen Fastfood-Restaurants (darunter McDonald's, Burger King, KFC, Starbucks, Cafe Rouge und Nando's) deutlich mehr Bakterien in Eiswürfeln gefunden wurden als im ebenfalls getesteten Spülwasser der Toiletten (Quelle: Focus).

Im Oktober 2024 stand bei McDonald's in den USA erst der »Quarter Pounder«, dann die Zwiebelzutat unter Verdacht, mit E.Coli-Bakterien verseucht zu sein. Die zuständigen Behörden ermittelten, hunderte Filialen waren betroffen. Was solche Schlagzeilen mit Konsument*innen machen, ist glasklar, auch wenn der Verdacht vom Tisch ist. Welche Einbußen Unternehmen in Bezug auf Umsätze und Image hinnehmen müssen, ist ebenfalls klar.

Entsprechende Pläne/Konzepte zur Einhaltung der geltenden Hygiene- und Lebensmittelhygieneverordnungen sind also keine Wandverzierung oder Arbeitsbeschaffungsmaßnahmen, sondern ein Muss für alle Gastronom*innen. Es gehört also zu Ihrem Kerngeschäft, tagtäglich sicherzustellen, dass Ihr Laden auch in dieser Hinsicht gut läuft. Das ist Ihnen klar? Sehr gut! Deshalb gehe ich in diesem Buch auch nicht näher auf diesen Mindeststandard ein. Mehr zum Hygienekonzept und den HACCP-Grundsätzen erläutere ich in meinem Booklet zur Existenzgründung in der Gastronomie, das Anfang 2025 erscheinen wird.

Projekte, die motivieren

Huch, ist denn schon wieder Weihnachten? Vielleicht kennen Sie das. Ende November macht sich Hektik breit, der Zeitdruck wächst, die Fehlerquote nimmt zu, während das Level in puncto Motivation und Harmonie in den Minusbereich sinkt. Dabei sollen sich die Gäste doch im alljährlichen Weihnachtsstress bei Ihnen wohlfühlen und die Mitarbeiter*innen ihre verdiente Jahresabschlussfeier bekommen.

Wenn der Trubel im Januar vorbei ist, folgen die guten Vorsätze. Dieses Jahr mache ich mir endlich einen Plan … der im März schon wieder vergessen ist, wenn Ostern vor der Tür steht oder Pfingsten oder die Sommerferien.

Übrigens jedes Jahr! Dabei könnte alles so einfach sein, mit ausreichend Vorlauf und einem konkreten Marketingplan. Immer wieder diskutiere ich dieses wichtige Thema mit Gastronom*innen. Und immer wieder höre ich die gleichen Argumente. Ich kann doch Weihnachten nicht schon im Sommer planen, da muss ich mich um dieses und jenes kümmern. Woher soll ich jetzt schon wissen, was ich im Winter anbieten will? Das ist doch kleinkariert und nur was für große Hotels oder Sterne-Restaurants, nicht für meine kleine Kneipe. Et cetera pp.

Nicht selten stelle ich dann fest, dass eigentlich kaum jemand weiß, was so ein Marketingplan überhaupt beinhaltet und welche Vorteile er bieten kann. Die gute Nachricht, falls Sie sich jetzt genau diese Frage stellen: Bis auf zwei Punkte haben wir sämtliche Punkte Ihres Marketing-plans bereits behandelt.

Wenn Sie ein Restaurant, eine Kneipe, ein Café oder Im-biss führen, müssen Sie nicht jährlich fünfzigseitige Hoch-glanzbroschüren erarbeiten, um Ihre Aktionäre bei Laune zu halten oder Investoren zu überzeugen. Darum geht es aber beim Marketingplan auch nicht zwangsläu-fig. Er dient als Navigator, als fundierte Grundlage für Ihre Projekte und beschreibt Ihre Identität, Ihre Stärken,

Ihre Zielgruppe und Ihr strategisches Vorgehen in Bezug auf Ihr Unternehmen sowie konkrete Aktivitäten. Klingt immer noch nach etwas, das viel Zeit und Aufwand bedeutet?

Sofern Sie bisher meinen Ausführungen gefolgt sind und mit den entsprechenden Checklisten und Fragestellungen gearbeitet haben, sind etwa 80 Prozent Ihres Aufwands bereits erledigt. Sie kennen jetzt Ihre:

- IDENTITÄT
- MERKMALE
- ZIELGRUPPE
- BESONDERHEITEN (USP)

und alles Notwendige über Analysen. Für Ihren individuellen Marketingplan fehlen also nur noch die konkret definierten Zielsetzungen und die jeweilige Strategieplanung. Einfacher gesagt als getan?

NICHTS WIRD SO HEIß GEGESSEN, WIE ES GEKOCHT WIRD.

Ich habe es bereits erwähnt: Sie müssen keine teuren Prospekte, meterlangen Expertisen oder komplizierten Excel-Tabellen erstellen. Solche Konstrukte landen meist nur in Schubladen und irgendwann im Müll. Ihr Marketingplan sollte praktikabel, flexibel, für jeden Akteur in ihrem Gastrobetrieb sichtbar, jederzeit kontrollierbar und darüber hinaus motivierend sein. Was? Die eierlegende Wollmilchsau? Nein! Im Folgenden habe ich einige Tipps, wie Sie genau das mit wenig Aufwand bewerkstelligen können.

Brainstorming am Brett: Vielleicht haben Sie irgendwo noch eine Tafel herumstehen, eine ausrangierte Pinnwand oder ein Memoboard. Wenn nicht, legen Sie sich etwas in der Art zu und bringen es im Pausenraum oder einer geeigneten Stelle in Ihrem Gastrobetrieb an, wo es

Gäste nicht sehen, für Ihr Team aber jederzeit sichtbar ist. Was Sie jetzt noch brauchen, ist natürlich Ihr guter Wille, das nötige Interesse, Ihre Mitarbeiter*innen und acht (bestenfalls farbige) Zettel. Heften Sie diese auf Ihr Board und notieren die in der folgenden Grafik abgebildeten Schlagwörter. Dann tragen Sie gemeinsam mit Ihrem Team alle Informationen, Ideen, Vorschläge zusammen, die ein konkretes Projekt betreffen.

Reden Sie nichts schön und verlieren Sie sich auch nicht in endlosen Debatten. Geben Sie die Marschrichtung vor, indem Sie anstatt »Marketing-Plan« die Headline für ein konkretes Projekt auf das Board schreiben. Eben das, was aktuell oder in Zukunft relevant ist. Vielleicht wollen Sie die anstehenden Feiertage (Weihnachten, Silvester, Ostern etc.) nutzen oder Ihr Angebot erweitern, ändern, differenzieren. Werden Sie so konkret wie möglich in Ihrem Vorhaben und beziehen Sie Ihr Team mit ein.

Und bitte nicht zwischen Tür und Angel! Machen Sie einen Termin für Ihr Meeting, schaffen Sie eine angenehme Atmosphäre, erklären Sie das Ziel, die Vorteile und Ihre Erwartungen. Und hoffen Sie bitte nicht, dass plötzlich alle hurra rufen und auf Kommando kreativ sind. Geben Sie sich und Ihren Mitarbeiter*innen einige Tage Vorlauf.

Wenn Sie dieses Kapitel fertiggelesen haben und meine Anregung in die Tat umsetzen wollen, besorgen Sie zunächst besagtes Board, die bunten Zettel, Kreide oder Stifte. Im Anschluss beauftragen Sie den talentiertesten Handwerker in Ihrem Team damit, das Board an einem zentralen Ort aufzuhängen. Rufen Sie Ihre Leute zusammen und erklären, was Sie vorhaben. Erst dann vereinbaren Sie einen Termin und besprechen die Aufgaben. Der Vorteil einer zentralen Platzierung liegt auf der Hand: Alle Mitarbeiter*innen sind involviert und können sich bis zum festgelegten Termin Gedanken machen, Material sammeln, Informationen und Meinungen austauschen.

PROJEKTE SOLLEN MOTIVIEREN!

Geben Sie klare Vorgaben für das jeweilige Projekt. Wenn Sie beispielsweise drei neue Gerichte auf Ihre Speisekarte setzen möchten, sollte Ihr Küchenteam genügend Zeit haben, sich darauf vorzubereiten. Die Kolleg*innen aus dem Service könnten zwischenzeitlich eruieren, ob diese neuen Gerichte bei den Gästen ankommen.

Lassen Sie die Leader in Ihrem Team zu Wort kommen! Bestimmen Sie aus jedem Bereich einen Vertreter oder eine Vertreterin. Besser noch: Lassen Sie Ihr Team entscheiden, wer dafür infrage kommt. Wenn alle involviert sind und ihren Teil beitragen dürfen, kann diese gemeinsame Aufgabe mehr bringen als irgendeine künstliche Teambuildingmaßnahme. Auch Ihnen wird es guttun, wenn Sie daraus ein Gemeinschaftsprojekt machen, statt einsam vor dem Computer zu grübeln.

DELEGIEREN SIE, WAS GEHT, UND KÜMMERN SICH UM DEN BACKGROUND!

Auch die beste Idee braucht ein solides Fundament. Besprechen Sie sich mit Ihrem Steuerberater oder wer Ihnen sonst bei der Buchhaltung hilft. Erläutern Sie Ihr Vorhaben und besorgen sich die nötigen Informationen und Kalkulationen. Welche das im Einzelnen sind, erfahren Sie im Folgenden, wenn es um den Finanzplan geht. Details zum Erstellen eines umfassenden Businessplans, der Ihr komplettes Angebot beinhaltet, finden Sie übrigens im separaten Booklet Existenzgründung.

Behalten Sie bei allen Ideen den roten Faden des Marketingplans im Hinterkopf – und natürlich die Zahlen. Projekte wie diese sollen schließlich nicht der Unterhaltung dienen, sondern erfolgreich in die Tat umgesetzt werden.

Sobald die drei Gerichte aus dem oben genannten Beispiel real auf den Tellern Ihrer Gäste sind, vereinbaren Sie ein weiteres Treffen mit Ihrem Team beziehungsweise dessen Vertreter*innen. Werten Sie gemeinsam aus, ob die Idee etwas taugt, ob sie Gewinn erwirtschaftet und für Zufriedenheit bei Ihren Gästen sorgt. Die folgenden Fragen können hierfür hilfreich sein:

- Haben wir unsere Ziele erreicht?
- Welche Feedbacks haben wir erhalten?
- Wie zufrieden sind die Gäste auf einer Skala von 1 bis 10?
- War das Budget ausreichend?
- Was lief optimal und warum?
- Was können wir besser machen?
- Welche Ideen haben wir für das nächste Projekt?
- Wann wollen wir uns wieder treffen?

Achten Sie während der Auswertung darauf, dass nicht allzu sehr über Defizite, Niederlagen und Probleme gesprochen wird, sondern sich alle Beteiligten auf die positiven Aspekte, die Stärken und Potenziale fokussieren. **So werden Sie es schaffen, Ihr Team langfristig für diese Vorgehensweise zu motivieren und zielführend zu arbeiten.** Denn nach dem Projekt ist vor dem Projekt. Allerdings sollten Sie es auch nicht übertreiben.

Falls Sie merken, dass Ihr Personal sich nur noch auf das Brainstorming konzentriert und dabei die Arbeit vernachlässigt, finden Sie Formulierungen wie:»Das klingt super. Notiert bitte eure Ideen und stellt sie uns zum vereinbarten Termin vor.« Das hört sich doch allemal besser an als:»Kümmere dich um deine Arbeit und hör auf zu quatschen!« oder ähnliche Sprüche, die einem leider auch mal herausrutschen, wenn der Laden voll ist. Überlegen Sie sich drei Standardsätze, die keinesfalls ein»ja, aber« enthalten sollten. Damit negieren Sie jedes Lob. Und seien Sie dankbar, wenn Ihr Team motiviert ist.

Mit welchen drei Sätzen motiviere ich mein Team?

_____

_____

_____

Ihre wichtigste Aufgabe!

Viele Gastronomen verfluchen den leidigen Papierkram, übersehen dabei aber, dass ein konkretes Konzept, zu dem ein solider Finanzplan gehört, das Fundament ihres Geschäftes darstellt. Wer nicht konsequent kalkuliert, die genauen Zahlen kaum kennt, der ist auch nicht Herr über seine Finanzen. Der Aktionsradius verkleinert sich von Monat zu Monat, wenn die Verbrauchskosten oder unvorhergesehene Ausgaben die Rücklagen auffressen. Meistens ist der Grund für eine Insolvenz die mangelnde Einsicht, sich um den leidigen Papierkram zu kümmern.

Spätestens wenn die Steuer fällig wird, die Zapfanlage oder der Kaffeeautomat kaputt geht, krauchen viele Gastronom*innen auf dem sprichwörtlichen Zahnfleisch. Eine Abwärtsspirale, die naturgemäß nur in eine – die falsche – Richtung führt.

Vielleicht liegt nicht alles in Ihrer Macht, ob und wie lange Ihr Geschäft am Markt besteht. Aber Sie sollten alles in Ihrer Macht Stehende tun, damit sich Ihr Traum vom eigenen Gastrobetrieb nicht zwischen Mahnbescheiden auflöst.

Finanzämter und Krankenkassen kennen keine Gnade, wenn Sie im Zahlungsverzug sind. Schon allein deshalb sollten Sie wissen, wie es um Ihre Finanzen steht und wie man ordnungsgemäß kalkuliert, auch wenn das jemand für Sie erledigt. Behalten Sie stets im Hinterkopf, dass vor allem eine solide Buchhaltung zur Erhaltung Ihres Unternehmens beiträgt. Sie ist Ihre Existenzgrundlage, weshalb es Ihre eherne Pflicht ist, dafür Sorge zu tragen, dass Sie jederzeit zahlungsfähig sind.

IHRE WICHTIGSTE AUFGABE IST, LIQUIDE ZU BLEIBEN.

Schauen wir uns praxistauglich an, wie Sie einen soliden Finanzplan erstellen. Dazu gehört eine exakte Übersicht aller Kosten, die mit Ihrer unternehmerischen Tätigkeit zu tun haben. Und zwar aller Kosten! Warum ich das so explizit erwähne? Weil leider allzu oft bestimmte Kosten vergessen werden, wie etwa bei der Warenbeschaffung die **Bezugsnebenkosten** (z. B. Lagergebühren, Versand, Versicherung, Zölle). Was auch häufig falsch interpretiert und deshalb nicht kalkuliert wird, ist die **Umsatzsteuer** respektive eingenommene Mehrwertsteuer. Sie gehört nicht Ihnen, ist also keine Einnahme und damit kein Geld, über das Sie beliebig verfügen können. Viele Gastronom*innen versäumen es zudem, Rücklagen für Einkommens- und Gewerbesteuer zu bilden. Wer hier nicht aufpasst und kein Polster hat, kann sich schnell das finanzielle Rückgrat brechen.

STEUERN SIND WIE WEIHNACHTEN.

Nicht, was Sie jetzt denken. Der Fiskus ist kein Geschenk oder gar Gottes Segen. Und doch haben die Steuern etwas mit Weihnachten gemeinsam: Wir alle wissen, dass sie jedes Jahr, jedes Quartal, jeden Monat fällig werden. Aber regelmäßig ignorieren wir diesen fixen Termin und rennen kurz vor Ultimo los wie die Lemminge.

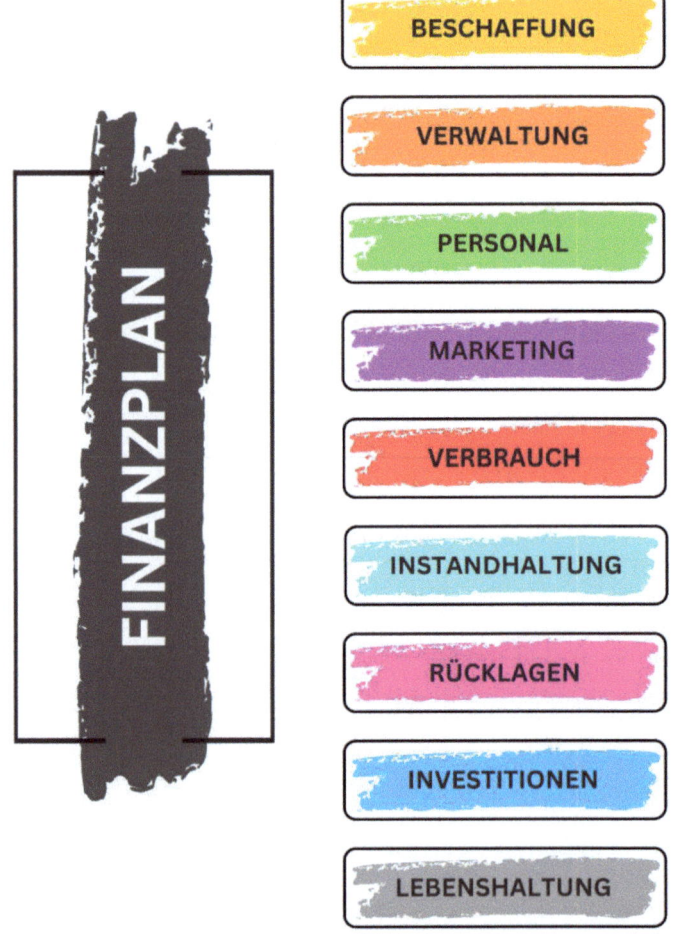

In dieser Grafik habe ich für Sie sämtliche Posten Ihres Finanzplans zusammengestellt. Falls Sie jetzt denken: Ach, das erledigt doch alles mein Steuerberater. Ja, super! Der schickt Ihnen regelmäßig Ihre BWA. Und, schauen Sie da regelmäßig rein? Oder fragen Sie sich jetzt: Was ist eine BWA? Dann lesen Sie unbedingt Kapitel 8: Wie werde ich krisenresilient?

Meine Kreativliste

»Erst die Arbeit, dann das Vergnügen!« Den Spruch kennen wir von unseren Eltern. Auch wenn wir heute mehr auf die Work-Life-Balance achten, behält dieses Sprichwort doch seine Gültigkeit. Und deshalb habe ich die Kreativliste für den Schluss dieses Kapitels aufgehoben. Quasi als Nachtisch.

Wer den Papierkram erledigt hat und die lästigen Aufgaben des Alltags gleich mit, der kann sich eine Pause gönnen und in aller Ruhe überlegen, was die Zukunft bringt. Denn wirklich gute Visionen entstehen selten unter Druck, sondern in Wohlfühlmomenten.

Und damit diese Visionen zu Konzepten werden, reicht es nicht, ab und zu daran zu denken, was Sie gegebenenfalls in Ihrem Geschäft ändern oder verbessern könnten. Blind der erstbesten Idee nachzujagen, ist auch wenig optimal. Vermutlich wissen Sie, was jetzt kommt. Richtig! Schreiben Sie Ihre Ideen auf. Nicht als Memo ins Handy.

Und warten Sie bitte nicht, bis Sie irgendwann Zeit dafür haben. Auch wenn es für Sie vielleicht immer noch altmodisch klingen mag, besorgen Sie sich ein Notizbuch, eine Kladde im Taschenformat, einen ständigen Begleiter, in dem Sie immer und überall blättern, frühere Visionen und Vorhaben nachlesen, neue hinzufügen und mit Personen Ihres Vertrauens besprechen können.

EIN WAHRER SCHATZ: IHRE KREATIV-LISTE

Fragen Sie sich in dieser Phase bitte nicht, ob eine Idee in drei Jahren immer noch funktionieren könnte. Schreiben Sie alles auf, was Ihnen in den Sinn kommt. Fühlen Sie sich frei, auf einer Parkbank, der Couch, dem Balkon, in der Badewanne oder wo es Ihnen sonst gut geht, Ihre Gedanken in einem Notizbuch, Ihrem persönlichen, vielleicht chaotischen aber vor allem ganz privaten Ideenort festzuhalten. Alles hübsch beieinander.

Was Ihnen das bringt?

Zum einen machen Sie Platz in Ihrem Kopf. Verwenden Sie Ihr Notizbuch als analoge Speichermöglichkeit, als Wertschätzungsmodul. Denn alles, was Sie aufschreiben, lenkt Sie nicht mehr ab und kann auch nicht mehr vergessen werden. Sehen Sie Ihre Kreativ-Liste gern als einen Katalysator, Ihren nützlichen Begleiter und vielleicht sogar Retter in der Not.

Achten Sie bitte beim Notieren Ihrer Visionen darauf, nicht schon während des Schreibens jedes Detail zu bewerten. Damit blockieren Sie Ihren Gedankenfluss. Erinnern Sie sich an die Erfindung der Glühbirne oder des Internets. Beide Visionen galten anfänglich als Irrsinn und keinesfalls praktikabel. Tja, am Ende waren sie es doch.

FÜHLEN SIE SICH FREI!

Entwickeln Sie eine Vorstellung davon, wie Ihre Idee ankommen wird, was die Gäste sagen. Fühlen Sie sich ein in den Ist-Zustand, als wäre Ihre Vision bereits Realität. Laufen Sie in Gedanken durch Ihr renoviertes Café, bewundern Sie mit Ihren Gästen das neue Interieur. Fragen Sie sich, wie das neue Gericht schmecken wird. Visualisieren Sie sich selbst in Ihrer Idee ... Geht es Ihnen gut dabei? Meldet sich Ihr innerer Schweinehund mit allen möglichen Vetos: zu teuer, zu aufwendig, zu weit hergeholt? Hat er recht oder sind das nur übliche Zweifel, die uns im Laufe des Lebens antrainiert wurden? Du bist zu klein, zu jung, zu dumm ...

Schieben Sie diese Glaubenssätze bitte beiseite und befassen sich damit, was Sie wissen! **Der Glaube kann zwar sprichwörtlich Berge versetzen, aber was wollen Sie mit Steinen?**

Erinnern Sie sich an das, was Sie gelernt haben. Konzentrieren Sie sich auf das Mögliche mit den folgenden Fragen.

Warum kann meine Idee ein Erfolg werden?

_____

_____

_____

Was brauche ich für die Umsetzung?

_____

_____

_____

Wie viel wird das kosten?

_____

_____

_____

Wie lange wird es dauern?

_____

_____

_____

Welchen konkreten Nutzen habe ich?

_____

_____

_____

Der Einfachheit halber sollten Sie sich Abkürzungen einfallen lassen, die Ihre handschriftlichen Notizen auf das Wesentliche reduzieren. Die digitale Welt mit ihren Emoticons ☺ und #Hashtags macht es uns vor. So können Sie auch in ein paar Tagen, Monaten oder Jahren noch deuten, was Sie sich im Einzelnen beim Fixieren Ihrer Visionen gedacht haben.

Sowieso ist es ratsam, Ihre Notizen einige Tage ruhen zu lassen. Gewinnen Sie ein bisschen Abstand und damit Objektivität. Nach reiflicher Überlegung und dem einen oder anderen Gespräch mit Personen Ihres Vertrauens holen Sie Ihre Ideen wieder hervor. Sind Sie nicht mehr davon überzeugt, schließen Sie Frieden mit Ihrer Entscheidung. Legen Sie diese Idee auf Wiedervorlage, denn manchmal ist einfach nur die Zeit noch nicht reif. Und falls Sie demnächst auf der Suche nach etwas Neuem sind, müssen Sie nicht die Konkurrenz kopieren, sondern können Ihre eigenen Notizen hervorholen und aus dem schöpfen, was tatsächlich Ihnen gehört und zu Ihnen passt.

Sind Sie weiterhin von Ihrer Idee überzeugt und motiviert, dann befassen Sie sich bitte jetzt mit Ihrem Marketingplan und transferieren Ihre Vision in ein konkretes Konzept. Falls Sie sich jetzt fragen, wie das gehen soll, lesen Sie bitte dieses Kapitel noch einmal von Anfang an.

Mein Businessplan

Aus Ihrer eigenen Feder sollte im Übrigen auch Ihr Businessplan stammen, falls Sie gründen möchten oder einen Relaunch planen. Selbstverständlich können Sie sich für das Erstellen von Texten, Grafiken und Tabellen Hilfe holen. Die Zahlen, Daten, Fakten sollten Sie jedoch kennen, ebenso Ihre Pläne, die in Summe ein vollwertiges Konzept ergeben. Es ist Ihr Job, sich das nötige Wissen anzueignen, denn **Sie sind der Ursprung, der Mittelpunkt und der Richtungsgeber Ihres Unternehmens**.

Wenn Sie sich das vergegenwärtigen, wird Ihnen klar werden, dass ein Null-acht-fünfzehn-Plan aus dem Internet kein probates Mittel sein kann, Ihren Traum vom eigenen Unternehmen erfolgreich zu verwirklichen.

In meinem Booklet zur Existenzgründung habe ich alle wichtigen Features zusammengefasst, die unbedingt vor dem Launch oder Relaunch eines Gastrobetriebs zu beachten sind.

Die imaginäre Liste der unerledigten Dinge wächst von Tag zu Tag? **Schreiben Sie auf, was Sie bewegt oder belastet!** Vermeiden Sie die Lose-Blatt-Sammlung, wenn Sie nicht wollen, dass Ihre Zukunft auf der Rückseite eines Einkaufszettels oder Kassenbons landet.

CHECKLISTE 6: KONZEPT

- Rennt mir manchmal die Zeit davon?
- Kann ich unbekümmert einschlafen oder fühle ich mich überfordert?
- Wie oft habe ich mir schon vorgenommen, mein Zeitmanagement zu verbessern?
- Wann schaffe ich mir meinen *Ideenort*?
- Was hilft mir, mich für die Büroarbeit zu motivieren?
- Bin ich Herr*in über meine Finanzen?
- Was sind meine konkreten Zeitdiebe und Ideenräuber?
- Wie viel Zeit investiere ich in die Erledigung meines Kerngeschäftes?
- Beziehe ich meine Mitarbeiter*innen in meine Pläne ein?
- Welche Vorteile bietet die Beteiligung meines Teams?
- Welche Vision aus meiner Kreativliste will ich wann in die Tat umsetzen?

7. MARKETING

Die beste Werbung sind selbstverständlich Sie, Ihr Auftreten, Ihr Geschäftsgebaren, Ihre Zahlungsmoral und natürlich Ihre Firmenpräsentation. Marketing bedeutet aber längst nicht nur, in den sozialen Netzwerken bunte Bildchen zu posten. Der sogenannte MARKTETING-MIX beinhaltet grundsätzlich vier Komponenten, die auch als die vier »P« bezeichnet werden. Sie stehen für: **Product, Price, Place, Promotion** bzw. Angebot, Preis, Vertrieb, Werbung.

DIE BESTE WERBUNG
SIND ZUFRIEDENE GÄSTE.

Bevor wir uns dem Marketing und dessen betriebswirtschaftlichen Hintergründen widmen, sollten die bis hier erläuterten Basics stimmen. Falls Sie die vorherigen Kapitel lediglich überflogen haben, sollten Sie sich spätestens jetzt eingehender damit befassen und die Checklisten abarbeiten. Denn erfolgreiches Marketing beginnt mit Ihnen, Ihrer Persönlichkeit, Ihren Stärken, Ihren Ansprüchen.

Beauftragen Sie beispielsweise eine Marketingagentur mit dem Konzept für einen Relaunch Ihres Gastrobetriebs, ist das an sich eine großartige Sache. Wenn Ihre

Kundschaft jedoch merkt, dass die auf Hochglanz polierten Angebote in der Realität aussehen wie kalter Kaffee, haben Sie das viele Geld umsonst ausgegeben.

Der Erfolg Ihres Unternehmens beginnt und endet mit Ihnen. Ihr Konzept kann noch so gut sein, stehen Sie nicht mit allem, was Sie denken, fühlen und tun, dahinter, bleibt es ein seelenloses Stück Papier, mit dem Sie allenfalls das Brennholz im Kamin anzünden können. Jetzt ist ein guter Zeitpunkt, in den Spiegel zu blicken und ehrlich zu sich selbst zu sein: Würden Sie sich als Gast in Ihrem Restaurant, Ihrer Bar, Ihrem Bistro wohlfühlen? Wann haben Sie das letzte Mal etwas aus Ihrer Küche gegessen, sich an einen Tisch oder den Tresen gesetzt und ganz unvoreingenommen Ihr Angebot bewertet?

ERST WENN SIE ZUFRIEDEN SIND, WERDEN ES AUCH IHRE GÄSTE SEIN.

Vielleicht gehören Sie zu jenen, die glauben, wenn meine Gäste zufrieden sind, ist Marketing überflüssig. Das stimmt nicht! Denn die Erkenntnis, dass Ihre Gäste zufrieden sind, ist bereits Marketing. Wenn Ihre Gäste positiv über Ihr Lokal sprechen, ist das ebenfalls Marketing. Wenn Sie wissen, warum Ihre Gäste zufrieden sind, ist auch das Marketing. **Sollten Ihre Gäste also nicht zufrieden sein, suchen Sie bitte die Wunderpille des Erfolgs nicht in teuren Werbeaktionen.**

Ein weiterer Trugschluss bezieht sich auf die Frage, wann man Werbung machen soll und wann nicht. Manche Gastronom*innen glauben leider immer noch, dass eine Happy Hour oder Preis-Aktion die gewünschte Wirkung erzielt, wenn es schlecht läuft. Das wäre etwa so, als würden Sie erst nach einem Herzinfarkt mit dem Sport oder einer Diät beginnen. Zu spät ist es dann hoffentlich nicht, aber weitaus anstrengender. Agieren Sie also besser, statt immer nur zu reagieren. Erfolgreiche Unternehmen nutzen die positiven Synergien, welche naturgemäß vorhanden sind, während das Geschäft brummt.

MACHEN SIE WERBUNG, WENN ES GUT LÄUFT!

Menschen sind soziale Wesen. Im Allgemeinen finden wir das gut, was andere gut finden. Wir liken bei Instagram & Co. meistens jene Beiträge, die vor uns schon andere gelikt haben. Menschen sind Herdentiere, sie fühlen sich wohl in der Gruppe, unter Gleichgesinnten. Warten Sie also nicht, bis die Herde weiterzieht, sondern nutzen Sie jeden kleinen Erfolg, um darüber zu sprechen.

Ihre (potenziellen) Gäste wollen positiven Input, den Sie erst dann authentisch kommunizieren können, wenn Ihr Laden läuft. Ein aufgesetztes Lächeln oder gestammeltes Hurra motiviert niemanden. **Machen Sie also bitte nur dann Werbung, wenn es Ihnen gut geht!**

Leicht gesagt, oder? Was, wenn es Ihnen schlecht geht, Ihr Laden leer ist, die Rechnungen sich türmen, die Bestände vergammeln und ihre Mitarbeiter*innen Stellenanzeigen lesen? Sollte man nicht gerade dann Werbung machen, damit es wieder bergauf geht? Klar, den Kopf in den Sand zu stecken, bringt schließlich nichts. Doch bevor Sie in einer solchen Situation an Werbung denken, schaffen Sie die nötige Basis. Beauftragen Sie keine Agentur und posten Sie um Himmels Willen nichts in den sozialen Netzwerken, bevor es Ihnen nicht besser geht.

SIE SIND DER GARANT FÜR IHREN ERFOLG ODER MISSERFOLG.

Sorgen Sie zunächst dafür, dass Sie Ihre Leidenschaft wiederfinden. Haben Sie gerade jetzt damit Schwierigkeiten, lesen Sie noch einmal das erste Kapitel dieses Buches, steigen Sie aus dem Hamsterrad und gönnen sich eine Auszeit. Finden Sie den Grund, warum Sie Gastronom*in geworden sind. Und erst dann, wenn Sie wieder lächeln können, denken Sie daran, andere Menschen von sich und Ihrem Geschäft begeistern zu wollen.

Verstehen Sie mich bitte nicht falsch. Es geht keinesfalls darum, tagtäglich den Pausenclown in Ihrem Geschäft zu spielen, manisch gute Laune zu verbreiten und damit allen – vor allem sich selbst – etwas vorzumachen.

Jede/r ist mal mies drauf, das ist absolut menschlich. Es schadet aber Ihrem Geschäft, wenn Sie vollgepackt mit negativen Gefühlen Ihren (potenziellen) Gästen gegenübertreten – analog oder digital. Sorgen Sie deshalb als Allererstes dafür, dass Sie wieder wissen, warum Sie Ihre Arbeit lieben, weshalb Ihr Angebot großartig ist und wieso die Leute da draußen ausgerechnet zu Ihnen kommen sollen.

WIR KÖNNEN UNS NUR SELBST MOTIVIEREN.

Zur Wahrheit gehört, dass wir mit unseren Problemen allein sind, denn niemand kann sie für uns lösen. Hat die Abwärtsspirale erst begonnen, sich zu drehen, wird das persönliche Umfeld nicht selten zur Last. Mitarbeiter, Familie, Lieferanten, Vermieter, Steuerberater, die Bank, die Müllabfuhr, der Stromanbieter ... alle wollen was. Die Motivation ist im Keller, sämtliche Visionen landen im Papierkorb. Sie fühlen sich allein, unverstanden. Das ist vollkommen okay. Wenn es Ihnen geht wie den meisten Gastronom*innen, dann ist da niemand in Ihrem persönlichen Umfeld, der exakt dieselben Sorgen hat und Sie wirklich verstehen kann. Gut gemeinte Ratschläge, eine Umarmung oder ein liebevolles Wort retten Sie möglicherweise über den Tag. Und dann? Was ist morgen? Lassen Sie den Kopf nicht hängen. Es ist ein Trugschluss, dass irgendwer Ihnen helfen kann. Es sei denn, Sie bezeichnen sich als irgendwer.

Wann waren Sie das letzte Mal stolz auf sich? Speichern Sie dieses Gefühl bitte ab. Visualisieren Sie die Erinnerung an Ihren Lieblingstag in Form einer Zeichnung oder eines Fotos auf dem Armaturenbrett Ihres Autos, auf Ihrem Schreibtisch oder an Ihrem Badezimmerspiegel. Vielleicht haben Sie einen Talisman, der Sie an Ihre Erfolge erinnert. Nein? Dann nehmen Sie Ihr Notizbuch und schreiben auf eine leere Seite, bestenfalls am Ende oder Anfang, wann und warum Sie in der Vergangenheit stolz auf sich waren … Vielleicht zur Geburt Ihres Kindes, am Tag Ihrer Hochzeit, als Sie den Führerschein machten oder das Abi. Suchen Sie bitte solange in Ihren Erinnerungen, bis Sie etwas Passendes gefunden haben. Jede/r hat diese Erinnerungen, manchmal sind sie nur ziemlich gut versteckt.

Und falls Sie glauben, dass Sie diesen Kokolores nicht brauchen: Jedes Unternehmen hat irgendwann eine Flaute. Gerade wenn Sie erfolgsverwöhnt sind, liegt es in der Natur der Sache, dass ein Sturz Ihnen größere Schmerzen bereiten wird als jemandem, der öfter mal auf der Nase liegt. Es ist also völlig unerheblich, wo Sie aktuell stehen. Lesen Sie bitte erst dann weiter, wenn Sie Ihren Gute-Laune-Knopf, also eine gute Erinnerung gefunden haben, die Sie tatsächlich motiviert.

Was ist mein Gute-Laune-Knopf?

_____

_____

_____

> **Sie können sich nur selbst motivieren.** Und wenn Sie es nicht können, kann es auch niemand sonst. Finden Sie deshalb Ihren Gute-Laune-Knopf und werben Sie nur dann, wenn es Ihnen tatsächlich gut geht.

Was bedeutet Marketing überhaupt?

Wie bereits erwähnt, ist es ein weit verbreiteter Irrglaube, dass Marketing lediglich Werbung sei. Strenggenommen ist die Werbung (Promotion) die Konsequenz oder vielmehr die Summe aller Bemühungen im Rahmen eines umfassenden Marketings. Deshalb steht die Werbung auch erst an vierter Stelle im Marketing-Mix.

Beginnen wir der Reihe nach.

Wenn Sie die vorherigen Kapitel aufmerksam gelesen und die Checklisten abgearbeitet haben, wissen Sie jetzt, wozu es wichtig ist, den Markt, den Standort, die Preise und den Wettbewerb zu analysieren. Des Weiteren haben wir bereits besprochen, wie wichtig eine konkrete Unternehmensstrategie ist und was sich hinter dem Begriff »Corporate Identity« verbirgt. Beim Marketing geht es letztlich darum, all dieses erworbene Wissen, die zusammengetragenen Fakten und Zielsetzungen in die Praxis umzusetzen, also die Statistiken, Konzepte und Pläne endlich mit Leben zu füllen.

SIND SIE DABEI?
DANN KANN ES JETZT LOSGEHEN ...

Welche konkreten Maßnahmen sind notwendig, um Ihr Angebot zielgenau an den Mann und die Frau zu bringen? Die vier Elemente des Marketing-Mix (vgl. nachfolgende Abbildung) befassen sich mit Ihrem Angebot (Product), den Konditionen (Price) und auf welchem Weg (Place) erfolgreich die passende Werbung (Promotion) kommuniziert werden soll.

Die Betriebswirtschaftslehre kennt weitere P-Elemente im Marketing-Mix, wie etwa People, Public, Politics und Process, doch wir wollen die Kirche im Dorf lassen und uns auf das Wesentliche konzentrieren. Arbeiten wir deshalb die ersten vier P der Reihe nach ab, Sie machen sich Ihre individuellen Notizen und am Ende verknüpfen wir die gewonnenen Erkenntnisse. Denn selbstredend funktioniert das Ganze nur, wenn alle Komponenten zueinander passen und optimal aufeinander abgestimmt sind.

Die vier P im Marketing-Mix

P1: Das Ziel der sogenannten **Produktpolitik** ist es, das richtige Angebot für die passende Zielgruppe zu finden. In Kapitel 5 haben wir uns mit Ihrem Angebot befasst, betrachten wir jetzt die betriebswirtschaftlichen Hintergründe im Kontext des Marketings: Wie können Produkte gezielt in den Markt eingeführt, verbessert, variiert oder differenziert werden? Erinnern Sie sich an den »Poor Dog« und die »Cash Cow« aus der Angebotsanalyse?

Im Rahmen der Produktpolitik wird abgeschätzt, welche Bestandteile des Sortiments sich gut verkaufen, welche auf den Prüfstand gehören oder eliminiert werden müssen. Konkretisiert auf die Gastronomie könnte Ihre Analyse nach den folgenden Parametern ablaufen:

- Kundennutzen/Mehrwert,
- Präsentation,
- Service,
- Produktpflege/Kontrolle.

Denken Sie bitte daran, dass die Produktpolitik, also die Analyse Ihres Angebotes in Bezug auf die Werbung, immer in direkter Kausalität zu Ihrer Zielgruppe steht. Hierzu ein (wenngleich sehr plakatives) Beispiel: Stellen Sie sich vor, Sie verteilen regelmäßig Flyer in einem Gebiet, wo überwiegend Personen wohnen, die aus religiösen Gründen kein Schweinefleisch essen oder Veganer/Vegetarier sind. Da Sie aber exklusiv XXL-Schnitzel anbieten, ist es kaum verwunderlich, wenn niemand zu Ihnen zum Essen kommt. Die Kosten für diese Werbung können Sie sich also sparen.

Beim **Kundennutzen** geht es darum, Ihren Gästen einen Mehrwert zu bieten. Wie Sie bereits wissen, wollen Menschen nicht nur satt, sondern zufrieden sein. Bevor Sie an Werbung denken, finden Sie deshalb bitte diesen konkreten Mehrwert für Ihre Zielgruppe!

Was macht meine Gäste glücklich?

_____

_____

_____

Die **Präsentation** beginnt auf Ihrer Speisekarte und endet auf dem Teller Ihrer Gäste. Liegen hier schon rein optisch Universen dazwischen, wird es schwierig. Selbstverständlich sind perfekt in Szene gesetzte Produkte auf Fotos oder in Videos super. Nur sollten diese in der Realität nicht komplett anders aussehen. Sie kennen das: In der Werbung sehen die Burger zum Anbeißen aus, in der lieblos geführten Filiale um die Ecke mutieren sie zu einem matschigen Etwas in durchgeweichtem Papier. Dem Inhaber dieses Fastfood-Stores wird es lediglich gelingen, eine ständig rollierende Kundschaft zu bedienen, deren einzige Priorität schnelles Sattwerden ist. Falls das Ihre Auffassung von guter, nachhaltiger und zeitgemäßer Gastronomie sein sollte, dann bitte!

Falls nicht, setzen Sie sich spätestens jetzt konkret damit auseinander, was Ihre Zielgruppe wirklich will, welche Bedürfnisse und Ansprüche jene Menschen haben, die Sie glücklich machen wollen. Aggregieren Sie in einem zweiten Schritt diese Kundenwünsche auf einen Mehrwert und maximal fünf Schlagworte, die Sie in Ihrer Werbung immer wieder benutzen. Schauen Sie sich virtuell oder real in Gastrobetrieben um, die Ihnen Vorbild sein können. Wie machen die Werbung und mit welcher Resonanz (z.B. Anzahl der Likes, Qualität der Kommentare)?

Bevor Sie selbst Werbung machen, sorgen Sie für Qualität, um die Erwartungen Ihrer (potenziellen) Gäste tatsächlich erfüllen zu können. Klafft eine Lücke zwischen Ihrem realen Angebot und den entsprechenden Abbildungen, sollten Sie definitiv nicht die Fotos/Videos schlechter machen.

Auch ein perfekter **Service** ist entscheidend dafür, ob Ihre Gäste sich wohlfühlen oder eben nicht. Was im Einzelnen dazugehört, betrachten wir in Kapitel 8. Im Kontext der Werbung kann der Service, sofern er denn gut ist, durchaus als Mehrwert genutzt werden. Ist Ihre Küche gegebenenfalls nur Durschnitt, Ihr Service-Personal aber die Wucht, könnten Sie genau damit werben: persönlich, authentisch, überzeugend.

Vielleicht gibt es besondere Talente unter Ihren Mitarbeiter*innen. Haben Sie darüber schon einmal nachgedacht, näher hingesehen oder hingehört? Singt Ihr Koch, tritt eine der Servicekräfte vielleicht als Standup-Comedian nach Feierabend auf? Bruce Willis war Kellner, Sandra Bullock arbeitete als Barkeeperin, bevor es für beide nach Hollywood ging. Die sechsfach für den Grammy nominierte Sängerin Lana Del Rey jobbte 2023 in einem Waffelrestaurant in Alabama. Vielleicht arbeitet in Ihrem Gastrobetrieb der nächste Superstar - why not?! Schauen Sie sich die Menschen in Ihrem Team genau an. Eine/r ist bestimmt dabei, der/die Ihnen bei der Präsentation helfen kann ... Lassen Sie den Gedanken gern sacken, ich werde etwas später noch einmal darauf zurückkommen.

Befassen wir uns zunächst weiter mit Ihrem Angebot respektive dem Produkt, das Sie vermarkten wollen.

WAS GEHÖRT ZUR PRODUKTPOLITIK?

Mit Politik verbinden wir heute leider allzu oft Streit, Konflikt und lauwarme Kompromisse. Vergessen Sie das bitte! In der sogenannten Produktpolitik geht es darum, Ihr Angebot zu pflegen, zu optimieren und bestmöglich zu präsentieren. Beginnen wir mit der Pflege. Wann haben Sie das letzte Mal etwas aus Ihrer Küche gegessen und objektiv bewertet? Erst gestern, heute, vor einem Jahr?

Wenn ich vor Ort in den Restaurants bin, erhalte ich meistens dieselbe Antwort. Natürlich essen Gastronom*innen immer wieder etwas aus der eigenen Küche. Aber warum? Meist doch nur, um den Hunger zu stillen. Oder? Sattwerden ist jedoch keine **Produktpflege**. Falls Sie diese Passage gerade lesen, während Sie in Ihrem Gastrobetrieb sind, dann legen Sie das Buch jetzt beiseite und lassen sich in der Küche oder hinter dem Tresen ein buntes Potpourri Ihres Angebots zusammenstellen.

Kosten Sie sich durch das komplette Sortiment, und zwar mit allen Sinnen. **Riechen, schmecken, fühlen Sie!** Versetzen Sie sich in die Rolle eines Gastes und bewerten unbefangen, was Ihnen wie serviert wird.

Während Sie Ihr Angebot testen, befassen Sie sich bitte parallel mit den jeweiligen Umsatzzahlen. Verwenden Sie eine Kassensoftware, sollte das kein Problem sein. Befragen Sie außerdem Ihr Team, wofür Lob oder Kritik von Ihren Gästen ausgesprochen wird, welche Probleme es eventuell bei der Beschaffung oder Herstellung gibt. Nehmen Sie sich eine Kopie Ihrer Speisekarte und vergeben Sterne, Blümchen, Punkte für jedes Gericht/Getränk.

Sind die Umsätze höher als die Kosten, gibt es mehr Lob als Kritik, stimmen Geschmack, Präsentation und Qualität? Dann können Sie alles so lassen. Wenn nicht, suchen Sie nach den Fehlerquellen, finden Sie Lösungen und streichen auf der Speisekarte, was nicht mehr rentabel ist. Sobald Sie die Gründe kennen, warum manche Gerichte die Lieblinge Ihrer Gäste sind, während andere ignoriert oder verschmäht werden, können Sie sowohl Kosten sparen als auch die Zufriedenheit Ihrer Kundschaft weiter erhöhen, indem Sie nur das anbieten, was auch gewünscht wird.

NICHT ALLES GEHÖRT GLEICH AUF DEN MÜLL.

Allerdings sollte die **Produkteliminierung** tatsächlich nur die letzte Instanz sein. In der Gastronomie haben wir nämlich das große Glück, unser Angebot mit relativ wenig Aufwand zu verbessern, zu variieren beziehungsweise zu differenzieren. Sie schütteln den Kopf? Dann stellen Sie sich vor, in der Pharmaindustrie zu arbeiten. Hier gehen die Kosten für eine **Produktverbesserung** gleich in die Millionen, wenn nicht sogar in die Milliarden. Wir hingegen können mit wenigen Handgriffen, einigen Zutaten und ein bisschen Knowhow wahre Wunder bewirken, sofern wir die Bedürfnisse unserer Gäste kennen und absolut ehrlich zu uns selbst sind. Prüfen Sie also bitte regelmäßig Ihr Angebot, mindestens einmal pro Jahr. Beziehen Sie immer auch Ihr Personal mit ein. Wenn Sie es richtig machen wollen, arbeiten Sie mit einem Bewertungsbogen wie dem folgenden (vgl. Abbildung).

Ähnlich wie bei der Konzepterstellung sollten Sie auch im Rahmen der Produktpflege regelmäßig Meetings mit Ihrem Personal veranstalten und gemeinsam Ihr Angebot prüfen. Denn Ihre Mitarbeiter*innen sind jeweils Profis in ihrem Metier und können somit konstruktive Ideen beisteuern. Überlegen Sie als Team, was verändert werden muss oder unbedingt so bleiben soll.

	1	2	3	4	5	6	7	8	9	10
Geschmack?	☐	☐	☐	☐	☐	☐	☐	☐	☐	☐
Qualität?	☐	☐	☐	☐	☐	☐	☐	☐	☐	☐
Portionsgröße?	☐	☐	☐	☐	☐	☐	☐	☐	☐	☐
Zubereitung?	☐	☐	☐	☐	☐	☐	☐	☐	☐	☐
Präsentation?	☐	☐	☐	☐	☐	☐	☐	☐	☐	☐
Service?	☐	☐	☐	☐	☐	☐	☐	☐	☐	☐
Zielgruppengerecht?	☐	☐	☐	☐	☐	☐	☐	☐	☐	☐

POOR DOGS ODER CASH COWS?

Falls Sie »Poor Dogs« Ihres Angebotes finden, die sich schlecht bis gar nicht verkaufen, streichen Sie nicht gleich, sondern notieren sämtliche Informationen. Etwa wie hoch der Umsatz im letzten Quartal war (hierzu zählen auch Minusbeträge), was mit dem Produkt nicht stimmt und mit welchen konkreten Verbesserungen die Möglichkeit besteht, dass dieses Gericht oder Getränk von Ihrer Kundschaft demnächst wieder nachgefragt wird. Genauso sollten Sie natürlich mit Ihren »Cash Cows« vorgehen – also den Produkten, die sich sehr gut verkaufen und bei Ihren Gästen beliebt sind. Fragen Sie auch hier nach dem Warum und stellen Rückschlüsse auf die Nachfrageoptionen Ihrer Zielgruppe. **Mit dieser Bewertung fällt es Ihnen leichter, Ihrer obersten Aufgabe als Unternehmer*in gerecht zu werden, nämlich liquide zu bleiben.** Auch wenn ich mich wiederhole, möchte ich es unbedingt noch einmal erwähnen: Um mindestens konstant hohe Umsätze zu erzielen, sollten Sie sich regelmäßig dafür interessieren, welche Bestandteile Ihres Angebots gewinnbringend sind, welche unnötige Kosten verursachen und welche modifiziert werden sollten. Für letztere unterscheiden Betriebswirte zwei Arten: die Produktinnovation und die Produktvariation. In der Gastronomie werden tatsächlich kaum Produktinnovationen im Sinne tatsächlicher Neuheiten auf den Markt gebracht. Das wäre viel zu teuer und riskant. Einfacher, preiswerter und schneller ist die **Produktvariation**.

GEHEN SIE SYSTEMATISCH VOR!

Sie wissen schon, zuerst braucht es eine Analyse, wo die Mängel oder Highlights liegen und was gegebenenfalls optimiert werden muss. Mithilfe des folgenden Beispiels möchte ich Ihnen verdeutlichen, worauf Sie während dieses Prozesses achten sollten. Gehen wir davon aus, dass die Umsätze für ein bestimmtes Gericht im letzten Halbjahr massiv zurückgegangen, die Beschwerden hingegen gestiegen sind und Ihnen das Probeessen schwer im Magen liegt. Sie können Ihre Erkenntnisse selbstredend im Kopf behalten, auf eine Serviette schmieren oder es gleich richtig machen.

Spaghetti Carbonara

Preis (Karte)	12,99 Euro
Absatz (pro Portion)	92 P. im 2. Quartal (1 P. /Tag)
Umsatz 2. Quartal:	1.195,08 Euro
Kosten* 2. Quartal:	900,00 Euro
Gewinn 2. Quartal:	295,08 Euro
Vergleich 1. Quartal:	-20 %
Vergleich Vorjahr:	-65 %
Ergebnis Produktcheck:	3 von 10 Punkte
Mängel:	Geschmack, Präsentation, Convenience
Vorteil:	beliebt, einfach zuzubereiten
Produktvariation:	vegetarische Variante mit Räuchertofu
USP:	selbstgemachte Pasta, frische Kräuter, Bio-Eier
Trend/Marke:	italienische Küche neu kombiniert
Testlauf:	Probeessen mit Team, Testeinführung 3. Quartal
Zielsetzung:	Umsatzsteigerung 30 % bis Jahresende
Produkteleminierung?	wenn Umsatzsteigerung nicht bei 30 %
Aufwand/Kosten:	ca. gleich hoch Tofu preiswerter als Schinken
Zeitplan:	Testphase: 3. + 4. Quartal

*) Beispielwert für Gesamtkosten: Wareneinsatz + Gemeinkosten + Personalkosten + inkludierte Steuer

Erstellen Sie für die Produktvariation einen Vordruck, den Sie während der Testphase für jedes Element Ihres Angebots verwenden können. Wie dieser Vordruck aussieht, bleibt allein Ihnen überlassen. Das schriftliche Fixieren hilft Ihnen bei der Auswertung, die in einem unmittelbaren Zeitraum realisiert werden sollte. In dem folgenden, sehr vereinfachten Beispiel wurden für die Testphase der Produktvariation sechs Monate veranschlagt. Länger sollten Sie mit Ihrer Entscheidung nicht warten, ob sich die Veränderung des Gerichtes gelohnt hat oder Sie es doch aus Ihrem Angebot streichen.

Was ist der richtige Preis?

P2: Unter einem Preis wird im Allgemeinen der Betrag verstanden, den man für eine Sache zahlen muss. Sie als Unternehmer*in wissen es natürlich besser. Ein Preis dient dem Kunden zur Orientierung im Markt und den Unternehmen im Wettbewerb als Differenzierungsmerkmal – jedenfalls solange diese ansonsten nichts finden, womit sie sich unterscheiden können. Die **Preispolitik** umfasst deshalb weitaus mehr als den Verkaufspreis, sondern hierzu zählen unter anderem Rabatte, Zahlungs- und Lieferbedingungen, Garantien sowie Finanzierungsmöglichkeiten – eben alle Konditionen für ein zu verkaufendes Produkt oder eine Dienstleistung.

Vielleicht sagen Sie jetzt, dass bei der Preisgestaltung in der Gastronomie viele dieser genannten Aspekte nicht relevant sind und der Preis letztlich sowieso nicht von Ihnen allein bestimmt werden kann. Ja und nein! Wir sind im Kapitel Marketing. Es geht also um den optimalen Preis, der für alle Beteiligten akzeptabel ist. Also auch für Sie.

WAS IST DER OPTIMALE PREIS?

Zum einen spielen natürlich Ihre laufenden Kosten eine wesentliche Rolle bei der Preisbildung, genauso wie die Preise der unmittelbaren Konkurrenz, die finanziellen Möglichkeiten respektive die Zahlungsbereitschaft Ihrer Kundschaft und damit das Preissegment, in dem Sie Ihr Angebot präsentieren. Wenn Sie Snacks verkaufen, ist der Aufwand geringer, als wenn Sie ein High-End-Restaurant betreiben. Die Grundlagen sind jedoch dieselben: **Bei der Preispolitik geht es darum, vor allem positive Anreize für Kaufentscheidungen zu schaffen, also einen optimalen Preis für Ihr Angebot zu finden, der eine strategische Positionierung im Markt möglich macht.**

FINDEN SIE DEN MEHRWERT FÜR IHRE GÄSTE!

In Kapitel 2 habe ich einige wichtige Faktoren zur Preisanalyse bereits zusammengetragen. Nutzen Sie diese sowie die Ausführungen im folgenden Kapitel 8 für Ihre individuelle Preisbestimmung. Oberste Priorität hat der Gewinn. Wenn unterm Strich nichts übrigbleibt, wovon Sie leben, Ihr Geschäft am Laufen halten und darüber hinaus investieren können, läuft etwas schief, das Sie geradebiegen müssen. Achten Sie bei der **Preisgestaltung** darauf, dass ein höherer Preis auch mit höheren Ansprüchen verbunden ist. Die meisten Gastronom*innen mussten in den vergangenen Jahren ihre Preise erhöhen, weil die Kosten so dramatisch gestiegen sind. Die Kundschaft versteht das im Allgemeinen, ist allerdings erst zufrieden, wenn mit der Preiserhöhung ein gewisser Mehrwert für sie herausspringt. Das muss gar nicht viel sein. Ein kleines Goodie zusätzlich auf dem Teller zeigt bereits eine Wertschätzung. Haben Sie beispielsweise bisher kein Digestif aufs Haus angeboten, machen Sie es jetzt. Möglicherweise gibt es etwas, das Sie schon immer Ihren Gästen bieten wollten, bisher aber nicht getan haben. Selbstgebackener Kuchen zum Beispiel, kleinere Portionen für Senioren, Kinderanimation, ein essbarer Garten am Freisitz, die Ausstellung der Bilder eines befreundeten Künstlers im Schankraum. Es gibt so viele Möglichkeiten, Menschen glücklich zu machen. Preise haben damit nur wenig zu tun.

SETZEN SIE AKZENTUIERTE KAUFANREIZE!

Haben Sie den Mehrwert für Ihre Zielgruppe gefunden? Und, lässt er sich in Zahlen ausdrücken oder eher in Gefühlen? Falls Sie unbedingt an Ihren Preisen schrauben wollen, beschränken Sie sich bitte auf ein Gericht/Getränk oder zwei, aber nicht auf das komplette Sortiment. Prüfen Sie gegebenenfalls bei der Konkurrenz, ob sich dort Happy Hour & Co. wirklich lohnen. Vergleichen Sie die Preise und die Anzahl der Gäste und treffen erst dann Ihre Entscheidung, ob eine Rabattaktion überhaupt Sinn macht. Kommen tatsächlich mehr Gäste? Wenn ja, will ich diese Gäste und habe ich genügend Personal? **Beachten Sie stets alle Konsequenzen einer Preisgestaltung, auch und vor allem die negativen.** Rabattaktionen sollten gut durchdacht sein. Reduzieren Sie einfach nur die Preise, könnte Ihr Gastrobetrieb sehr schnell zum Billigladen avancieren. Wollen Sie das? Wollen Sie Gäste, die nur kommen, weil Geiz geil ist? Und was passiert, wenn Sie die Preise wieder erhöhen? Ich bin weiter oben schon auf dieses wenig erfreuliche Szenario eingegangen, weshalb ich mich hier nicht wiederholen werde. Schauen wir uns lieber an, welche konstruktiven Möglichkeiten es im Marketing gibt, mit dem Preis Kaufanreize zu schaffen.

Der Klassiker ist die künstliche Verknappung. Da Sie jetzt wissen, welche Gerichte/Getränke sich besonders gut verkaufen und welche modifiziert/variiert werden sollten, können Sie genau hier ansetzen. Vermarkten Sie beispielsweise eine Ihrer »Cash Cows« als **Dankeschön-Aktion** für Ihre Kundschaft, die Ihnen während und nach Corona treu geblieben ist. Der Kundennutzen liegt auf der Hand. Für diesen Mehrwert müssen Sie nichts weiter tun, als bei diesem Gericht ein Goodie anzubieten, beispielsweise ein Schokoherz, auf dem DANKE steht. Drehen Sie dazu ein kurzes Video und stellen es in Ihre Social-Media-Profile und auf Ihre Website. Begrenzen Sie den Zeitraum auf einige Tage oder Wochen, damit diese Aktion besonders bleibt. Und freuen Sie sich über zufriedene Gäste, die Ihre Wertschätzung gern entgegennehmen.

Haben Sie ein Gericht/Getränk in der Testphase der Produktvariation, könnten Sie es zum Einführungspreis als **Feinschmeckertipp** für Foodlover etc. anbieten. Achten Sie bitte auch hier darauf, dass diese Aktion auf einige Tage, maximal Wochen begrenzt ist. Kommunizieren Sie dieses knappe Zeitfenster und pushen damit die Nachfrage.

Je nach Gastrobetrieb und Klientel könnten Sie ein ebenfalls zeitlich begrenztes Angebot für eine bestimmte Zielgruppe schaffen, zum Beispiel Elternzeit, Tinderdinner, Zockernächte, Lesungen, Musikevents. **Schaffen Sie etwas Besonderes, Wertschätzendes für Ihre Gäste, dann wird der Preis nicht mehr entscheidend sein.**

Ähnlich verhält es sich bei saisonalen Angeboten. Ein Evergreen in deutschen Gefilden ist der Spargel. Wer im

Frühjahr ein Gericht mit dem heimischen Asparagus bestellt, ist sich darüber im Klaren, dass er dafür etwas tiefer in die Tasche greifen muss. Andererseits bedeutet das auch für Sie, dass Ihre Preiskalkulation auf den höheren Warenwert angepasst sein sollte. Natürlich nur, wenn Sie tatsächlich Spargel aus der Region anbieten.

In Bezug auf Ihr Marketing ist es absolut notwendig, dass Sie diesen Umstand in Ihre Werbung integrieren. Je detaillierter, desto besser. Betreiben Sie beispielsweise ein Restaurant in Berlin oder Brandenburg, dann wissen Ihre Gäste, dass Ihr Schnitzel das Doppelte kostet, wenn sie dazu Beelitzer Spargel serviert bekommen. Abgesehen davon sollte es für Sie ein Leichtes sein, Ihrem Spargelbauern einen Besuch abzustatten. Im Kapitel über das Videomarketing gehe ich noch näher auf diese Form der Werbung ein.

BLEIBEN SIE KONSEQUENT!

Anders als in anderen Branchen können Gastronom*innen keine Finanzierungsmöglichkeiten anbieten. Oder? In einigen Kneipen gehört es nach wie vor zum guten Ruf, wenn man anschreiben lässt. Das kann ein Alleinstellungsmerkmal sein, wenn jeder Gast seinen »Deckel« hat, führt aber auch nicht selten direkt in die Pleite. Konsequenz ist angesagt – egal, mit welcher Preismethode Sie werben.

Verlängern Sie Rabattaktionen immer wieder, ist die künstliche Verknappung kein probates Mittel mehr. Bieten Sie Ihr Angebot generell zu preiswert an, ist dieser Preis und damit Ihr guter Ruf nichts mehr wert. Drehen Sie permanent an der Preisschraube, ohne vorab gründlich zu kalkulieren, wird dieser Versuch des Kaufanreizes definitiv nach hinten losgehen. Und fordern Sie den Wert Ihres Angebots nicht konsequent ein, werden bald nur noch Schnorrer zu Ihren Gästen gehören.

Kleiner Funfact: Wussten Sie, dass der »Deckel« tatsächlich Urkundencharakter besitzt und im Sinne des materiellen Strafrechts gemäß § 267 Abs. 1 StGB als Grundlage für eine Abrechnung dienen kann? Werden also Striche auf den legendären Pappuntersetzer gekritzelt, dann haben diese tatsächlich Beweiskraft. Sollte der Gast hingegen den »Deckel« verschwinden lassen oder vernichten, ist dies formal betrachtet als Urkundenunterdrückung gemäß § 274 Abs. 1 Nr. 1 StGB strafbar.

Wo sollte ich werben?

P3: Der »Place« bezieht sich bei der **Distributionspolitik** auf Ihre **Position** im Markt und die Frage: WO bieten Sie Ihre Produkte, Dienstleistungen, Konditionen am effektivsten an? Damit ist nicht der Markt als solcher gemeint,

sondern die Vertriebswege beziehungsweise Kommunikationskanäle, also welche konkreten Möglichkeiten Sie
nutzen, um für sich und Ihren Gastrobetrieb zu werben.
Auch hier ist Konsequenz dringend erforderlich. **Probieren oder versuchen Sie nicht, sondern machen Sie
es, und zwar professionell und regelmäßig!** Finden Sie
zunächst den passenden Ort für Ihre Zielgruppe. Denn es
nützt nichts, wenn Sie dort werben, wo Ihre (potenziellen)
Gäste gar nicht hinsehen.

WERBUNG IST MEHR ALS BUNTE BILDCHEN BEI FACEBOOK.

Ihr Marketing sollte stets mehr sein als ein Pi-mal-Daumen-Prinzip. Die Distributionspolitik befasst sich mit der
Analyse, Planung, Umsetzung und Kontrolle der Werbeaktivitäten. Auch das hört sich erst einmal nach viel Aufwand an, muss es aber nicht zwangsläufig sein.
Gehen wir diese vier Punkte kurz durch.
Mit **Analyse** ist in diesem Zusammenhang Ihre Zielgruppe gemeint. Da Sie wissen, für wen Sie arbeiten wollen und wer zu Ihrem Angebot passt, kennen Sie auch die
Kaufgewohnheiten Ihrer (potenziellen) Gäste. Falls Sie es
noch nicht geschafft haben, die in Kapitel 4 gestellte
Frage »Wie sieht meine Zielgruppe aus?« zu beantworten,
sollten Sie das jetzt nachholen. Sobald Sie mit den Vorlieben und Bedürfnissen, den demographischen, kulturel-

len, sozioökonomischen und verhaltensspezifischen Hintergründen Ihrer Gäste vertraut sind, können Sie ziemlich genau einschätzen, wo Sie Ihre Werbung platzieren müssen, damit diese auch von den »richtigen« Personen gefunden wird.

Die Basis für die **Planung** Ihrer Werbeaktivitäten ist also die genaue Kenntnis darüber, was Ihre Zielgruppe will und wo sie sich informiert. Erst jetzt können Sie entscheiden, welche Kommunikationskanäle Sie nutzen. Anregungen hierzu finden Sie in den folgenden Kapiteln. Ein umfassendes Konzept gibt Ihnen darüber Aufschluss, welcher Aufwand und welche Kosten auf Sie zukommen. Befassen Sie sich also bitte erst mit der Planung und dann mit der Durchführung Ihrer Werbung.

Während der **Umsetzung** Ihres Werbekonzeptes empfiehlt es sich, die entsprechenden Maßnahmen zu beobachten. Gerade im Online-Marketing ist es Ihnen möglich, schnell und gezielt zu reagieren, sollte sich eine Strategie als wenig effektiv herausstellen. Achten Sie auf die Reaktionen Ihrer Zielgruppe. Fragen Sie gezielt danach, wie Ihren Gästen die aktuelle Werbekampagne gefällt. Holen Sie sich Feedback, auch wenn Ihr Lokal rappelvoll und das Konzept aufgegangen ist.

Denn im Eifer des Gefechtes wird allzu oft die **Kontrolle** vergessen. Dabei ist das Warum ausschlaggebend für den nachhaltigen Erfolg einer Strategie. Deshalb sollten Sie sich nicht damit zufriedengeben, wenn eine Werbemaßnahme gelingt, sondern immer (auch wenn sich der gewünschte Erfolg nicht einstellt) fragen: Warum sind die Menschen meiner Werbung (nicht) gefolgt? Lag es am WIE – also der Präsentation? Oder am WO – der Platzierung?

Vielleicht habe ich Sie in Kapitel 6 noch nicht davon überzeugen können, einen Marketingplan zu erstellen. Sie wissen schon, diese Tafel mit den bunten Zetteln ... Manchmal ist die Schmerzgrenze noch nicht hoch genug, um den inneren Schweinehund zu überwinden. Letztlich kann ich Ihnen nur wärmstens ans Herz legen, die konzeptionelle Planung als das zu sehen, was sie ist: eine effiziente Maßnahme für gewinnbringendes und damit motivierendes Arbeiten.

P4: Spätestens jetzt wird wohl klar, dass Werbung weit mehr ist, als ein paar Flyer zu verteilen oder Fotos bei Facebook & Co. hochzuladen. Marketing sollte immer eine Komplettstrategie sein, die über einen längeren Zeitraum geplant wird. Die **Promotion** oder **Kommunikationspolitik** umfasst sowohl die Werbemaßnahmen als solche aber auch insbesondere den täglichen Umgang mit Ihren Gästen. **Betrachten Sie bitte jede Handlung in Ihrem Unternehmen unter dem Aspekt der Werbung respektive Verkaufsförderung.** Ihr persönliches Auftreten sowie das Ihres Personals, die Qualität Ihres Angebotes bis hin zur Frage, ob in Ihren Toiletten ausreichend Seife vorhanden ist, gehört zum Marketing. Eine wichtige Rolle spielt deshalb Ihr Unternehmensziel, also die bereits erläuterte Corporate Identity. Je besser alle Details (von der Serviette über die Speisekarte bis zum Service) aufeinander abgestimmt sind, desto authentischer und überzeugender werden Sie und Ihr Angebot auf Ihre Kundschaft wirken.

Wie kommuniziere ich erfolgreich?

Mit der Kommunikationspolitik stellen Sie also nicht nur sicher, dass Ihre Zielgruppe Ihr Angebot findet. Alle Aktivitäten in Ihrem Gastrobetrieb, die Art der Präsentation und Kommunikation müssen als Gesamtkonzept (wieder-)erkennbar sein. Achten Sie auf ein einheitliches Äußeres – vom Logo bis zur Küchenkleidung. Sofern noch nicht geschehen, finden Sie eine Grafik, einen Slogan, eine Farbe ... etwas, bei dem die Leute da draußen wissen: Das ist mein Lieblingslokal, weil ...

Denn inmitten der Vielfalt sollte für Ihre Zielgruppe auf einen Blick erkennbar sein, was Sie zu bieten haben, und mit einem Satz erklärbar sein, worin der Mehrwert in Ihrem Angebot besteht. Erinnern Sie sich an die Zutaten für ein gutes Angebot aus Kapitel 5? Blättern Sie gern noch einmal zurück und finden jetzt die für Ihre Präsentation passenden Schlagwörter (Keywords).

MARKETING IST CORPORATE IDENTITY.

Niemand wird Ihnen oder den Gutfindern Ihres Gastrobetriebs zuhören, wenn Sie minutenlang darüber lamentieren, warum die Menschen gerade in Ihr Lokal kommen sollen. Heute dreht sich alles um Hashtags, Keywords, Likes und die visuelle Darstellung von Eindrücken, Empfindungen und Empfehlungen. Ihre Mitarbeiter*innen sollten mit ein paar Worten erklären können, warum sie (hoffentlich) gern bei Ihnen arbeiten.

Die klare Kommunikation Ihrer Unternehmensziele und damit des Charakters, der Seele Ihres Geschäfts sowohl nach innen als auch nach außen, ist die Essenz eines effizienten Marketings.

Bevor wir uns im Folgenden mit konkreten Werbemaßnahmen beschäftigen, fassen wir die wichtigsten Punkte zusammen, worauf Sie im Vorfeld achten sollten:

- Die beste Werbung sind Sie, Ihr Auftreten, Ihr Geschäftsgebaren, Ihre Zahlungsmoral und Firmenpräsentation.

- Ihre Gäste werden erst dann zufrieden sein, wenn Sie es sind.

- Marketing ist keine Reaktion, sondern immer Aktion.

- Sinkt die Nachfrage, prüfen Sie zuerst Ihr Angebot, bevor Sie Geld für Werbung ausgeben.

- Werben Sie nur dann, wenn es Ihnen (persönlich) gut geht.

- Finden Sie den Gute-Laune-Knopf!
- Nutzen Sie die Synergien des Erfolgs für Ihre Werbung.
- Die Essenz für ein effizientes Marketing ist ein umfassendes Konzept, das Ihre Unternehmensziele widerspiegelt.
- Formulieren Sie prägnant den MehrWERT für Ihre Kundschaft.
- Schaffen Sie akzentuierte Anreize für Kaufentscheidungen.
- Werben Sie nur dort, wo Ihre Zielgruppe ist.
- Visualisieren Sie Ihren USP (Corporate Design).
- Nutzen Sie konkrete Schlagwörter (Keywords) für Ihre Präsentation nach innen und außen.
- Achten Sie auf die regelmäßige Kontrolle Ihres Angebotes und Ihrer Aktivitäten.
- Marketing ist Corporate Identity: von der Serviette über die Speisekarte bis zum Service.
- Lernen Sie ein kontinuierliches und konsequentes Marketing inklusive akkurater Kalkulation zu schätzen.

> **Achten Sie auf die 5 K im Marketing!**
> KONTINUIERLICH + KONSEQUENT + KALKULIERT
> + KONTROLLIERT + KUNDENNUTZEN

Welche Strategien gibt es?

Eine Frage, die mir immer wieder gestellt wird. Meine Antwort: Die besten Strategien nutzen kaum etwas, wenn die Basis nicht stimmt. Das Internet quillt über, an jeder Ecke werden ultimative Strategien jeglicher Art präsentiert, die sich alle paar Monate ändern und letztlich nur ein Ziel haben: mit Emotionen Geld zu verdienen. Denn unerheblich, ob es sich um Ernährung, Fitness, Politik, Propaganda, unternehmerischen Erfolg, psychische Gesundheit oder Mindset-Upgrades handelt, sie bedienen allesamt die ältesten Trends respektive Grundbedürfnisse der Menschheit: Angst und Aufmerksamkeit.

Deshalb ist eigentlich nichts neu, nur die Prioritäten verlagern sich. Und der Markt reagiert. Nicht immer ethisch einwandfrei, nicht immer zum Positiven. Bei TikTok, YouTube und Instagram boomen Themen wie Selbstoptimierung und Achtsamkeit. Fake-Ärzte verkaufen Anti-Aging-Produkte, B-Promis vermarkten Nahrungsergänzungsmittel, Laien geben Finanztipps und Populisten werben für längst überholte Weltbilder. Das sind keine Trends, sondern **Hypes, per Definition insze-nierte Täuschungen** für mehr Publicity.

Ein Trend hingegen ist keinesfalls eine flatterhafte Modeerscheinung zum Selbstzweck, sondern ein wissenschaftliches Instrument, ein ernstzunehmender Indikator für Veränderungen und Entwicklungen in allen gesellschaftlichen, kulturellen, sozialen und wirtschaftlichen Bereichen. Seriöse Unternehmen richten ihr Marketing nach bestimmten branchenspezifischen Trends aus, was kaum bis gar nichts mit oben beschriebenen Hypes zu tun hat. Ich weise explizit darauf hin, weil ich in Gesprächen immer wieder erkenne, dass nicht nur Gastronom*innen bisweilen Schwierigkeiten haben, den Unterschied auszumachen.

Wenn ich also sage, Sie müssen nicht jedem Hype hinterherlaufen, dann meine ich damit nicht die für uns wichtigen Trends. Denn das sogenannte **Trendmarketing** spielt insbesondere in der Gastronomie eine entscheidende Rolle. Deshalb ist es unabdingbar, mit der Zeit zu gehen, uns regelmäßig über Trends zu informieren, entsprechende Analysen zu nutzen und mit einem gezielten Blick auf Konkurrenz und Zielgruppe unser Marketing entsprechend auszurichten. Diverse Institute und Unternehmen befassen sich nicht erst seit gestern mit dem gesellschaftlichen Wandel und der Entwicklung einer sogenannten Esskultur.

Die gute Nachricht: Sie können von diesem Wissen und den Erkenntnissen partizipieren. Neben dem jährlich erscheinenden Food-Report gibt es zahlreiche Analysen, wie beispielsweise die ebenfalls jährlich erscheinende Nestlé-Studie nestle.de//nestle-studie oder den weiter oben zitierten BMEL-Ernährungsreport bmel.de/ernaehrungsreport2024.

BLEIBEN SIE STABIL!

Das ist der einfachste und klügste Rat, den ich Ihnen geben kann. Schärfen Sie den Blick für das Wesentliche (Konkurrenz, Zielgruppe, Angebot, Werbung), behalten Sie Ihre Finanzen im Griff und lehnen Sie sich niemals zurück, denn die Kundenzufriedenheit ist heute so wankelmütig wie das Wetter. Deshalb empfehle ich Ihnen, Ihr Angebot regelmäßig zu prüfen und auf die Bedürfnisse Ihrer Gäste gegebenenfalls neu auszurichten. Eines dieser Bedürfnisse im rasanten Tempo der gesellschaftlichen und technischen Entwicklungen ist, auch wenn das widersprüchlich klingen mag, Stabilität.

Ich kenne Gastronom*innen, die von einem Selbstfindungsseminar zum nächsten laufen, viel Geld für Life-Coachings ausgeben und am Ende trotzdem pleite sind. **Es bringt nichts, wenn Sie das tun, was andere Ihnen vorschreiben und als Wunderpille verkaufen.** Bleiben Sie offen und interessiert für das, was in der Gastro und generell in der Gesellschaft passiert. Unser Auftrag und unser Ziel ist es, Menschen glücklich zu machen. Sie übrigens eingeschlossen. **Niemand wird glücklich auf einem fremden Weg. Finden Sie Ihren eigenen und verbiegen Sie sich nicht!** Identifizieren Sie Ihre persönlichen Stärken und richten danach Ihre unternehmerische Identität aus. Das sind keine Meilensteine und niemand verlangt von Ihnen, das Rad neu zu erfinden.

KLUGES MARKETING BEDEUTET DAS ÄNDERN VON KLEINIGKEITEN.

Welche Kleinigkeiten können/werden Sie an Ihrem Konzept, Ihrem Angebot, Ihrem Corporate Design, Ihrer Produktpräsentation ändern/verbessern? Haben Sie bereits einen ausgearbeiteten Marketingplan für die nächsten 12 Monate? Mache ich Ihnen gerade ein schlechtes Gewissen? Ja, ich wiederhole mich, und das aus gutem Grund. Denn die Erfahrung zeigt, dass nur ein Bruchteil derer, die sich bei einem Coach Hilfe suchen und Bücher wie diese kaufen, auch tatsächlich etwas tun. Ich kann Sie nicht zwingen, nur immer wieder zum Loslegen auffordern. Vertrödeln Sie also bitte nicht länger Ihre Zeit!

Werden Sie sich zunächst darüber bewusst, was Sie wollen. Nicht in Bezug auf dieses Buch, sondern Ihr Unternehmen. Werbung machen und Umsatz steigern, ist keine Strategie. **Ein Marketingziel beinhaltet konkrete Aktivitäten, die zu mehr Umsatz führen sollen.** Als Gedankenstütze hier einige Beispiele.

Wollen Sie:

- sich von der Konkurrenz abheben?
- Ihr Image verbessern?
- Kunden binden?
- neue Kunden finden?
- ein neues Konzept/Gericht/Getränk einführen?
- Reichweite erhöhen/Content schaffen?

Im **Online-Marketing** sollte der letzte Punkt immer der erste sein, vor allem dann, wenn Sie bisher nicht kontinuierlich Werbung im Netz gemacht haben. Fragen Sie sich bitte jetzt ohne Rosabrille: Sind meine Website, meine Social-Media-Profile, meine Einträge bei Google, Tripadvisor & Co. auf dem neuesten Stand, ist mein Portfolio (Angebot) klar ersichtlich?

Bevor Sie die reizüberfluteten Menschen da draußen ansprechen, schaffen Sie einen Content, der diesen Menschen (ob bestehende oder potenzielle Gäste) auf einen Blick klarmacht, wer Sie sind und was Sie zu bieten haben. Weiter oben bin ich bereits darauf eingegangen, was eine veraltete Speisekarte oder Fake-Fotos für negative Konsequenzen haben können. Sorgen Sie im Vorfeld dafür, dass in Ihrem Gastrobetrieb alles tipptopp ist und im richtigen Leben genauso aussieht wie in Ihrer Werbung.

Räumen Sie also bitte erst auf, bevor Sie Gäste zu sich einladen. An sich ist das nichts Neues. Das haben schon unsere Eltern gesagt, als wir Teenager waren und

Freunde mit nach Hause bringen wollten. Nicht anders verhält es sich im Geschäftsleben. Schaffen Sie also zuerst die Basis und putzen sowohl analog als auch virtuell einmal ordentlich durch. Bringen Sie Ihren Gastrobetrieb auf Vordermann sowie Ihre Website und sämtliche Social-Media-Profile auf den neuesten Stand. Löschen Sie gegebenenfalls Beiträge, die nicht mehr zeitgemäß sind, zu viele Hass-Kommentare haben oder anderweitig Ihr Image negativ beeinflussen.

Anschließend setzen Sie sich mit Ihrem Team zusammen und definieren ein konkretes Marketingziel. Lesen Sie hierzu noch einmal die oben genannten Beispiele.

Was wollen wir mit dieser Werbekampagne erreichen?

_____

_____

_____

Erst mit diesem Ziel sind Sie tatsächlich in der Lage, eine entsprechende Strategie zu entwickeln. Im Mittelpunkt sollte stets der Kundenvorteil stehen. Nicht umsonst haben wir uns so ausführlich mit den Bedürfnissen Ihrer Gäste auseinandergesetzt. Schauen Sie weiter oben nach, was Sie zu bieten haben. Womit machen Sie Ihre Gäste glücklich? Daraus ergibt sich **der individuelle Kun-**

dennutzen in Bezug auf Wohlbefinden, Harmonie, Freiheit, Genuss, Gesundheit, Schnäppchen etc. Wird den angesprochen Personen nicht klar, worin dieser Mehrwert besteht, verlieren sie das Interesse. Fragen Sie sich und Ihr Team deshalb:

Wie lautet der konkrete Kundennutzen?

_____

_____

_____

Sie merken schon, all das haben wir bereits in den vorherigen Kapiteln erörtert. Und das war notwendig, weil Sie diese gewonnen Erkenntnisse als Eckdaten für Ihre gelungene Werbestrategie brauchen. Dazu gehören selbstverständlich Ihre Ressourcen und damit gleich die nächste Frage:

Wie hoch ist mein Budget?

_____

_____

_____

Werbung muss nicht immer Geld kosten. Social Media können Sie auch komplett ohne finanziellen Einsatz nutzen. Aber wer macht die Grafiken? Wer nimmt sich die Zeit, alle Beiträge, Stories, Reels einzustellen? Und werden diese Beiträge überhaupt gesehen?

Verabschieden Sie sich bitte von dem generellen Anspruch, dass Werbung nichts oder nur wenig kosten darf. Als Gastronom*in sind Sie selbst im Service am Gast tätig, wollen aber anderen Dienstleistern den Wert ihrer Arbeit aberkennen? Das ergibt keinen Sinn. Je nach Größe eines Unternehmens sollte das Marketingbudget zwischen 2 und 20 Prozent des Jahresumsatzes liegen. Wie viel geben Sie aus? Mal hier, mal da, keine Ahnung? Auch damit sind Sie nicht allein. Leider!

Die schlechte Nachricht: Sie werden kein/e Influencer*in, denn das ist ein Fulltime-Job, kein Hobby. Nur ein winziger Anteil der täglich millionenfach veröffentlichten Postings geht viral. **Wenn Sie nichts investieren, wird auch nichts dabei herauskommen.**

Planen Sie jährlich ein festes Marketingbudget. Und prüfen Sie im Vorfeld, wie viel Sie für die geplante Werbekampagne ausgeben können. Sobald Sie sich für eine konkrete Strategie entschieden haben, auf die ich im Folgenden eingehen werde, passen Sie Ihr Budget noch einmal an und fragen sich dann:

Wer hilft mir bei der Umsetzung?

_____

_____

_____

Jede Hilfe sollte etwas wert sein – sowohl für Sie als auch für jene Personen, die Ihnen unterstützend zur Seite stehen. Helfen Ihnen Familienmitglieder oder Freund*innen bei der Umsetzung Ihrer Werbemaßnahmen, schauen Sie bitte auf den Nutzen. Lassen Sie Ihren Neffen oder Schwager posten, weil er irgendwann gefragt hat und Sie nicht nein sagen konnten? Ihr Job ist es, liquide zu bleiben. Mit Ihrer Nettigkeit können Sie keine Miete, Steuern, Personalkosten zahlen. Und mit Katzenvideos generieren Sie maximal Likes aber keine Umsätze.

Meine Tochter hat mir vorgeschlagen, mich bei TikTok zu unterstützen. Ich werde den Teufel tun und ihr das ausreden. Aber vorher muss die Strategie klar sein, das Layout, die Formulierung der Kundenansprache. Meine Tochter versteht das und Ihre Helfer*innen werden es auch, sofern Sie die Hintergründe erläutern und Rahmenbedingungen klar definieren.

Sind weder Sie noch Ihre Unterstützer ausreichend qualifiziert, suchen Sie sich bitte professionelle Hilfe und planen dafür die nötigen finanziellen Mittel ein. Auch Ihr

Team kann aktiv werden, vergessen Sie jedoch nicht, diesen zeitlichen Mehraufwand entsprechend zu honorieren.

Überdies gibt es zahlreiche Angebote im Netz, die mehr Reichweite versprechen. Meine Erfahrung ist, dass die meisten überhaupt nichts bringen. Falls Sie sich mit Online-Marketing bisher nur wenig befasst haben, rate ich Ihnen dringend, nicht jedes erstbeste Angebot anzunehmen. Verschaffen Sie sich einen Überblick, nutzen Sie entsprechende Foren, YouTube-Tutorials usw. für Ihre Entscheidung, welche finanziellen und zeitlichen Investitionen substanziell für Sie geeignet sind.

Kaufen Sie beispielsweise Follower für Instagram, ohne dass Sie vorher Ihre Zielgruppe bestimmt und Ihren Content regional ausgerichtet haben, wird die Reichweite allein Ihnen noch keine Gäste ins Lokal bringen. Und damit sind wir bei der letzten Frage:

Welche konkreten Maßnahmen sind wofür nötig?

_____

_____

_____

Alles, was zufällig und ohne Plan passiert, hat keine konkreten Auswirkungen. Hinterfragen Sie jeden Werbeträger kritisch auf Qualität und Nutzen. Planen Sie strategisch im Voraus und behalten Sie sowohl die Bedürfnisse Ihrer Zielgruppe als auch das Budget im Auge. **Erstellen Sie einen Marketingplan!**

Kommen wir jetzt zu den gängigen Marketingstrategien. Das **Trendmarketing** habe ich bereits angesprochen, mit den Bedürfnissen Ihrer Kundschaft haben wir uns mehrfach auseinandergesetzt. Diese sind das Fundament Ihrer Werbung und fließen generell in jede Strategie mit ein, die sich lediglich in ihrer Durchführung, nicht aber in ihrer Methodik unterscheiden sollte.

Beim **Direktmarketing** können Befürworter des analogen Zeitalters aufatmen. Hier spielt in puncto Werbung die Musik genauso laut wie in der Welt der Bits und Bytes. Denn selbstverständlich sind zufriedene Gäste immer noch die beste Werbung. Und es liegt in der Natur der Sache, dass diese Kundenzufriedenheit nur direkt in Ihrem Restaurant, Ihrer Bar oder an Ihrem Foodtruck erzeugt werden kann. Insofern ist und bleibt das A und O Ihr reales Erscheinungsbild, das Ihres Personals, Ihres Angebotes und natürlich das Drumherum.

Die besten Fotos, Videos oder Grafiken in Hochglanz und 8K-Auflösung sind nichts im Vergleich zum realen Erlebnis. Wir verführen unsere Gäste mit Leidenschaft, Geschmack und Genuss. Wir regen die Sinne an, und das wird auch in Zukunft vornehmlich offline funktionieren. Trotzdem kommen wir heute nicht mehr ohne das Internet aus. Egal wo und wie Sie Ihren Gastrobetrieb führen, werden die Menschen zukünftig kaum noch analog zu Ihnen finden. Hier ein treffendes Beispiel für den Wandel: Zum Direktmarketing gehört der **Newsletter**. Vor ein paar Jahren habe ich noch empfohlen, eine Kundenkartei zu führen – mit Geburtsdaten, Hochzeitstagen etc. Heute empfehle ich diese Methode aus Datenschutzgründen nicht mehr. Auch verzichte ich auf den Rat, solche Newsletter generell nur in Papierform zu verteilen. Das wäre zweifelsohne persönlicher, aber auch weniger nachhaltig und darüber hinaus leider ziemlich ineffizient.

Mittlerweile gibt es zahlreiche Tools, die Newsletterfunktion in Ihre Website zu integrieren. Stellen Sie also nicht selbst einen E-Mail-Verteiler zusammen, das widerspricht den gesetzlichen Regelungen und ist zudem äußerst zeitaufwendig.

Versenden Sie in regelmäßigen Abständen interessante Informationen zu Ihrem Angebot. Sollten Sie schon jetzt wissen, dass Sie diese Regelmäßigkeit nicht einhalten können, lassen Sie es lieber. Sporadisch verschickte Neuigkeiten machen wenig Sinn und landen meistens im

SPAM. Mit dem passenden Tool (beispielsweise Mailchimp oder rapidmail) können Sie Texte vorschreiben (lassen) und zu einem bestimmten Zeitpunkt abschicken. Gehen Sie auch hier strategisch vor und treten via E-Mail quasi direkt mit Ihrer Zielgruppe in Kontakt. Laden Sie Ihre Wochenkarte oder Tagesempfehlung hoch oder aber zum nächsten Skatabend, Konzert, Weihnachtsbrunch, zur kommenden Vernissage oder Silvesterparty ein. Ob sich das lohnt und welche Vorteile Newsletter noch bieten, steht auf der Website von rapidmail, der deutschen und DSGVO-konformen Alternative zum amerikanischen Newsletter-Tool Mailchimp.

rapidmail.de/e-mail-marketing-gastronomie

Falls Sie sich dafür entscheiden oder bereits entschieden haben, legen Sie einige physische Exemplare Ihres aktuellen Newsletters auch in Ihrem Gastrobetrieb aus. Ja, eben noch erklärte ich, dass diese Methode ineffizient sei, aber manch einer schwört auf das gute alte Papier und würde digital nicht erreicht werden. Finden Sie einen Weg, der zu Ihnen und Ihren Gästen passt.

Das **Empfehlungsmarketing** ist eine gute Ergänzung. In Ihren Newsletter könnten Sie Feedback-Bögen integrieren, Treuepunkte- oder Empfehlungsaktionen starten. Fragen Sie Ihre Gäste direkt, ob und warum Sie ein bestimmtes Gericht oder Getränk weiterempfehlen würden. Vielleicht haben Sie auch die Möglichkeit, Coupon-Aktionen in Ihr Marketing zu integrieren. So könnten Sie beispielsweise mit einem Unternehmen vor Ort die Vereinbarung treffen, dass Sie Kund*innen einen Bonus gewähren, wenn diese nachweisen, dass sie über eine entsprechende Werbung zu Ihnen gekommen sind.

Die gute alte Mund-zu-Mund-Propaganda ist immer noch Gold wert, aber vergessen Sie bitte nicht die Vorteile und Funktionen zu berücksichtigen, die Ihnen das Internet bieten kann. Machen Sie es wie Ihre potenziellen Gäste, nutzen Sie die Online-Suchmaschinen für die Präsentation Ihres Unternehmens. Es sei denn, Sie wollen nicht gefunden werden, wie Gerdi in ihrer BERLIN-Story berichtet. Solche Gastrobetriebe gibt es natürlich, sind aber eine Seltenheit.

Was ist mit Ihrem? Wie viele Treffer erzielt Ihr Unternehmen bei Google & Co.? Prüfen Sie regelmäßig diese Ergebnisse und fragen sich dabei: Wird mein Restaurant überhaupt gefunden? Wie wurde es von meinen Gästen bewertet? Befindet es sich auf der ersten Seite der Suchergebnisse oder irgendwo ganz hinten?

Versetzen Sie sich in Ihre Kundschaft hinein und fragen sich, ob Sie bei der Online-Suche Ihren Gastrobetrieb favorisieren würden. Und zu guter Letzt schauen Sie sich die Angebote der direkten Mitbewerber an. Suchen Sie im Umkreis Ihres Gastrobetriebs auf der virtuellen Karte und fragen Sie sich: In welches dieser Lokale würde ich gehen und warum?

IHRE POTENZIELLEN GÄSTE WOLLEN WISSEN, WOFÜR SIE IHR GELD AUSGEBEN.

Wenn Sie wissen, dass sich Ihre potenziellen Gäste über diverse Apps und Websites informieren und nach bestimmten Kriterien eine Auswahl treffen, können Sie diese Informationen für sich und Ihr Marketing nutzen oder aber die Kundschaft der Konkurrenz überlassen.

Nein? Auf gar keinen Fall? Dann sollten Sie sich mit dem **Contentmarketing** befassen, das sich in drei Komponenten aufgliedert:

1. Die Interaktion mit der Community, also Ihren (potenziellen) Gästen.
2. Die Image-Pflege und/oder Aufbau einer Marke.
3. Die Erhöhung der Reichweite und Sichtbarkeit Ihres Gastrobetriebs.

Mithilfe von AdWords, Keywords und Suchmaschinenoptimierung können Sie im Internet zielgerichtet Marketing betreiben. Profitieren Sie von standortbasierten Empfehlungsdiensten wie Tripadvisor, OpenTable oder restaurantfinder.de. Tragen Sie Ihren Gastrobetrieb in diese und weitere Portale ein, um Ihren Gästen die Suche zu erleichtern und Ihren Traffic zu erhöhen. Nutzen Sie auch allgemeine Plattformen wie meinestadt.de, dasoertliche.de oder die Gelben Seiten. Konzentrieren Sie sich jedoch vor allem auf Anbieter für die Gastrobranche, denn diese geben Ihren Gästen die Möglichkeit, Kommentare über den Service, das Essen und die Atmosphäre zu schreiben und damit Meinungen zu verbreiten. Dass diese nicht immer gut ausfallen, muss ich nicht erklären. Wie man mit schlechten Rezensionen umgehen kann, erläutere ich im nächsten Kapitel.

Um den Traffic zu erhöhen, also die virtuelle Besucherzahl, eignen sich aktuell Videos, in denen Sie Ihre Spezialitäten präsentieren, über die Gastroszene allgemein, regional relevante Themen oder exklusive Veranstaltungen berichten. Priorisieren Sie für das Contentmarketing Ihre Social-Media-Kanäle. Mit konkreten Fragestellungen können Sie die Interaktion mit Ihrer Community vorantreiben. Aber Vorsicht! Die Stimmung da draußen ist gerade sehr aufgeheizt. Mit brisanten Themen und polarisierenden Postings ziehen Sie möglicherweise Menschen an, die Sie als Gäste gar nicht haben wollen. **Hasskommentare und Meinungsmache erhöhen zwar die Reichweite, bringen Ihnen aber weder gute Publicity noch zufriedene Gäste.**

ADWORDS, KEYWORDS, HASHTAGS

Bei der Vielzahl an Begrifflichkeiten kann einem schon bisweilen schwindlig werden – vor allem dann, wenn man nicht unbedingt seine Passion in der Suchmaschinenoptimierung findet. Dröseln wir deshalb in aller Kürze gemeinsam auf, was sich hinter den einzelnen Bezeichnungen verbirgt.

Ein **Hashtag** ist letztlich dasselbe wie ein Metatag, also ein bestimmtes Schlagwort (Keyword), das die Suche innerhalb eines Netzwerkes erleichtert und die Algorithmen füttert. Diese Verschlagwortung wurde im Zuge der Entwicklung des Internets bereits in den Neunzigerjahren technisch aufbereitet und wird heute unter dem Begriff »Search Engine Optimization« (SEO) zusammengefasst. Genaugenommen ist also das Thema SEO kein Teufelszeug des 21. Jahrhunderts, sondern eine technische und durchaus empfehlenswerte Möglichkeit, mit präzise ausgesuchten Schlagwörtern das Ranking/die Reichweite zu steigern; ähnlich wie das sogenannte Keyword-Advertising (SEM), also die gebührenpflichtige Onlinewerbung mithilfe von Suchbegriffen.

So viel zu den Basics. Für die Reichweitenoptimierung Ihrer Social-Media-Beiträge sind Hashtags also grundsätzlich eine gute Sache. Im Netz finden Sie Hashtag-Generatoren und Keyword-Planner. Ein professioneller Webdesigner oder Contentmanager sollte sich damit auskennen. Mein guter Rat: Wenn Sie es selbst machen wollen, gehen Sie bitte mit der gebotenen Vorsicht an die Sache heran. **Planen Sie genügend Zeit ein, sich umfassend mit dem Thema zu befassen, bevor die Kostenfalle Ihr Budget verschlingt.**

TEURE FEHLER VERMEIDEN!

Google AdWords orientiert sich bei seinen Werbeanzeigen an den Nutzereigenschaften und entsprechenden Suchergebnissen – also den Keywords. Nicht zuletzt der Grund für die Bezeichnung, denn AdWords setzt sich zusammen aus den englischen Begriffen »adverts« (Anzeigen) und »words« (Suchbegriffe). Bei AdWords können Werbetreibende mithilfe im Vorfeld festgelegter Keywords in der Liste auftauchen, die uns angezeigt wird, wenn wir dieselben Schlüsselwörter in die Suchleiste eingeben. Das Problem an der Sache ist leider die schier unendliche Masse an Informationen im Netz. Gibt man beispielsweise die Keywords »Restaurant« und »Berlin« ein, spuckt Google zigtausend Ergebnisse aus.

Je präziser die Suchbegriffe sowohl bei der Eingabe als auch beim jeweiligen Werbetreibenden sind, desto konkreter fällt das Suchergebnis aus. Steht über dem Link »Gesponsert«, handelt es sich um eine von Google AdWords initiierte Werbekampagne. Google erhebt für die Darstellung einer solchen Anzeige noch keine Gebühren, dafür bei der Aktion durch die Nutzer*innen – also für Klicks auf den jeweiligen Link und dem anschließenden Besuch der beworbenen Website. Dabei können hohe Kosten entstehen, ohne dass Sie davon einen Nutzen haben.

Ein Grund wäre mangelnde regionale Darstellung, ein weiterer der sogenannte Klickbetrug, bei dem gezielt Anzeigenlinks angeklickt werden, obwohl kein Interesse besteht. Google kann mittlerweile diese schädlichen Zugriffe filtern, aber die Grauzone im Word Wide Web bietet leider immer noch einen viel zu großen Spielraum für Betrüger, dem kaum bis gar nicht beizukommen ist.

Nutzer von Google AdWords und auch Google Analytics sollten sich im Klaren darüber sein, dass es mit der bloßen Einrichtung einer Kampagne und einigen Keywords nicht getan ist. Die entsprechenden Accounts und Kampagnen müssen betreut, modifiziert und ausgewertet werden. Ganz abgesehen vom Budget, das hier meistens unterschätzt wird. Experten sprechen von einem »kleinen Budget« ab monatlichen Kosten in Höhe von 300 Euro. Damit der Nutzen höher ist als die Kosten, sollten Werbetreibende für Kampagnen dieser Art mindestens drei Stunden pro Woche investieren, zu Beginn sogar noch weitaus mehr. Und hier reden wir vom absoluten Minimum. Größere Kampagnen mit Tagesbudgets von 1.000 Euro und mehr sind heute keine Seltenheit, wenngleich diese von großen Unternehmen initiiert werden, die professionelle AdWords-Teams beauftragen.

Und diese Profis versprechen großartige Konversionsraten, also ein hohes Ranking für Anzeigen in der Google-Suchmaschinenstatistik und damit eine Umwandlung von interessierten Nutzern in kaufwillige Kunden. Doch es kann immer nur einen geben, der ganz oben steht. Insofern vertrauen Sie nicht blind solchen Versprechen, sondern prüfen jedes Angebot, bevor Sie sich vertraglich binden. Die Kosten könnten hoch sein – der Nutzen bleibt hingegen fraglich. Abgesehen davon ist von diesen Anbietern nicht längst jeder so seriös und kompetent, wie es auf den ersten Blick erscheint. Lassen Sie sich also von überschwänglich verwendeten Fachbegriffen und vollmundigen Versprechen nicht in die Irre leiten. Konzentrieren Sie sich in erster Linie auf das, was Sie können und verstehen. **Und falls Sie einen Profi zu Rate ziehen, dann suchen Sie bitte bewusst und nicht in Ihrem SPAM-Ordner.**

Wenn Sie lieber Handfestes bevorzugen, könnte Ihnen möglicherweise das **Eventmarketing** besser gefallen. Gemeint sind Veranstaltungen, die sowohl analog als auch digital zu einer besseren Kundenbindung aber auch zur Akquise dienen. In der Gastronomie gibt es vielfältige Möglichkeiten für diese Form der Werbung. Je nach Zielgruppe könnten Sie Konzerte, Tagungen, Bastelnachmittage, Seniorentreffs, Datingabende, Hochzeiten, Jugendweihen, Firmenfeiern, Kindergeburtstage, Halloweenpartys, Oster- und Weihnachtsevents durchführen. Oder Sie laden zu Karaoke, Vorträgen, Lesungen ein. Organisieren Sie jede Veranstaltung gewissenhaft, planen Sie im Voraus und achten Sie unbedingt auf die Einhaltung der DSGVO, des Kunsturhebergesetzes und den Schutz personenbezogener Daten wie auch des Rechtes am eigenen Bild. Als Veranstalter*in haben Sie gegenüber Ihren Gästen eine Informationspflicht – egal, wer Fotos oder Videos aufnimmt und ins Netz stellt. Weisen Sie Ihre Gäste in der Einladung und vor Ort darauf hin. Detaillierte Hinweise und Muster finden Sie im Internet.

Achten Sie dringend darauf, dass sämtliche Akteure in Ihrem Unternehmen diese Gesetze und Vorschriften einhalten, insbesondere wenn Sie Gefallen am **Erlebnismarketing** finden. Nicht selten wird diese Strategie in eine Schublade mit dem Eventmarketing gesteckt, obwohl es eklatante Unterschiede gibt. Beim Erlebnismarketing oder auch Live-Marketing werben Verbraucher*innen für eine Marke, weshalb in diese Schublade vielmehr das **Influencermarketing** passt. Dafür brauchen Sie allerdings nicht zwingend prominente Personen mit zig Millionen Followern.

FINDEN SIE MULTIPLIKATOREN UND VERNETZEN SIE SICH!

Kommen Sie mit Foodies in Kontakt, die sich auf das Gastgewerbe spezialisiert haben. Der Zugang zu dieser besonderen Spezies ist zugegebenermaßen nicht gerade leicht, aber möglich. Suchen Sie bei Instagram oder TikTok mit entsprechenden Hashtags und laden Food-Blogger und Gastro-Influencer zum Gratis-Essen ein. Bieten Sie ihnen etwas – je nach Reichweite und Bekanntheitsgrad natürlich auch eine faire Bezahlung. Multiplikatoren können aber auch Gäste sein, Ihre Mitarbeiter*innen, Freunde oder Familienmitglieder. Denken Sie daran, dass jeder Kommentar Ihr Ranking beeinflussen, jede positive/negative Bewertung Ihre Reputation verbessern/verschlechtern kann. Treten Sie selbst Communities bei, Gastro-Gruppen gibt es unfassbar viele bei Facebook. Vernetzen Sie sich mit Gleichgesinnten, nicht nur bei Social Media, sondern in der regionalen Unternehmerschaft, lokalen Vereinen und Branchenverbänden.

IHR ZIEL SOLLTE SEIN, DASS IHR UMFELD ÜBER SIE SPRICHT.

Egal, für welche Strategie Sie sich entscheiden, achten Sie bitte stets darauf, dass Ihre Präsentation zielgerichtet dargestellt wird. Vermeiden Sie öffentliches Selbstmitleid, stellen Sie niemanden an den virtuellen Pranger, auch wenn Mimimi-Content mehr Reichweite verspricht. Werben Sie mit Ihren Stärken, Ihren Vorteilen und all Ihrer Leidenschaft. Posten Sie Fotos oder Videos Ihrer Spezialitäten, Ihrer Location und Ihres Teams. Die Menschen da draußen wollen wissen, worauf sie sich einlassen und wofür sie zahlen sollen.

Wenn Sie unsicher sind, schauen Sie sich im Netz um. Behalten Sie im Fokus, dass heute niemand mehr lange

Texte liest. Gestalten Sie Ihre Beiträge vornehmlich visuell, achten Sie auf die passenden Schlagwörter (Keywords/Hashtags), Ihr Corporate Design, hohe Funktionalität, den exklusiven Mehrwert für ihre potenziellen Gäste, wenig Schnickschnack und selbstverständlich beste Qualität bei Wort und Bild.

Egal, ob Ihr Gastrobetrieb eine zünftige Bierstube, ein veganes Bistro, angesagtes Szenelokal oder klassisches Restaurant ist: Seien Sie authentisch in allem, was Sie tun. Teilen Sie interessante Artikel von bekannten Starköchen, Influencern (Foodies) oder dem DEHOGA. Holen Sie beliebte Marken auf Ihre Seite und werben Sie mit Nachhaltigkeit, Fair Trade und Umweltschutz. Schaffen Sie einen Kundennutzen für die Besucher Ihrer Seite mit Information und Entertainment. **Bieten Sie nicht immer nur das, was alle haben, sondern finden Sie auch im Marketing das gewisse Etwas!**

Wie nutze ich Social Media optimal?

Facebook, X, Instagram, Threads, Xing, Pinterest, Snapchat, LinkedIn, YouTube, TikTok … ja, die Möglichkeiten sind vielfältig. Sie müssen nicht in jedem sozialen Netzwerk einen Account haben, schließlich sollte das Social-Media-Marketing keinesfalls zur Sisyphos-Arbeit ausarten. Und doch wäre es die falsche Herangehensweise, wenn Sie ebenjenes als Belastung empfinden. Das Posten von Beiträgen, das Zählen von Klicks, die Auswertung von Statistiken und der Austausch sowie die Vernetzung in der Community ist kein belangloser Zeitvertreib, der nun irgendwie auch noch gemacht werden muss. Social Media gehört heute zum Marketing dazu. Ja, es ist eine Herausforderung, birgt aber die besten Chancen, schnell, mobil und relativ kostengünstig mit Ihrer Zielgruppe zu interagieren, neue Gäste zu gewinnen, bestehende zu binden und damit Umsatz zu generieren. Kein anderes Werbemedium bietet Ihnen so viel Freiheit, Kreativität und effektiven Nutzen. Insofern kann es zum erfolgreichen Bestandteil Ihrer Öffentlichkeitsarbeit gehören – sofern Sie die Potenziale erkennen und optimal nutzen.

MEHR CONTENT MIT NUR EINEM KLICK.

Die Pessimisten unter Ihnen könnten jetzt meinen: Von Klicks kann ich mir nichts kaufen. Das ist richtig. Von analogen Werbeanzeigen oder Flyern aber auch nicht. Wie hoch war Ihr Bekanntheitsgrad in der guten alten Zeit? Falls Sie schon länger im Geschäft sind: Wie präzise konnten Sie früher Ihre Werbemaßnahmen steuern, analysieren und vervielfältigen? Wie groß war Ihre Reichweite? Kam es tatsächlich vor, dass Gäste Ihre Flyer oder Visitenkarten kopiert und verteilt haben? Natürlich nicht!

Aber genau das passiert in den sozialen Netzwerken. Virtuell sind der Vervielfältigung von Informationen kaum Grenzen gesetzt, und zwar mit nur einem Klick – ohne

Aufwand und Kosten. Wenn Sie es richtig anstellen, müssen Sie nicht darum betteln, dass die Menschen da draußen Ihre Beiträge teilen. Sie werden es unaufgefordert und mit Überzeugung tun, wenn Sie Ihnen dafür etwas bieten. Und damit meine ich kein Freibier und auch keine Provision.

Schauen Sie ins Netz, stöbern Sie durch die sozialen Netzwerke und lernen Sie von denen, die für einen Beitrag tausende Likes erhalten. Gut, einige davon sind nackt oder so hirnverbrannt, dass sie nicht wirklich als Vorbild dienen können. Lassen Sie sich von Unternehmen oder Personen inspirieren, die mit großer Leidenschaft, ehrlichem Interesse, seriösem Knowhow werben und deshalb erfolgreich Social-Media-Marketing betreiben.

IN DER KÜRZE LIEGT DIE WÜRZE.

Reduzieren Sie Ihre Werbung auf einen knackigen Spruch, ein ansprechendes Motiv und schmücken das Ganze mit Ihrem Firmennamen oder Logo. Für kreative Köpfe eine leichte Übung, für alle anderen mitunter die sprichwörtlichen Böhmischen Dörfer. **Erfinden Sie das Rad nicht neu und verzetteln sich bitte nicht in belanglosen Beiträgen, die nichts mit Ihrem Unternehmen oder Ihnen selbst zu tun haben.**
Finden Sie maximal fünf Begriffe, die Ihr Unternehmen, Ihr Angebot, Ihre Einzigartigkeit erläutern und schreiben

Sie diese überall hin: in den SEO-Text Ihrer Website, in die Beschreibung Ihres YouTube-Kanals, an die Tafel für Ihren Marketingplan, mit einem einladenden Header/Profilbild in Ihre Social-Media-Accounts und gern auch auf Ihre Servietten. Wirtschaftswissenschaftler bezeichnen diesen Vorgang als Aggregieren, ich empfehle: Verdichten Sie Ihre Visionen, Ihr Image, Ihre Stärken, Ihren USP sowie den Mehrwert für Ihre Kunden auf eine Handvoll Keywords, die Sie und Ihre Mitarbeiter*innen im Schlaf aufsagen können. Sie werden sehen, dass niemand mehr lange überlegen muss, wer Sie sind und was Sie zu bieten haben. Am wenigsten Sie selbst.

Welche Wörter beschreiben meinen Gastrobetrieb?

1.

2.

3.

4.

5.

Im Prinzip ist das schon alles. Weil man es aber gar nicht oft genug wiederholen kann, weise ich an dieser Stelle gern noch einmal auf die unbedingte Qualität Ihrer Beiträge hin. Diese bezieht sich sowohl auf das Design und die Auflösung der Bilder/Videos, eine korrekte Schreibweise der Texte als auch die Inhalte.

Denken Sie bitte immer daran, dass man im Netz nur bedingt Privat von Geschäftlichem trennen kann. Mit wenigen Klicks sind Sie als Unternehmer*in sowie als Person identifizierbar. Versuchen Sie also bitte nicht den Spagat zwischen einem seriösen Firmenprofil und einer Privatseite, wo Sie nach eigenem Gusto meckern können. Finden Sie das richtige Maß und vor allem ein Niveau, das zu Ihnen und Ihren Gästen passt.

Achten Sie bei allen Beiträgen, die Sie veröffentlichen, teilen, liken, kommentieren, bitte stets darauf, dass die Menschen da draußen Sie immer mit Ihrem Gastrobetrieb in Verbindung bringen. Wollen Sie also seriös und erfolgreich werben, laden Sie kein Absturzfoto der letzten Party oder Weinprobe hoch. Es sei denn, es gehört zu Ihrer Werbestrategie.

Füllen Sie Ihr Profil mit Content, der auf einen Blick erkennen lässt, wer Sie sind und was Sie zu bieten haben. Und damit es mehr Menschen werden, die Ihrem Profil folgen, nutzen Sie das gute alte Motto vom Geben und Nehmen. Generell, nicht nur sporadisch! Liken Sie andere Beiträge, folgen Sie Personen aus Ihrem realen Umfeld, mit denen Sie beruflich oder auf anderer sozialer Ebene in Kontakt stehen (z.B. Ihren Zulieferern, Eltern von Klassenkamerad*innen Ihrer Kinder, Gleichgesinnte aus dem Sportverein). Gerade wenn Sie am Anfang stehen, bitten Sie diese Menschen, Ihre Werbebeiträge zu liken, zu kommentieren, zu teilen.

Und informieren Sie auch Ihre Gäste, dass Sie in den sozialen Netzwerken aktiv sind. Ein Hinweis auf Ihrer Speisekarte oder Ihren Servietten kann hilfreich sein. Vielleicht machen Sie auch eine Challenge und spendieren Gästen ein Freigetränk, die Ihren Account in einem Beitrag verlinken, während Sie in Ihrem Lokal sitzen.

Als gute Möglichkeit, die Reichweite zu erhöhen, werden immer wieder Facebook-Gruppen empfohlen. Kann man machen, ja. Aber auch hier ist Vorsicht geboten, wenn man nicht unnötig Zeit vertrödeln will. Denn die meisten Admins lassen keine Werbung zu und Gruppen können Ihrem Profil nicht folgen. Regionale Communities sind besser geeignet, will man vor Ort den eigenen Bekanntheitsgrad erhöhen. Für den internen Austausch sind branchenspezifische Gruppen praktikabel. Dort kann man sich Tipps aus erster Hand holen, aber auch verdammt viel Zeit und Nerven mit endlosen Debatten verschwenden.

Planen Sie feste Social-Media-Zeiten und entscheiden bitte konsequent, wann und wofür Sie Netzwerke nutzen. Nach Feierabend gern auf Ihrem privaten Profil, während der Geschäftszeit sollte ebendieses hingegen tabu sein. Konzentrieren Sie Ihre Ressourcen auf ein Ziel, und das heißt Umsatz. Natürlich könnte ich es hübscher formulieren: mehr Reichweite, mehr Klicks, mehr Gäste. Doch am Ende zählt nur das zwischen Daumen und Zeigefinger. Zu viele Egos tappen in die Like-Falle, weshalb ich den Pessimisten rechtgeben muss: **Herzchen bringen noch keinen Umsatz!**

CALL TO ACTION!

Bei allem Unterhaltungswert ist das Ziel also erst dann erreicht, wenn die Menschen in Ihrem Lokal sitzen, zufrieden sind und bereit, Geld auszugeben. Dafür ist es notwendig, zwischen nützlichen Tipps, visuellen Reizen, Gewinnspielen oder was Sie sonst an kreativen Möglichkeiten für Ihr Social-Media-Marketing finden, immer wieder gezielt Ihre Community anzusprechen und aufzufordern, Ihr Restaurant zu besuchen. Falsche Bescheidenheit ist hier fehl am Platz.

Sie haben etwas zu bieten? Dann sagen Sie es auch! Solche Aufforderungen werden nicht als Gängelei gesehen, wenn Sie in Ihren Beiträgen den Vorteil für Ihre potenziellen Gäste herausarbeiten. Bitten Sie auch alle Akteure, die Sie in den sozialen Netzwerken unterstützen, eine klare Botschaft zu senden, wie etwa: »Kommt vorbei und probiert selbst!« oder »Was, du warst noch nicht hier?« oder »Ich freue mich auf Sie/dich!«

Und vergessen Sie niemals anzugeben, wo Sie zu finden sind. Reizüberflutete User*innen suchen nicht aufwändig nach einer Adresse. Der Hinweis zum Link in der Bio reicht nicht aus, um Menschen tatsächlich in Ihre

Bubble, Ihren Gastrobetrieb zu locken. Versehen Sie jeden Post, jedes Reel mit den nötigen Daten.

DAS RICHTIGE TIMING

Ich weiß, wie schwer es fällt, das Handy aus der Hand zu legen, wenn man erst mal im Reel-Fieber ist. Setzen Sie sich deshalb sowohl klare Ziele als auch konkrete Zeitfenster für das Erstellen Ihrer Beiträge und deren Veröffentlichung. Übrigens nicht nur in Ihrem eigenen Interesse. Posten Sie beispielsweise montags die aktuelle Karte für Ihre Tagesempfehlungen, dienstags den Veranstaltungsplan für das nächste Wochenende. Machen Sie den Mittwoch zum Deli-Day, küren Sie am Donnerstag einen Gast/Mitarbeiter der Woche mit Foto etc. und jeden Freitag eine lustige Live-Reportage aus Ihrer Küche mit aktuellen Rezeptideen oder raffinierten Zutaten.

Schaffen Sie feste Zeiten für Ihre Werbung und die Interaktion mit Ihrer Community. Diese Stetigkeit generiert Wiedererkennung und damit Kundenbindung.

Technisch ist es mittlerweile möglich, bis zu vier Wochen im Voraus via META-Business oder entsprechende Apps Ihre Beiträge zu planen. Falls noch nicht geschehen, verknüpfen Sie Ihre Profile. Mit weit weniger Aufwand können Sie auf diese Weise parallel Ihre Beiträge, Stories und Reels einstellen, verwalten und mit der Insights-Option analysieren.

Nutzen Sie dieses Tool, um zu sehen, wie viele Konten Sie erreicht haben, auf welchem Weg die User zu Ihnen kommen (z.B. über Hashtags). Das kann durchaus motivierend sein, denn auch Beiträge mit 5 Likes erreichen bisweilen 500 Menschen, was auf den ersten Blick gar nicht ersichtlich ist. Wenn Sie Beiträge planen, werden Ihnen Uhrzeiten mit besonders hoher Interaktion vorgeschlagen. Hören Sie auf die KI, auch wenn es schwerfällt. Haben Sie demnächst ein Event, sollten Sie die Veranstaltung-Option nutzen, eine entsprechende Vorankündigung schalten, kurz vor dem Termin noch einmal darauf hinweisen und im Nachhinein so positiv wie möglich darüber berichten. Suchen Sie sich Multiplikatoren, die gern von diesem Event schwärmen und über ihren Account ein tolles Foto oder Video einstellen.

SHOPFUNKTION + BEZAHLTE WERBUNG

Auch die Shop-Funktion bei Meta ist mittlerweile recht praktikabel, falls Sie beispielsweise Merchandising anbieten. Bezahlte Werbung ist eine weitere Option, die Sie durchaus nutzen könnten. Achten Sie darauf, regionale Hashtags zu verwenden und eine Zielgruppe zu bestimmen, die zu Ihren Gästen passt (Alter, Geschlecht, Wohnort). Denn die Reichweite in China oder Dänemark nützt Ihnen null Komma gar nichts.

Behalten Sie bitte immer Ihr Budget im Auge. Erstellen Sie eine Jahresübersicht, in der Sie genau festhalten, welche Werbemaßnahmen wann erfolgen sollen und welche Aktivitäten dazu geplant werden müssen. Damit haben Sie die Gewissheit, dass Sie regelmäßige Marketingaktionen durchführen können, um neue Gäste zu gewinnen und die bestehende Kundschaft weiter an Ihr Unternehmen zu binden. So wird das Marketing zur festen Größe in Ihrem Budgetplan und lässt sich finanziell viel besser verteilen. Denn Ihr Marketing wird nur dann Erfolg haben, wenn Sie dranbleiben. Werbung ist wie Feuer, das viel effektiver brennt, wenn man regelmäßig eine kleine Menge Holz hinzufügt, statt mühsam aus der Glut ein neues zu entfachen. **Warten Sie also nicht, bis die Anzahl Ihrer Gäste zurückgeht. Nutzen Sie die Synergien einer gelungenen Werbemaßnahme und legen sofort nach.**

NUTZEN SIE DIE ALGORITHMEN!

Immer wieder lese ich, wie sich Menschen darüber beschweren, dass Ihnen Werbung angezeigt wird, die mit Ihnen nichts zu tun hat. Na ja, ... Irrt sich die KI oder werden da mitunter dunkle Geheimnisse ans Licht gebracht?

Worauf ich hinaus will: Die strikte Trennung Ihrer privaten und geschäftlichen Accounts habe ich bereits in Bezug auf Ihren Output erwähnt. Aber auch die andere

Seite der Pipeline ist entscheidend. Nutzen Sie Ihren geschäftlichen Account für private Interessen, füttern Sie damit die falschen Algorithmen. Das Ergebnis: Ihnen wird alles Mögliche angezeigt, nur nicht das, was für Sie als Gastwirt*in relevant ist. Somit entgeht Ihnen möglicherweise wichtiger Input, von der erschwerten Interaktion mit Ihrer Community ganz zu schweigen.

Denn mit jedem ausschweifenden Klick spülen Sie sich quasi selbst aus dem Sichtfeld. Nutzen Sie also bitte die KI für sich und Ihr Unternehmen. Klicken, liken, kommentieren Sie von Ihren Geschäftsaccounts ausschließlich unternehmensrelevante Beiträge und Seiten. Nur so kommen Sie in die für Ihren Gastrobetrieb lohnenswerte Bubble.

Führen Sie Ihr Lokal in einer Großstadt? Dann finden Sie Gruppen und Personen aus Ihrem Kiez. In ländlichen Regionen ist der Radius naturgemäß kleiner, was den Fokus erhöht. Mittlerweile leisten sich viele Landkreise und Gemeinden ein gutes Stadtmarketing. So oder so: Vernetzen Sie sich auf lokaler Ebene, denn die Anzahl der Follower und Likes deckt sich nur dann mit einem vollen Lokal, wenn diese Menschen bei Ihnen um die Ecke wohnen.

SCHEITERN IST ERLAUBT.

Nicht jeder Beitrag wird durch die Decke, nicht jedes Video viral gehen. Freunden Sie sich besser gleich mit dieser Tatsache an, bevor Sie frustriert aufgeben. Definieren Sie Social Media als zusätzliche Werbemaßnahme und keinesfalls als Lebensmittelpunkt. Lassen Sie sich bitte niemals auf Negativdebatten und Hasstiraden ein, denn das Internet vergisst nie.

Wie alles im Leben hat auch dieses Medium seine Schattenseiten. Das Übermaß täglichen Inputs und Outputs birgt die Gefahr, dass Ihre Beiträge untergehen oder durch Hater, Bots und SPAM in einen falschen Kontext geraten. Deshalb sollte jede digitale Werbestrategie, jeder Like, jeder Kommentar ausreichend durchdacht und analysiert werden.

Wenn Beiträge floppen, dann ist das okay. Wir können nicht alle Influencer*innen sein. Wichtig ist, dass jede Person, die auf Sie aufmerksam wird, auch in Ihr Lokal kommen könnte. Die Chance dafür erhöht sich, wenn der Content ansprechend ist, die Botschaft eindeutig und die Adresse klar ersichtlich. Seien Sie dankbar für jeden Like, jedes Feedback und setzen sich weiter mit der Materie auseinander. Bei Meta, YouTube und generell im Netz gibt es zahlreiche Tutorials.

Integrieren Sie die Social-Media-Zeit in Ihren Arbeitsalltag, um nicht unnötig Freizeit zu investieren. Und behalten Sie Ihr Kerngeschäft im Auge!

Achten Sie bei allem, was in Ihrem Namen online passiert, immer auf beste Qualität, ausreichend Niveau, zwischenmenschliche Fairness und die Einhaltung sämtlicher Gesetze. Veröffentlichen Sie nur Aufnahmen von Dritten, wenn Sie dafür die Lizenzrechte oder das entsprechende Einverständnis haben. Und halten Sie bitte jede Form von Hass und Hetze aus ihrem Geschäft – digital und analog.

Noch einmal: Das Internet vergisst nie! Selbst wenn Sie einen Post bei Facebook löschen, könnte dieser schon längst geteilt oder kopiert worden sein. Was einmal veröffentlicht wurde, lässt sich nur schwer eliminieren. Denken Sie bitte daran, bevor Sie sich zu Beiträgen oder Kommentaren hinreißen lassen, die nichts mit Ihrem Gastrobetrieb zu tun haben. Denn eines ist klar: **In einer Hass-Bubble wird es Ihnen niemals gelingen, Menschen glücklich zu machen.**

SCHLECHTE AUFNAHMEN UND MIESE TEXTE SIND DEFINITIV KEIN MARKENZEICHEN.

Nun ist nicht jede/r von uns Autor, Fotograf, Werbetexter und Webdesigner. Aber wer sagt, dass Sie alles allein machen müssen? Als Gastwirt*in sind Sie sowieso schon Allrounder, weshalb es beinahe fahrlässig wäre, wenn Sie sich auch noch das komplette Online-Marketing aufhalsen. Sofern es Ihr Budget zulässt, engagieren Sie einen

Dienstleister, der sich mit Grafikdesign, SEO-Texten, Copywriting, Keywords, Hashtags etc. auskennt und mit entsprechendem Knowhow für die nötige Professionalität Ihrer Internetpräsentation sorgt. Oder profitieren Sie vom Wissen und Engagement Ihres persönlichen Umfelds (z.B. Tochter, Neffe, Enkel). Die Generation Z ist mit Social Media aufgewachsen und weiß ziemlich genau, was zu tun ist.

BEWEGTE BILDER BEWEGEN.

Ich weiß, die Welt wird immer oberflächlicher. Aber mal ehrlich: Wenn Sie durch Ihre Timeline scrollen, schauen Sie auf die Bilder oder die Buchstaben? Die Gastronomie ist wie geschaffen für Fotos und Videos.

Wir dürfen mit allen Sinnen verführen. Also tun Sie es! Nehmen Sie Ihr Smartphone und üben sich darin, kurze Videos aufzunehmen. Reels haben weitaus mehr Reichweite bei Meta als Stories oder Beiträge. Laufen Sie durch Ihr Lokal und filmen die Highlights. Tun Sie so, als würden Sie einem netten Gast Ihr Heiligtum zeigen. Sagen Sie dabei, wer Sie sind und wo Ihr Gastrobetrieb zu finden ist.

Interviewen Sie Ihre Gäste, natürlich erst nach vorheriger Absprache und Einverständnis. Lassen Sie Ihre Mitarbeiter*innen zu Wort kommen, schauen Sie Ihrem Personal in der Küche oder im Service über die Schultern. Haben Sie einen schönen Freisitz, dann filmen Sie, wie gemütlich es bei Ihnen ist. Verwenden Sie Hashtags, die sowohl regional verortet werden können als auch die Bedürfnisse Ihrer Kundschaft ansprechen (z.b. #gaumenschmaus, #wohlfühlort, #genießen, #bremen, #leipzig). Reden Sie darüber, warum Sie Gastronom*in geworden sind und was genau Ihre Leidenschaft antreibt. Sie wissen schon, all das aus Kapitel 1.

Verfallen Sie bitte nicht in die Selbstdarstellung, sondern behalten immer im Fokus, dass diese Videos der Verkaufsförderung dienen. Menschen wollen sich mit einer Sache identifizieren können, sich angesprochen und willkommen fühlen. Bieten Sie also keine steife Ansprache, keinen billigen Klamauk oder übertriebene Herrlichkeit, sondern Authentizität und Inhalte mit Wohlfühlcharakter.

Der Unterschied zwischen einem lustigen Filmchen und erfolgreichem Video-Marketing liegt im Detail. Deshalb habe ich im Folgenden fünf Basics zusammengefasst, die Ihnen beim Erstellen Ihrer Werbevideos helfen können:

Die Story: Ihr Video sollte wie beim Profi aus drei dramaturgischen Teilen bestehen: Einführung + Höhepunkt + Message. Diese einzelnen Sequenzen sollten selbstverständlich fließend ineinander übergehen. Die Einführung enthält eine kurze Vorstellung, der Höhepunkt behandelt das eigentliche Thema und in der Message geht es um den wohlwollenden Imperativ, also die Handlungsempfehlung an Ihre potenziellen Gäste (Call to Action!).

Ein Beispiel: »Hallo, mein Name ist Hannes. Mir gehört das ECKSTEIN in der Kieler Altstadt und heute möchte dir zeigen, was Yvette in unserer Küche zaubert.« (Nahaufnahme Köchin + Logo auf der Schürze + Kochtopf. Dann drei Sätze über das Essen und gern auch ein dosierter Seufzer.) »Mmh! Diese Woche bekommst du Yvettes Kürbis-Bowl mit in Honig gerösteten Sonnenblumenkernen aus dem ECKSTEIN-Garten. Ich sage euch, diese Bowl ist der Wahnsinn! Wir freuen uns auf dich in der Schlossstraße 20! Ab zwölf ist geöffnet. Reservierung nicht vergessen!« (Link zur Onlinebuchung + Hashtags #kiel #kieleraltstadt #veggi #foodlove #soulfood #eckstein #instafood #yummi.)

Call to Action: Der Aufruf zum Handeln kann subtil sein. Besser sind mehrere versteckte Hinweise für eine Aktion seitens der angesprochenen Gäste. Begrenzen Sie wie im Beispiel die Frist für Ihr Angebot (diese Woche), nennen Sie ein Zeitfenster (ab zwölf) und konkrete Rahmenbedingungen (Reservierung nicht vergessen!) Solche Eingrenzungen fördern den Fokus und bringen mehr als: »Komm irgendwann vorbei, wenn es dir gefällt oder lass es bleiben.«

Sprechen Sie nicht über harte Fakten, sondern mit Ihren Softskills. Lassen Sie Ihre Zuschauer daran teilhaben, wie lecker die Kürbis-Bowl von Yvette ist. Das Sonnenblumenkerntopping aus dem ECKSTEIN-Garten (indirekte Wiederholung des Gastrobetriebs) bedient den mehrheitlichen Wunsch nach regionaler Nachhaltigkeit, die

Hashtags runden Ihr Image, die Qualität Ihres Angebots ab. Vergessen Sie also die irrtümliche Annahme, dass solche Videos lediglich der Unterhaltung dienen. Sie wirken vielleicht so auf den ersten Blick, was absolut gewollt ist. Aber dahinter steckt immer eine Verkaufsstrategie, zumindest sollte es so sein.

Das richtige Format: Hochkant. Punkt.

Es gibt zig Videoanleitungen im Netz, wie Sie Reels erstellen und erfolgreich vermarkten, weshalb ich hier nicht näher auf technische Details eingehen werde. Schauen Sie bei YouTube, ich bin mir sicher, Sie werden dort fündig. Gestatten Sie mir jedoch zwei Tipps.

Tipp 1: Damit Ihre Aufnahmen im Selfie-Modus nicht spiegelverkehrt sind, ändern Sie diese Option in den Einstellungen Ihres Smartphones. Falls Sie diese Einstellung nicht finden, fragen Sie Google. Denn Ihr Logo, Ihre Speisekarte sollten richtigherum gelesen werden können.

Tipp 2: Wer bei Facebook ist, muss nicht bei TikTok sein. Teilen Sie lediglich den Link, wird diesen Personen das Video nicht angezeigt. Zudem werden geteilte Links kaum von Meta-Algorithmen unterstützt, was sich negativ auf Ihre Reichweite auswirkt.

Die richtige Länge: Damit ein Video für alle Plattformen kompatibel ist, sollte Ihr Video momentan nicht länger als 60 Sekunden sein. Zum einen, weil lange Videos wie lange Texte sind: die Konsument*innen verlieren schnell das Interesse. Außerdem haben Reels bei Instagram derzeit eine maximal zulässige Länge von 90 Sekunden, bei Facebook sind es aktuell nur 60, ebenso die Shorts bei YouTube. Abgesehen davon halten sich somit der Aufwand und das Datenvolumen in Grenzen. Ein kurzer Video-Beitrag ist im Internet weitaus handlicher, schneller und konsumfreundlicher.

Die passende Zielgruppe: Machen Sie sich im Vorfeld schlau, in welchen Netzwerken Sie Ihre Zielgruppe erreichen. Dazu gibt es im Netz aussagekräftige Übersichten vor allem in Bezug auf das Alter.

Corporate Identity: Schaffen Sie Ihre eigene Marke auch im Internet, um zwischen den täglich millionenfach geteilten Beiträgen Ihren potenziellen Gästen die Chance zu geben, Sie jederzeit wiederzufinden. Bestenfalls sollten Ihre Videos deshalb im gleichen Design erstellt werden und stets mit einem Einführungssatz beginnen, der sofort Interesse weckt. Denn Sie haben nur maximal zwei Sekunden! Auf den ersten Blick sollte erkennbar sein, von wem das Video ist. Denken Sie deshalb daran, in jedem Video Ihr Firmenlogo und den Namen Ihres Gastrobetriebs einzublenden. Zudem sollte immer Ihr USP wörtlich oder via Hashtags kommuniziert werden. Sie wissen schon, jene Begriffe, die Sie nachts im Schlaf singen können.

Und zum Schluss noch ein Tipp: Gehen Sie niemals live, solange Sie nicht fit im Videodreh sind. Nehmen Sie sich Zeit für die Aufnahme und veröffentlichen das Video erst, wenn es wirklich gut geworden ist.

Videomarketing ist derzeit die effizienteste Möglichkeit, online mit Ihren (potenziellen) Gästen in Kontakt zu treten, Ihr Image zu vermarkten und Ihr Angebot zu präsentieren. Wie generell im Marketing agieren Sie bitte auch hier nicht aus dem Bauch, sondern mit einer wohldurchdachten Strategie!

Was tun bei schlechten Bewertungen?

Wir kennen sie vermutlich alle: die Nörgler, Besserwisser, Neider und Hater. Während früher ein entsprechender Gast sich bei drei, vier Leuten in seinem Umfeld beschwerte, kann er heute drei, vier Millionen teilhaben lassen. Tagtäglich werden wir bombardiert mit negativen Schlagzeilen, weil die sich leider besser verkaufen. Der Frust wächst, die Hemmschwelle sinkt. Warum sollten Sie und Ihr Gastrobetrieb davon ausgenommen sein?

NEHMEN SIE ES NICHT PERSÖNLICH!

Das ist die oberste Prämisse. Mit positiven Bewertungen können Sie machen, was Sie wollen. Bei negativen atmen Sie zunächst ganz tief durch. Werden Sie ruhig und tun erst einmal nichts. Emotionale Schnellschüsse führen leider oft zu Verletzungen, die niemand will, am wenigstens

Sie selbst. Machen Sie Ihrem Ärger Luft, aber bitte nicht vor den Gästen und niemals öffentlich. Denn auch das Kokettieren mit schlechten Bewertungen wird überwiegend negativ wahrgenommen. Und jede schlechte Bewertung bleibt im kollektiven Gedächtnis – völlig egal, ob diese ungerechtfertigt und der Rezensent ein Arschloch ist. **Sobald Sie sich darüber öffentlich aufregen, bauschen Sie zulasten Ihres Unternehmens und Ihrer mentalen Gesundheit eine Sache auf, die es nicht wert ist. Lassen Sie das!**

Für schlechte Bewertungen gibt es zig Gründe, die mit Ihnen und Ihrem Gastrobetrieb möglichweise nur sehr wenig bis gar nichts zu tun haben. Ein vornehmlicher Grund ist das völlig überzogene Geltungsbedürfnis in einer zunehmend digital funktionierenden Gesellschaft. Für Likes stürzen sich Menschen waghalsig von Brücken, lecken Klobrillen in Autobahnraststätten ab oder essen/erbrechen vor laufender Kamera Surströmming, also vergorenen Fisch. Denken Sie daran, wenn Ihr Ego mal wieder an einer schlechten Bewertung zu knabbern hat. Schauen Sie sich die Rezensionen bei der Konkurrenz an oder bei Amazon für Produkte wie Diätpillen oder Kosmetik. Vertrauen Sie mir, der Wahnsinn kennt dort keine Grenzen.

Und wenn Sie sich dann wieder beruhigt haben, lesen Sie besagte schlechte Bewertung noch einmal. Mit der nötigen Objektivität. Denn zur Wahrheit gehört eben auch, dass in den meisten Rezensionen zumindest ein

Fünkchen gerechtfertigte Kritik steckt. Ja, es wird immer subjektiv bewertet und in den wenigsten Fällen mit den passenden Worten. Da wird über die eigene Meinung schwadroniert und diese als allgemeingültig deklariert, was natürlich Quatsch ist. So ein Porree kann beispielsweise nichts dafür, wenn er dem einen schmeckt und der anderen nicht. Aber es könnte auch an der Zubereitung des Porrees liegen, nicht am Lauch selbst.

Wenn Sie ausnahmslos emotional reagieren, sich und anderen möglicherweise sogar den Tag mit öffentlichen Statements und Rechtfertigungen versauen, können Sie nicht mehr unterscheiden, welche Bewertung für die Tonne ist und welche Sie unter Umständen sogar weiterbringt. Lernen Sie, jede Kritik möglichst sachlich entgegenzunehmen, auch wenn es schwerfällt, auch wenn Sie Ihre Reputation in Gefahr sehen. Mit aggressiven Reaktionen machen Sie nämlich nichts besser. Abgesehen davon sind Sie gar nicht so machtlos, wie es vordergründig den Anschein hat.

WERDEN SIE AKTIV!

Diskutieren Sie regelmäßig aktuelle Online-Bewertungen konstruktiv mit Ihrem Team. Nerven Sie nicht Freunde und Familienmitglieder damit, sondern diskutieren Sie mit jenen Menschen, die tatsächlich involviert sind und unmittelbaren Einfluss haben. Werten Sie gemeinsam mit Ihren Mitarbeiter*innen alle Rezensionen aus, vor allem die schlechten aber auch die guten. Und dann finden Sie sowohl Gründe als auch Lösungen.

REAGIEREN SIE RESPEKTVOLL!

Wenn sich Gäste beispielsweise über die Unfreundlichkeit Ihres Personals beschweren, könnten Sie sich rechtfertigen und ausführlich über die stressigen Folgen des Fachkräftemangels lamentieren. Nur, ganz ehrlich, wem bringt das was?

Ihre Gäste bezahlen für den Service und haben deshalb ein Recht auf eine freundliche Bedienung. Menschen, die zu Ihnen kommen, um sich wohlzufühlen, tragen keine Schuld am Stress, am Fachkräftemangel, an steigenden Kosten oder was auch immer gerade schiefläuft. Im Gegenteil: Diese Menschen sind der Garant, dass Sie morgen noch ein Geschäft haben. Allein dafür schulden Sie Ihren Gästen Respekt, der ist im Preis inklusive. Darüber hinaus schulden Sie sich selbst und Ihrem Team diesen Respekt, wozu eben auch die sachliche Auswertung gehört.

Gäste, die sich beschweren, sind also nicht dumm oder ahnungslos. Sie interessieren sich schlichtweg nicht dafür, weshalb etwas schiefläuft. Warum sollten sie auch? Es sind keine Therapeuten, Politiker oder Unternehmensberater. Es ist nicht deren Job, etwaige Missstände zu verstehen oder gar zu beseitigen. Nein, das ist Ihrer.

Gehen Sie stets sachlich und konstruktiv mit Bewertungen um, denn es ist Ihr Job, den guten Ruf Ihres Gastrobetriebs aufrechtzuerhalten.

FINDEN SIE KEINE AUSREDEN, SONDERN LÖSUNGEN!

Verkriechen Sie sich nicht in der Rechtfertigungsecke. Treten Sie in Aktion, hören Sie zu, was Ihre Gäste sagen, wie Ihre Mitarbeiter*innen über Sie sprechen. Tolerieren Sie andere Meinungen, auch die vermeintlich schlechten, denn in diesen kann sehr viel Gutes stecken. Sie können die Menschen mit ihrem Geltungsbedürfnis nicht ändern, wohl aber Ihre eigene Sichtweise, Ihre persönliche Strategie, damit umzugehen. Ich weiß, das ist keinesfalls leicht, aber möglich. Und damit meine ich nicht, die Beschwerden einfach wegzulächeln. Ignoranz ist keine Strategie, die zum Erfolg führt. Was können Sie also tun?

Bei Beschwerden vor Ort:
- Entschuldigen Sie sich, aber vermeiden Sie Argumentationen.
- Bleiben Sie respektvoll Ihren Gästen, Mitarbeiter*innen und sich selbst gegenüber.
- Positivieren Sie die Negativ-Erfahrung mit einer guten Tat (z.B. Freigetränk, Dessert auf Kosten des Hauses).
- Seien Sie dankbar für jede Form der Kritik.

Bei Beschwerden im Netz:

- Nehmen Sie nichts persönlich!
- Äußern Sie sich niemals öffentlich zu schlechten Rezensionen!
- Gehen Sie konstruktiv mit Kritik um, denn jede Bewertung kann Ihnen helfen, besser zu werden.
- Sorgen Sie bei jeder negativen Rezension für mindestens eine positive neue.

NUTZEN SIE DAS GELTUNGSBEDÜRFNIS!

Je besser ein Unternehmen bewertet wird, desto höher ist das Ranking über die Algorithmen. Nehmen Sie negative Bewertungen deshalb nicht einfach als gegeben hin. Eine Möglichkeit, das Gleichgewicht wiederherzustellen, ist das Melden solcher Rezensionen. Google prüft und löscht relativ konsequent. Aber ist das Löschen wirklich nachhaltig und tatsächlich zielführend?

Investieren Sie Ihre Zeit und Nerven konstruktiver. Nutzen Sie das menschliche Bedürfnis nach Geltung und Anerkennung. Und nutzen Sie vor allem die positiven Erfahrungen Ihrer Gäste. Dazu braucht es in der Regel einen kleinen Schubs, der jedoch niemandem wehtut.

Technisch relativ einfach umsetzbar ist ein QR-Code, der direkt zum Google-Eintrag oder Social-Media Account

Ihres Gastrobetriebs führt. Einen solchen QR-Code können Sie leicht über Gratis-Generatoren im Netz oder direkt in den Einstellungen bei Instagram & Co. generieren. Lassen Sie sich einen netten Spruch einfallen, der Ihre Gäste dazu animiert, Sternchen oder Herzchen zu vergeben. Und dann lassen Sie beides auf Ihre Servietten drucken, in Ihre Speisekarte oder auf ein Schild, das über den Waschbecken in Ihren WC-Räumen hängt.

Es ist möglich und auch nötig, positiv auf negative Bewertungen zu reagieren. Sie müssen es nur tun! Finden Sie für jedes Minus mindestens ein Plus, besser sind zwei oder drei.

CHECKLISTE 7: MARKETING

- Der Erfolg meines Unternehmens beginnt und endet mit MIR.
- Was ist mein »Gute-Laune-Knopf«?
- Welche positiven Synergien (Erfolge) kann ich für mein Marketing nutzen?
- Wann prüfe ich mein Angebot vor Ort und im Netz nach den folgenden Kriterien: Kundennutzen/Mehrwert, Qualität/Nachhaltigkeit, Präsentation, Service, Bewertungen?
- Was sind die konkreten Gründe, warum sich manche Gerichte/Getränke gut verkaufen und andere nicht?
- Was bringt mir eine regelmäßige Produktpflege? Wann nehme ich mir dafür Zeit?
- Welche Kaufanreize biete ich meinen Gästen?
- Kann meine Zielgruppe auf einen Blick erkennen, was ich zu bieten habe?
- Welche Keywords beschreiben meine Unternehmensziele sowohl nach innen als auch nach außen?
- Welche Werbeträger passen am besten zu meinem Angebot/meiner Zielgruppe?
- Wie hoch ist mein jährliches Marketing-Budget?
- Wer sind die Multiplikatoren in meinem Umfeld?
- Wo hole ich mir Unterstützung?

8. POTENZIALE

Erinnern Sie sich noch an Ihr erstes Handy? Wie lange ist das her: zehn, zwanzig Jahre? Und jetzt schauen Sie sich Ihr Smartphone an. Richtig! Es hat sich viel verändert. Warum sollte es in der Gastronomie anders sein?

Kaum eine Branche lebt so nah am Puls der Zeit, erlebt gesellschaftliche, politische, technologische Veränderungen so hautnah wie wir. Dennoch träumen viele Gastronom*innen rückwärtsgewandt von der Vergangenheit, treten auf der Stelle, entwickeln sich nicht weiter, sind taub für Innovationen und damit für die Potenziale unserer Zeit. Immer wieder höre ich die gleichen Ausreden:

- Das ist zu teuer.

- Das kenne ich schon.

- Das kann ich selbst.

- Das brauche ich nicht …

Falls Sie krank sind, erwarten Sie eine Therapie auf dem neuesten Stand der Wissenschaft. Ihre Kinder sollen von Lehrer*innen unterrichtet werden, die Ahnung haben. Beim Einkaufen fordern Sie Ihr Recht ein, professionell beraten zu werden. Und Sie? Warum glauben Sie, dass bei Ihnen alles so bleiben kann, wie es immer war?

Ohne substanzielles Fachwissen, ohne konkrete Strategien und regelmäßige Weiterbildung ist jede

Aktion in Ihrem Geschäft nicht mehr als blinder Aktionismus. Werbemaßnahmen laufen ins Leere, wenn diese ihre Wirkung verfehlen oder Gäste zwar zahlreich in Ihr Restaurant strömen, dann aber einen schlechten Service erleben oder anderweitig enttäuscht werden.

ERFOLG FÄLLT NICHT VOM HIMMEL.

Selbstverständlich ist Leidenschaft die Basis für Ihren Erfolg. Aber diese reicht nicht aus, wenn Sie ansonsten über Jahre oder gar Jahrzehnte alles beim Alten belassen. **Erfolg lässt sich nicht konservieren, er ist kein Geschenk, sondern das Ergebnis einer permanenten Entwicklung.** Eine Art Darwin'scher Prozess, der nicht die Stärkeren zu Gewinnern macht, sondern jene, die sich an neue Situationen anpassen.

Was ist mit Ihnen? Sie kennen die Tücken unseres Geschäfts. Sie befassen sich jeden Tag damit und wissen nur allzu gut, dass zur Gastronomie mehr gehört, als ein paar Stühle in die Sonne zu stellen und auf Gäste zu warten. Worauf legen Sie Wert? Was können Sie am besten? Woran hängt Ihr Herz? Warum sind Sie Gastronom*in geworden? Stellen Sie sich diese Fragen bitte immer wieder – vor allem dann, wenn der Alltag Sie auffrisst. Machen Sie sich regelmäßig bewusst, wer Sie sind, was Sie können und mit Ihrem Unternehmen zu bieten haben. Geben Sie sich nicht mit dem Mittelmaß zufrieden, denken und handeln Sie zukunftsorientiert. Beklagen Sie nicht den Mangel, die Politik, Ihr Umfeld, die verpassten Chancen. Investieren Sie diese Kraft in positive Impulse mit nachhaltigem Nutzen. Denn davon gibt es einige. Treten Sie bitte nicht länger auf der Stelle. Machen Sie einen Schritt nach vorn ... und dann noch einen!

Was kann ich tun?

Wer immer nur die Schuld bei anderen sucht und auf den eigenen Vorteil bedacht ist, wird keine Chancen finden. Analysieren Sie immer zuerst sich selbst. Achten Sie auf Ihre Bedürfnisse. Sorgen Sie dafür, dass es Ihnen gut geht. Hinterfragen Sie Ihre bisherigen Strategien und machen sich konsequent bewusst, dass jeder Gast, jeder Mitarbeitende, jeder Partner und Akteur Ihres Geschäftes die Macht hat, gut oder schlecht über Sie zu reden.

Ihr Erfolg ist also abhängig davon, wer wie über Sie spricht. In unserer digitalen Welt sind Sie und Ihr Unternehmen so transparent wie noch nie. Jeder positive aber auch negative Eindruck kann sich in Windeseile vervielfachen.

IHR BESTES POTENZIAL SIND SIE SELBST.

Sie entscheiden, ob und wie es mit Ihrem Gastrobetrieb weitergeht. Lassen Sie sich nicht von Selbstzweifeln und der Angst lähmen, dass die Konkurrenz besser sein könnte, dass Ihnen die Zeit davonläuft, dass Sie es eigentlich gar nicht draufhaben oder irgendwer sonst Schuld an Ihrem Misserfolg hat. Ich weiß, solche Gedanken kommen, wenn es nicht so läuft, wie man es sich erhofft. Aber **Hoffnung ist keine Strategie.** Auch wenn es schwerfällt, weil Sie sich noch nie mit sich selbst befasst haben, tun Sie es jetzt!

Im Folgenden habe ich elf Anregungen für Sie, sofort aktiv zu werden. Auch wenn es sich vielleicht gerade nicht so anfühlt, weil Sie »nur« etwas zu Papier bringen sollen. Doch jede Bewegung beginnt im Kopf. Deshalb gönnen Sie sich jetzt die nächste Auszeit, ziehen Sie sich zurück in Ihr Refugium und schreiben auf, was Ihre individuellen Potenziale sind. **Worauf haben Sie direkten Einfluss?** Was können Sie ab sofort ändern? Wie stellen Sie das an? Und welchen Nutzen haben Sie persönlich davon?

Was interessiert mich, wann werde ich mich damit befassen?

Thema:

_____

_____

Zeitraum:

_____

_____

Nutzen:

_____

_____

Ich möchte meine Mitarbeiter*innen besser wertschätzen.

Warum:

_____

_____

Womit:

_____

_____

Wann:

_____

_____

Ich muss mir auch was gönnen. Deshalb werde ich ab sofort:

Was:

_____

_____

Wann:

_____

_____

Nutzen:

_____

_____

Ich möchte mich mit Gleichgesinnten austauschen:

Wer:

_____

_____

Wo:

_____

_____

Wie:

_____

_____

Ich will mich informieren, was mein Unternehmen voranbringt.

Was:

_____

_____

Wo:

_____

_____

Wann:

_____

_____

Ich vergeude keine wertvolle Zeit mehr, sondern werde:

Was:

_____

_____

Wann:

_____

Wie:

_____

_____

Ich will mein Team besser einbeziehen.

Wie:

_____

_____

Wann:

_____

Nutzen:

_____

_____

Ich will Kosten sparen und mein Angebot überprüfen.

Wie:

_____

_____

Wann:

_____

_____

Umsatzziel:

_____

_____

Ich sorge dafür, dass ich wieder gern zur Arbeit
komme.

Wie:

_____

_____

Wann:

_____

_____

Warum:

_____

_____

Ich kenne die Mankos und werde Sie mir vornehmen.

Welche:

_____

_____

Wie:

_____

_____

Wann:

_____

_____

Mir ist klargeworden, dass ich Unterstützung brauche.

Wer:

_____

_____

Wo:

_____

_____

Kosten:

_____

_____

Falls Sie nur zwei oder drei der elf Anregungen für sich nutzen, reicht das vollkommen für den Anfang. Der erste Schritt ist getan, und das ist alles, was momentan zählt.

Je intensiver Sie sich mit dem befassen, was Sie selbst aus sich heraus bewirken, ändern, optimieren können, desto routinierter werden Sie mit Notsituationen umgehen und nicht länger Zeit und Geld damit verschwenden, die Schuld oder auch die Lösung bei anderen zu suchen.

Wie werde ich krisenresilient?

Immer wieder spreche ich mit Gastronom*innen, die von der Hand in den Mund leben und tatsächlich der Meinung sind, mit ein paar hundert Euro in der Tasche, ein bisschen Rückenwind und gutem Willen am Markt bestehen zu können. Machen Sie diesen Fehler bitte nicht!

Allzu häufig reicht diese Laissez-faire-Einstellung nämlich aus, um Existenzen nachhaltig zu zerstören. Die Pandemie zeigte, wie fragil es um die Gastrobranche bestellt ist. Und das Gastrosterben hat gerade erst begonnen. Die Schuld kann man jetzt bequem der Politik, dem Klima oder Krieg in die Schuhe schieben. Aber äußere Einflüsse befeuern meist nur das Symptom, die Ursachen liegen in den mangelnden Kenntnissen der eigenen Ressourcen.

Egal in welchem finanziellen Umfang Sie Ihr Geschäft betreiben, sollten Sie genau Bescheid wissen, wie hoch Ihre monatlichen Einnahmen und Ausgaben sind, wie viel Steuern Sie zahlen, wie groß der Spielraum für Investitionen, Weiterbildung, Marketing ist, wie ausgewogen Ihr Preis-Leistungs-Verhältnis und wie effizient der Kosten-Nutzen-Faktor. Abgesehen davon ist es nie verkehrt zu wissen, wie viel Ihnen am Monatsende privat zur Verfügung steht.

Eine exakte Buchhaltung sichert Ihre Existenz. **Behalten Sie deshalb immer den Überblick über Ihre Finanzen und kalkulieren Sie regelmäßig Ihre Preise und Kosten neu.**

Das klingt eigentlich schlüssig, oder? Trotzdem geben sich viele Gastronom*innen der naiven Hoffnung hin, dass alles schon irgendwie klappen wird und die Einnahmen die Kosten decken werden. Dass dieses Geschäftsgebaren keinen Erfolg verspricht, zeigen die Zahlen der jährlichen Insolvenzen.

Haben Sie exklusive Produkte auf Ihrer Speisekarte, können sich aber die teuren Zutaten nicht leisten, wird Ihr Küchenteam keine Wunder bewirken und Ihre Gäste essen einfach woanders. Das Service-Personal ist zunehmend genervt, weil es sich permanent Ausreden einfallen lassen oder sich dafür entschuldigen muss, wenn bestimmte Gerichte/Getränke gerade nicht verfügbar sind. Die Abwärtsspirale dreht sich schneller, Gäste bleiben weg, Lieferanten können nicht mehr bezahlt werden, es mangelt an allen Ecken, die Unzufriedenheit wächst. Ein unvorhergesehener Kostenfaktor oder spontaner Umsatzverlust reicht aus und Ihr Kartenhaus stürzt zusammen.

VON DER HAND IN DEN MUND IST DEFINITIV KEINE LÖSUNG.

Das Finanzamt fordert die nächste Steuervorauszahlung, Krankenkassen sind keinesfalls zimperlich bei Zahlungsrückständen. Wie lange wird Ihre Familie die Klimmzüge am Brotkasten mitmachen und sich auf den »großen Durchbruch« vertrösten lassen?

Ich weiß, solch dunkle Szenarien will niemand hören. Und geht es in diesem Kapitel nicht um Potenziale? Ja, richtig. Sofern Sie Ihre Finanzen perfekt im Griff haben, möchte ich Ihnen nicht zu nahetreten. Meine Erfahrungen als Gastro-Coach sehen jedoch anders aus. Im hektischen Alltag wird meist nur an den Symptomen des Mangels herumgeschraubt, weniger an den Ursachen. Und die liegen allzu oft in der halbherzigen Buchhaltung.

Das ist Aufgabe der Steuerberatung? Nein, es ist Ihre! Denn es ist Ihr Unternehmen, Ihre Verantwortung, Ihre Existenz.

IHRE OBERSTE PFLICHT IST LIQUIDITÄT.

Haben Sie die BWA Ihrer Steuerberatung bisher nur als notwendiges Übel für das Finanzamt betrachtet? Dann denken Sie bitte ab sofort anders. Die betriebswirtschaftliche Auswertung ist ein probates Mittel, sämtliche Faktoren, die Ihr Unternehmen positiv oder auch negativ beeinflussen, stets im Überblick zu behalten. Mit den verschiedenen Formen und Strukturen einer BWA möchte ich Sie jetzt nicht langweilen, in der Regel folgen sie alle einem ähnlichen Muster. Grundsätzlich gibt die BWA konkrete Auskunft,

- ob Ihr Unternehmen Gewinn oder Verlust erzielt,
- welche Kosten im Einzelnen anfallen,
- wie hoch diese Kosten im Vergleich zum Umsatz sind,
- wie sich die Umsätze im Vergleich zum Vormonat entwickeln,
- welche Einsparungen sinnvoll sind,
- welche Investitionen möglich.

Es ist nicht die Schuld der Marktwirtschaft, der Konkurrenz, der Politik, des Finanzamtes, der Kundschaft oder Ihrer Mitarbeiter*innen, wenn Sie pleitegehen. Entschuldigen Sie, wenn ich diese harten Worte finde und mich an dieser Stelle wiederhole, aber es ist Ihre oberste Pflicht als Unternehmer*in, dafür zu sorgen, dass Sie liquide bleiben.

Selbstverständlich durchläuft jedes Unternehmen mal finanzielle Engpässe und sowohl die Pandemie als auch der Klimawandel und die Auswirkungen des Krieges sind Extremsituationen, auf die wir keinen unmittelbaren Einfluss haben. Doch wir können, müssen uns wappnen. **Wer den Markt im Blick hat, kann rechtzeitig auf Veränderungen reagieren. Wer seine Finanzen kennt, solide kalkuliert und Ausgaben im Voraus plant, steigert seine Resilienz gegenüber äußeren Einflüssen.** Deshalb liegt mir dieses Kapitel besonders am Herzen, denn es macht keinen Spaß, beim Gastrosterben zuzusehen.

Eine solide Produkt- und Preiskalkulation ist die Basis Ihrer beruflichen Existenz, die nicht nur Ihnen, sondern etwaigen Geldgebern, Ihren Mitarbeiter*innen sowie Ihren Gästen die nötige Sicherheit und Seriosität bietet. Denken Sie immer daran, dass der konsequente Finanzüberblick zu Ihrem Geschäft dazugehört wie das Bierzapfen, Kochen, Servieren etc.

Bestellen Sie Ihre Waren nach Gutdünken, kalkulieren Sie Ihre Preise und Kosten nach dem Pi-mal-Daumen-Prinzip, verlieren Sie bald den Überblick. Lebensmittel vergammeln, weil sie nicht benötigt werden. Falsch kalkulierte Preise, vernachlässigte Produkte summieren sich im Laufe der Zeit zu einem immensen Fehlbetrag. Denn die Fixkosten bleiben, auch wenn Sie nichts verkaufen.

MACHEN SIE NICHT DIE FOLGENDEN FEHLER!

Viele Gastronom*innen bestimmen die Preise auf ihrer Karte nach dem Warenwert. Kostet also eine Flasche Wein im Einkauf die Summe X, dann wird der Preis auf die Anzahl der Gläser heruntergerechnet und ein bestimmter Prozentsatz einfach obendrauf geklatscht. Aber das ist zu kurz gedacht. Bei den Finanzen werden in der Gastronomie gravierende Fehler gemacht, die sich insbesondere auf folgende fünf Faktoren beziehen, die Sie definitiv kennen sollten:

Variable Kosten

Wie der Name vermuten lässt, handelt es sich hierbei um sich ändernde, betriebsbedingte Kosten, die abhängig sind von Auslastung und Absatz – also von der Höhe des Produktionsaufwandes und der verkauften Produktmenge. Diese variablen Kosten kann man relativ einfach den entsprechenden Kostenträgern zuordnen. Für eine verkaufte Tasse Kaffee muss man also nicht nur die Menge des hierzu benötigten Kaffees, Wassers, Stroms sowie Milch, Zucker, Serviette etc. berechnen, sondern auch anteilig die übrigen Kostenfaktoren, welche im Folgenden beschrieben sind.

Fixe Kosten

Diese Kosten bleiben immer genauso hoch – egal wie viel Kaffee getrunken wird, um bei diesem Beispiel zu bleiben. Zu den Fixkosten gehören Miete oder Pacht, aber auch Müllentsorgung, sämtliche Ausgaben für Wartungen, Dienstleistungen sowie regelmäßig anfallende Gebühren und Beiträge für Leasingverträge, IHK-Mitgliedschaft, Versicherungen und Kreditrückzahlungen. Häufig ignoriert werden die Beiträge für GEMA und GEZ, obwohl Sie als Gastronom*in zur Zahlung verpflichtet sind.

Personalkosten

Nirgendwo ist das Dunkel wohl größer als im Personalbereich der Gastronomie. Auch wenn seit 1. Januar 2015 der Mindestlohn in der Gastrobranche Pflicht ist und seit 2024 bei 12,41 Euro liegt, sind die Arbeitsverträge nicht überall entsprechend, Saison- und Hilfskräfte werden aus der Tageskasse bezahlt. Es wird gemauschelt und sich dann beschwert, wenn der Laden nicht läuft. Vor zwanzig Jahren konnte man sich diese Mauschelei vielleicht noch leisten, als das Kassensystem analog war, die Arbeitslosenquote hoch und die Erwartungshaltung der Kundschaft geringer als heute. Billige Aushilfen gab es genug, da konnte man wählerisch sein und musste nichts bieten. Aber diese Zeiten sind endgültig vorbei und schon damals war ein solches Geschäftsgebaren weder professionell noch moralisch einwandfrei.

Die Abteilung Fachkräftesicherung des Instituts der deutschen Wirtschaft gab im August 2023 eine Studie bekannt, wonach es im Gastgewerbe etwa 44.000 offene

Stellen gab, aber nur 29.000 qualifizierte Arbeitssuchende. Wie Sie selbst vermutlich längst aus der Praxis wissen, hat sich an dieser Situation nichts geändert. Im Gegenteil! Im Jahr 2024 sind es bereits über 65.000.

Stellenausschreibungen bleiben unbeantwortet, Personal wird knapp, nicht erst seit Corona. Die Lockdowns in der Pandemie führten lediglich dazu, dass sich Ungelernte aber auch Fachkräfte neu orientierten und heute nicht mehr in der Gastronomie arbeiten wollen. Warum eigentlich? Zu unsicher? Zu stressig? Zu schlecht bezahlt?

Sie wissen doch am besten, wie hart unser Beruf ist, wie wichtig Qualität. Und trotzdem höre ich immer wieder: Ich kann mir keine Fachkräfte leisten. Warum nicht? Wären Sie Zahnarzt, hätten Sie keine andere Wahl. Weshalb glauben also Gastronom*innen immer noch, dass Gelegenheitsjobber ihr Geschäft zum Brummen bringen? Ja, Ausnahmen gibt es. Ausnahmen!

Generell liegt es in Ihrer Verantwortung, dafür zu sorgen, dass Sie sich diese Mehrkosten leisten können. Und zwar alle, auch Sonderzahlungen wie Urlaubsgeld sowie Honorare und Gehälter für Buchhaltung, Reinigung, Marketing und vor allem sich selbst!

Gewinn

Was als schwarze Zahl übrigbleibt, gehört dem Unternehmen. Jede Privatausgabe muss versteuert werden. Das wird leider allzu oft vergessen. Ihr Firmenkonto ist kein

Selbstbedienungsladen. Mit dem Gewinn decken Sie Ihr unternehmerisches Risiko, schaffen Rücklagen für eine langfristige Existenz, einen finanziellen Spielraum für Investitionen und Innovationen sowie unvorhergesehene Sonderausgaben wie etwa die massive Strompreiserhöhung durch Russlands Krieg gegen die Ukraine.

Falls noch nicht geschehen, sprechen Sie mit Ihrer Steuerberatung und zahlen sich ein monatliches Gehalt. Sie haben keine Steuerberatung, machen alles allein?

Ja, können Sie natürlich. Aber können Sie es wirklich? Das deutsche Steuerrecht ist nichts für Hobbybuchhalter. Bei all den Änderungen und Spitzfindigkeiten schlagen sogar Profis die Hände über dem Kopf zusammen. Und da wollen Sie alles im Griff haben? Warum? Weil Sie gelernte/r Steuerfachwirt*in sind? Okay, das wäre ein Grund. Oder wollen Sie einfach (am falschen Ende) sparen? Das ist kein Grund, sondern grobe Fahrlässigkeit!

Mehrwert-/Umsatzsteuer

Anfang 2024 haben viele Gastronom*innen ihre Preise erhöht, um die Rücknahme der Mehrwertsteuersenkung zu kompensieren. Für Ihre Preis-Kosten-Kalkulation spielt die Mehrwertsteuer aber nur bedingt eine Rolle, weil ebendiese als Steuer weder zu den Einnahmen noch zu den Kosten gehört. Das könnten Sie meckernden Kunden erklären. Aber ganz ehrlich? Es interessiert die wenigsten. Warum auch? Ihre Gäste kommen nicht zu Ihnen, um sich über Steuern zu unterhalten.

Ich weiß, für Sie als Gastwirt*in ist es mitunter täglich ein Kraftakt, Ihrer Kundschaft die heile Welt zu präsentieren, während draußen das Chaos regiert. Aber genau das ist nun mal unser Job. Wir machen Menschen glücklich – egal, was um uns herum passiert. Ja, das ist schwer. Ja, das ist wichtig. Nein, es ist nicht unmöglich.

Machen Sie sich bewusst, dass die Mehrwertsteuer ein durchlaufender Posten ist, der niemals ein Gewinn sein kann. Rechnen Sie nicht mit diesem Geld! Auch wenn Sie die ausgegebene Mehrwertsteuer für Wareneinkauf etc. gegenrechnen können, bleibt in der Regel nicht gerade wenig übrig, was Sie je nach Betriebsgröße monatlich oder vierteljährig als Umsatzsteuer an das Finanzamt zahlen müssen. **Behalten Sie also bitte diesen rollierenden Betrag immer auf Ihrem Betriebskonto, denn er gehört nicht Ihnen!**

KALKULATION IST DIE KUNST DES MÖGLICHEN.

Niemand sagt, dass es einfach ist, in diesen unsicheren Zeiten solide zu wirtschaften, machbar ist es aber schon. Betrachten Sie Ihre Finanzen als ein Gesamtkonzept, das mehr ist als nur BWA und EÜR für den Fiskus. Um jederzeit über Preise und Angebot entscheiden zu können, reichen klassische Kalkulationsmodelle wie die Vollkostenrechnung (Cost-Plus-Verfahren) nicht mehr aus. Es sei denn, Sie führen eine Kneipe irgendwo im Nirgendwo, kennen sämtliche Gäste persönlich und können sich den Luxus leisten, seit zwanzig Jahren erfolgreich Bockwurst und Bier zu verkaufen. Falls Sie im Umkreis von fünfzig Kilometern dieses Monopol und darüber hinaus eine eigene Solar- oder Windkraftanlage besitzen und Ihre Umsätze stabil sind, müssen Sie nichts ändern.

Ein Witz, ich weiß. In der Realität haben Sie kaum noch Kontrolle über den Angebotspreis, sehr wohl aber über die Kosten. Deshalb ist es ratsam, andersherum zu kalkulieren. **Konkret steht also die Frage im Mittelpunkt: Wie viel kann ich ausgeben, um liquide zu bleiben?**

Wie bleibe ich liquide?

Falls Sie jetzt völlig genervt dieses Buch in die nächste Ecke werfen möchten, kann ich das gut verstehen. Die Realität ist derzeit nicht gerade optimal und Buchhaltung keinesfalls so spannend, dass wir alle hurra schreien.

Die gute Nachricht: Den größten Teil erledigt bei Ihnen hoffentlich eine versierte Steuerberatung in Verbindung mit einer Kalkulationssoftware. Dennoch rate ich Ihnen, wenigstens ein solides Halbwissen über die Materie zu besitzen.

Deshalb werde ich Sie nicht mit Differenz- und Divisionskalkulation langweilen, sondern mich auf die zwei in der Gastronomie wesentlichen Kalkulationsmodelle beschränken und davon auch nur eines näher erläutern. Wie bereits erwähnt, bestimmen die Gäste beziehungsweise der Käufermarkt den Preis, weshalb die Zielkostenkalkulation (Target Costing) als einzig probates Mittel bleibt, auf Basis der vorherrschenden Marktpreise die voraussichtlichen Kosten zu ermittelt. Der Vollständigkeit halber möchte ich dennoch zunächst die klassische **Deckungsbeitragsrechnung (Direct Costing)** erwähnen, weil sie für einige Gastronom*innen durchaus infrage kommen kann. Wenn sich Ihr Gastrobetrieb beispielsweise auf dem Land, in einer Kreisstadt oder in einem weniger frequentierten Teil einer Großstadt befindet, die Konkurrenz überschaubar ist und Sie viele Stammgäste haben, also über eine gewisse Marktmacht verfügen und Ihre Preise selbst bestimmen können, dann reicht es aus, die Deckung der Fixkosten und die Höhe von Gewinn/Verlust zu ermitteln (Vorwärtskalkulation). Diese Rechnung ist relativ einfach, jedenfalls sofern alle Kosten bekannt und benannt sind.

UMSATZ – VARIABLE KOSTEN = DECKUNGSBEITRAG
DECKUNGSBEITRAG – FIXKOSTEN = GEWINN

In einem ersten Schritt wird also der Deckungsbeitrag ermittelt. Hierbei werden die variablen Kosten von den jeweiligen Erlösen abgezogen. In einem zweiten Schritt berechnet man den Gewinn beziehungsweise das Betriebsergebnis aus der Differenz des ermittelten Deckungsbeitrags und den Fixkosten. Am Ende der Rechnung erhält man einen positiven Betrag (Gewinn) oder eben einen negativen (Verlust).

Wenn Sie es richtig machen wollen, führen Sie die eben erläuterte Deckungsbeitragsrechnung für jeden Posten Ihres Angebots einzeln durch und addieren die Ergebnisse. So behalten Sie den besseren Überblick und können jederzeit analysieren, welches Getränk/Gericht sich gut verkauft und welches Sie lieber aus dem Sortiment nehmen oder aber modifizieren sollten.

Da sich der überwiegende Teil der Gastrobranche in urbanen und/oder touristischen Ballungszentren befindet, ist auch für die überwiegende Mehrheit aller Gastronom*innen die **Zielkostenrechnung (Target Costing)** das effizientere Kalkulationsmodell, um sämtliche Zahlen im Griff zu haben und bestmöglich den aktuellen Herausforderungen zu trotzen. Der Wettbewerb ist hart, die Konkurrenz zu allem bereit, die Kundschaft kann sich aussuchen, wohin sie geht und bestimmt damit die Nachfrage und den Preis. Bei der Berechnung des Preises bleibt also kaum bis gar kein Spielraum, weshalb clevere Gastronom*innen das sprichwörtliche Pferd von hinten aufzäumen (Rückwärtskalkulation). Und damit bleibt die einzige Frage, die wir uns stellen müssen:

WIE HOCH DÜRFEN MEINE KOSTEN SEIN?

Schon allein deshalb sollten Sie besonderen Wert auf eine jederzeit aktuelle Übersicht Ihrer Ausgaben legen. Denn beim sogenannten Target Costing wird vom Marktpreis beziehungsweise geschätzten Angebots-/Verkaufspreis (plus Gewinn) auf die Kosten zurückgerechnet.

Das machen Sie schon? Liquidität ist kein Problem für Sie? Prima! Dann blättern Sie doch direkt weiter ...

Meiner Erfahrung nach befassen sich nur sehr wenige unserer Zunft tatsächlich mit diesem Thema, weshalb ich mich im Folgenden auf die Vorteile konzentrieren möchte, denn in diesem Kapitel geht es schließlich um Potenziale, also konkrete Möglichkeiten für Sie, liquide zu bleiben.

Ja, Kundschaft und Konkurrenz bestimmen den Preis, aber das bedeutet noch lange nicht, dass Sie sich passiv zurücklehnen und schon wieder die Schuld bei anderen suchen. Anhand der folgenden zwei Beispiele möchte ich Ihnen erläutern, wie und wo Sie Ihren finanziellen Spielraum schaffen und damit aktiv und gezielt Ihr Unternehmen führen können.

Stellen Sie sich vor, Sie möchten einen neuen offenen Wein im mittleren Preissegment anbieten. Sie wissen, was Ihre unmittelbare Konkurrenz für einen solchen

Wein verlangt, was Ihre Gäste bevorzugen und bereit sind zu zahlen. Insofern haben Sie genaue Vorstellungen davon, wie hoch der Preis für ein Glas des offenen Weins sein muss, damit sich dieser auch verkauft.

Was darf der Wein im Einkauf also maximal kosten, damit Sie den festgelegten Angebotspreis realisieren können und am Ende noch Gewinn übrigbleibt? Nur so können Sie gezielt Konditionen verhandeln und dabei Ihre eigenen Kosten berücksichtigen; übrigens auch jene für Investitionen und Marketing.

Zielkostenrechnung: Glas offener Wein (0,1 L)

Preis (Ausschank)	8,00 Euro
- Rabatte/Kartenzahlung	- 0,40 Euro
Verkaufserlös	7,60 Euro
- Mehrwertsteuer (19 Prozent)	- 1,21 Euro
Nettoerlös	6,39 Euro
- kalkulatorische Umsatzrendite (Gewinn)	- 0,30 Euro
- kalkulierte Fixkosten *)	- 1,30 Euro
- Zielkosten: Personal **)	- 2,20 Euro
Zielkosten: Wareneinsatz	2,59 Euro
Kosten für eine Flasche im Einkauf ***)	17,50 Euro

Beispiel für Target Costing (Zielkostenrechnung) für ein Glas offenen Wein (Schankmaß: 0,1 L)
*) vereinfachte Annahme eines Deckungsbeitrags von 25 % bei 5,3 % Gewinn
**) anteilig Weinausschank pro Arbeitsstunde
***) 0,75L-Flasche abzgl. 10 % Schwund

Betrachten wir gemeinsam ein weiteres Beispiel, das die Vorteile des Target Costings noch etwas deutlicher macht. Ein Caterer hat einen Auftrag erhalten, 1.000 Canapés zu liefern. Der im Vorfeld vereinbarte Preis pro Stück beträgt 1,60 Euro brutto – also inklusive Mehrwertsteuer, die in diesem Fall (ohne Bewirtung und Verzehr vor Ort) bei 7 Prozent liegt. Es wurde Sofortzahlung ohne Rabatte vereinbart.

Zielkostenrechnung: Canapés

Angebotspreis 1.000 Stk. x 1,60 Euro	1.600,00 Euro
- Rabatte/Kartenzahlung	- 0,00 Euro
Verkaufserlös (brutto)	1.600,00 Euro
- Mehrwertsteuer (7 Prozent)	- 104,67 Euro
Nettoerlös	1.495,33 Euro
- kalkulatorische Umsatzrendite (Gewinn)	- 79,25 Euro
- kalkulierte Fixkosten *)	- 219,82 Euro
- Zielkosten: Personal **)	- 786,50 Euro
Zielkosten: Wareneinsatz	409,76 Euro

Beispiel für Target Costing (Zielkostenrechnung) für 1.000 Canapés 'a 1,60 Euro
*) vereinfachte Annahme eines Deckungsbeitrags von 20 % bei 5,3 % Gewinn
**) bei 13 Euro pro Arbeitsstunde (+ 21 % Arbeitgeberbrutto) und 3 Minuten für ein Canapé

Soweit zur Rechnung. **Was sind die Vorteile des Target Costings?** Nun, das liegt auf der Hand: Sie müssen sich nicht länger mit dem zufrieden geben, was am Ende eventuell übrigbleibt. Vom Personal- und Wareneinsatz über die Fixkosten bis hin zum Gewinn: jeder Bestandteil Ihres Sortiments kann präzise kalkuliert werden. Die ermittelten Beträge für den prognostizierten Gewinn fließen summiert in Ihre Finanz- beziehungsweise Investitionsplanung ein. Sie sind also in der Lage, sämtliche Preise, Kosten, Gewinne für neue oder modifizierte Produkte vor deren Einführung bis aufs Komma zu kalkulieren, sodass Sie genau wissen, wie teuer diese Änderung Ihres Angebots sein wird.

Auf diese Weise schaffen Sie sich selbst Planungssicherheit als Non-plus-Ultra unseres Geschäfts. Zudem kaufen Sie nicht mehr blind nach dem Pi-mal-Daumen-Prinzip ein, sondern können genau festlegen, wie viel Sie wovon brauchen. In der Konsequenz müssen Sie weniger Lebensmittel wegwerfen, was die Verluste zusätzlich dezimiert.

Und last but noch least haben Sie die großartige Möglichkeit, Ihre Mitarbeiter*innen nicht nur ideell, sondern finanziell zu beteiligen. Ja, Qualität erfolgt nicht unbedingt durch Geschwindigkeit. Doch wenn Ihr Personal weiß, dass für die oben genannten Canapés drei Minuten pro Stück als Fertigungszeit veranschlagt wurden, sie aber dieselbe Leistung in nur zwei Minuten erledigen, verändert sich die Kalkulation zugunsten des Gewinns respektive einer Umsatzbeteiligung. Caterer, die so planen, könnten aus der Arbeit eine Challenge machen und den Fleiß Ihres Teams mit einem Bonus honorieren.

Denn, machen wir uns nichts vor, die beste Motivation ist die zwischen Daumen und Zeigefinger.

WEITERE VORTEILE DES TARGET COSTINGS

Fassen wir zusammen, warum Sie keinesfalls passiv in der Preisfalle stecken und sehr wohl aktiv mithilfe der Zielkostenrechnung Ihren finanziellen Spielraum bestimmen können:

- Personaleinsatzplanung durch prozessorientierte Arbeitskosten;

- Mitarbeiterbeteiligung (schnelleres Arbeiten = Bonus);

- eindeutige Ermittlung der Preisuntergrenze = Planungssicherheit;

- effizienter Einkauf = weniger Verschwendung = weniger Verluste;

- höhere Wertschöpfung durch klar definierte Kostenkontrolle;

- kalkulierter Gewinn = konkrete Finanz-/Investitionsplanung.

Falls ich Sie inspiriert habe, besprechen Sie die Details bitte mit Ihrer Steuerberatung. In diesem Buch kann ich

Ihnen lediglich Möglichkeiten aufzeigen und Impulse geben, die Sie im Einzelfall individuell auf Ihren Gastrobetrieb anpassen.

> Der Anbieter **winorder.com** kann Ihnen helfen, den leidigen Papierkram in den Griff zu bekommen und gesetzliche Vorgaben (z.B. TSE, GoBD, KassenSichV etc.) einzuhalten. **Mit DATEV-Export, praktischen Tools für Bestellungen und Rechnungen sowie Schnittstellen zu Shops und Lieferdienstleistern.**

Geiz ist nicht geil!

Das Thema hatten wir schon. Gestatten Sie mir trotzdem noch einige praktische Tipps zur Preisgestaltung. Aus Gründen! Denn der Trugschluss hält sich zäh, dass die Kundschaft in der Gastronomie mit Gratisangeboten und Schnäppchen generell in Bestelllaune versetzt wird.

Die Happy Hour kann gelegentlich für Leerlaufzeiten sinnvoll sein, wer sich jedoch ein Stück weit mit der Wahrnehmungspsychologie befasst, könnte grundsätzlich stilvoller und nachhaltiger Umsätze generieren. Hierzu möchte ich Ihnen drei Grundregeln in Bezug auf Ihre Speisekarte mit auf den Weg geben:

SORTIEREN SIE RICHTIG!

Der Gast ist darauf trainiert, jene Gerichte/Getränke außer Acht zu lassen, die weiter unten auf der Speisekarte stehen. Grund dafür ist die Preisstruktur in den Supermarktregalen, wenngleich sie dort meist umgekehrt erfolgt, also von teuer zu preiswert. Richten Sie Ihr Angebot allerdings nicht nach diesem klassischen System aus, sticht weder das teuerste noch das preiswerteste Gericht/Getränk ins Auge. **Schreiben Sie lieber groß, was Sie gut können – egal, was es kostet.**

KLEINVIEH MACHT AUCH MIST.

Na klar, hohe Preise schrecken ab. Aber das bedeutet nicht, dass Sie Ihr Angebot billiger machen müssen. Wenn viele kleine Gerichte am Ende teurer sind als ein großes Hauptgericht, dann wird der Gast dennoch zufrieden sein und glauben, er hätte die richtige Wahl getroffen. Nicht nur Pfennigfuchser geben lieber drei Mal 4,99 Euro als einmal 15 Euro aus. Setzen Sie also mehr Kleinigkeiten auf die Karte, die jede für sich preiswert erscheint, aber allein niemals den Hunger stillt. Achten Sie dabei bitte auf die richtige Kalkulation!

Und wenn wir schon bei Tieren sind: Unsere Gäste wissen, dass Bio-Fleisch mehr kostet als Erzeugnisse aus der Massentierhaltung. Corona zeigte uns die absolut unwürdigen Bedingungen in solchen Fleischfabriken – sowohl was die Tiere betrifft als auch jene Menschen, die dort arbeiten. Und das ist nur ein Beispiel. Weiter oben bin ich bereits auf die Kundenbedürfnisse eingegangen. Nehmen Sie diese bitte ernst! Die überwiegende Mehrheit der Menschen in unserem Land will nicht nur, sie fordert für sich und ihre Familien eine ausgewogene, gesunde und nachhaltige Vielfalt auf dem Teller. Also genau das Gegenteil von billigen XXL-Portionen.

Seien Sie clever und verknüpfen diese Forderungen mit einem Angebot, das zwar aufwendiger aber auch lukrativer für Ihren Gastrobetrieb ist. Bieten Sie neben einigen Hauptgerichten zukünftig eine bunte Auswahl an Snacks, Suppen, Sandwiches und Salaten. Gern auch zum Mitnehmen. Warum? Snacks liegen voll im Trend und lassen sich weitaus besser verpacken als Kassler mit Sauerkraut. Zudem boomt seit Jahren der Außerhausservice. 2023 konnte dieser Teilbereich der Gastronomie ein sattes Umsatzplus von 11,5 Prozent gegenüber dem Vorjahr einfahren. Es liegt bei Ihnen, ob Sie diese Chance nutzen oder verpassen.

BEILAGEN-BAUKASTEN

Die Kundschaft ist wählerisch? Dann bewerben Sie eine vielfältige Auswahl dessen, was meist sowieso auf der Speisekarte steht. Lassen Sie Ihre Gäste selbst entscheiden, welche Beilagen sie exklusive zum Hauptgericht essen möchten. Das hat gleich mehrere Vorteile: 1. Die

Kalbshaxe, der Edelfisch oder das Rindersteak wirken allein nicht mehr so teuer. 2. Ihre Gäste fühlen sich besser, wenn sie bestimmen dürfen, statt das Service-Personal mit Sonderwünschen zu nerven. 3. Immer mehr Menschen verzichten auf opulente Hauptgerichte und bevorzugen ein fleischloses Beilagen-Potpourri. 4. Dafür zahlen sie extra.

Kurzum: Wie wäre es, wenn Ihre Gäste ganz offiziell ihr Essen nach dem Baukastenprinzip zusammenstellen? Denken Sie gern etwas länger über diese Idee nach. Aber nicht zu lange, denn die ersten Restaurants stellen Ihr Angebot bereits auf Baukasten-Bestellung um. Falls Sie jetzt sagen: Wow, das ist toll! Achten Sie bitte auf eine solide Kalkulation. Und falls Sie den Außerhaus-Service erst jetzt integrieren wollen, informieren Sie sich zeitnah über die aktuellen Verpackungsvorschriften.

Habe ich noch Chancen in der Gastro?

Diese Frage höre ich seit der Pandemie immer öfter. Ich antworte dann zunächst mit einer Gegenfrage: **Was bedeutet der Begriff Chance für Sie?** Per Definition ist eine Chance die günstige Gelegenheit, etwas Bestimmtes zu erreichen, die Aussicht auf Erfolg. Und sind wir nicht genau dafür angetreten, unser Geschäft erfolgreich zu führen? Hat sich an diesem Anspruch irgendetwas geändert?

Als Coach kann ich Ihnen nicht die eine perfekte Lösung bieten, dafür ist die Gastronomie viel zu facettenreich. Aber eine Strategie möchte ich Ihnen gern vorschlagen, die mehr als nur eine Chance enthält. Diese Strategie ist vergleichbar mit der weiter oben erläuterten Kostenkalkulation, eine Art Rückwärtsrechnung, denn das Ziel ist bekannt. Wir müssen also »nur« noch entscheiden, wie wir dorthin kommen, was es kostet, welche Faktoren und äußeren Einflüsse zu berücksichtigen sind.

Über die äußeren Einflüsse sind wir uns sicherlich weitgehend einig, sie sind keinesfalls optimal. Den Buchtitel habe ich nicht aus Affinität zum Drama gewählt, er ist leider Realität.

KLIMA, KRISEN, KRIEG ... TJA, DICHTMACHEN ODER JETZT ERST RECHT?!

Betrachten wir jene Faktoren, auf die Sie unmittelbaren Einfluss haben. Der wichtigste ist Ihre Leidenschaft, der zweite Ihr Interesse und der dritte Ihr Mut zur Veränderung. Was kosten diese Faktoren? Richtig: Zeit. Und die haben wir bekanntlich nicht. Deshalb lassen Sie uns direkt mit der Chancen-Challenge beginnen!

Chance #1: Fachkräftemangel

Eines der größten Herausforderungen unserer Zeit ist der stetig wachsende Fachkräftemangel. Wie können wir diese Herausforderung als Chance nutzen:

Die Einstellung muss stimmen! Ihre Mitarbeiter*innen sind das Rückgrat Ihres Geschäftes und deshalb eine wichtige Investition. Es sind Menschen, die respektvoll behandelt werden wollen und in denen jede Menge Potenzial schlummert. Vielleicht klingt das für Sie jetzt wie eine Phrase, vielleicht sagen Sie sich auch: Hey, das ist doch wohl normal. Tja, dann frage ich:

- Wieso wird um jeden Cent beim Mindestlohn gestritten?
- Weshalb werden Berufe im Gastgewerbe gesellschaftlich kaum akzeptiert?

WIR HABEN ES SELBST IN DER HAND, DIE ATTRAKTIVITÄT BERUFLICHER PERSPEKTIVEN IN DER GASTRONOMIE ZU STEIGERN.

Immer mehr Gastrobetriebe setzen auf faire Arbeitsbedingungen und verbessern damit das Image unserer Branche. Was ist mit Ihnen? Gerdi beschreibt in einer ihrer Gastrogeschichten, wie und warum der Kollege in Niedersachsen ein »Kopfgeld« aussetzte, um Personal zu finden. So weit müssen Sie es nicht unbedingt kommen lassen. Zuallererst reicht es, wenn Sie Ihre innere Haltung und damit Ihre Unternehmungen den aktuellen Gegebenheiten anpassen. In diesem Zusammenhang verweise ich auf die richtige Kalkulation.

Sie finden kein Personal, das gewillt ist, bis spät in die Nacht und an den Wochenenden zu arbeiten? Dann ändern Sie Ihre Arbeitszeitmodelle, Ihre Öffnungszeiten, Ihre Konditionen!

Sie finden kein Personal, das qualifiziert genug ist? Dann bilden Sie aus! Es gibt zahlreiche Förderungen in allen 16 Bundesländern.

Langfristig werden Sie nur Erfolg haben, wenn Ihre Mitarbeitenden gut ausgebildet sind und in Ihrem Unternehmen klar definierte Betriebsabläufe herrschen. Die Bereitschaft, Geld auszugeben, liegt nicht nur bei unseren Gästen, sondern in erster Linie bei uns selbst!

Sie finden kein Personal, weil es in Ihrer Touristenhochburg oder Großstadt keinen bezahlbaren Wohnraum mehr gibt? Dann gehen Sie Kooperationen ein, engagieren Sie sich in der Gemeinde, in Ihrem Kiez. Aktivieren Sie Leerstand und setzen Ihrem Bürgermeister/Ihrer Bürgermeisterin die sprichwörtliche Pistole auf die Brust. Argumentieren Sie in der Stadtverwaltung, dass unser Gewerbe weit mehr ist als nur eine Steuereinnahme. Wir bringen Menschen zusammen und leisten derzeit wohl den wichtigsten Beitrag dafür, dass unsere Gesellschaft nicht zerbricht.

Sie finden kein Personal, das stressresistent ist? Dann fragen Sie zuerst sich selbst, woher der Stress kommt. Lesen Sie noch einmal Kapitel 1 und scheuen Sie niemals den Blick in den eigenen Spiegel. Sind Sie ein fairer Chef/eine faire Chefin? Gehen Sie mit Vorbild voran? Investieren Sie in Ihr Team? Sind Ihre Mitarbeiter*innen gut ausgebildet?

Allein schon die Online-Reservierung vermeidet Stress, wenn nicht permanent das Telefon klingelt. Nimmt niemand ab, gehen Ihre Gäste woanders essen/feiern. Also nutzen Sie die zahlreichen digitalen Tools, die Ihnen und Ihrem Personal das Arbeiten leichter machen!

Sie finden kein Personal, das Deutsch oder aber Fremdsprachen spricht? Dann bieten Sie Fortbildungen an und nutzen für die barrierefreie Kommunikation ein digitales Bestellsystem. Zudem sollte die Frage heute immer lauten: Was können Sie Ihrem Personal bieten?

Ich weiß, das klingt nach einer Menge Arbeit. Ja, natürlich! Mehr als 65.000 Stellen fehlen in der Gastronomie. Und? Wer ist dafür verantwortlich? Der Staat? Das System? Die Demografie?

Sie sind Unternehmer*in und verdienen nur Geld, wenn der Laden läuft. Selbstverständlich können Sie Gott und die Welt verantwortlich machen, Forderungen stellen, um dann enttäuscht zu werden und Ihre Zeit mit Hoffen und Meckern zu vertrödeln. Und natürlich können Sie sich immer wieder einreden, Opfer der Zeitenwende, des gesellschaftlichen Wandels, technischen Fortschritts und dieser ehrgeizlosen Generation Z zu sein. Vielleicht schieben Sie den Grünen die Schuld in die Schuhe oder dem Weihnachtsmann. Aber bringt Sie das irgendwie weiter?

AKZEPTIEREN SIE DIE TATSACHEN!

Die allseits beschimpfte Generation Z setzt andere Prioritäten. Na und? Mit welchem Recht fordern die Alten von Jüngeren, dass sie sich deren Normvorstellungen anpassen sollen? Ist es tatsächlich dumm, das eigene Wohlbefinden in den Mittelpunkt allen Strebens zu stellen?

Wohin hat der Ehrgeiz älterer Generationen unsere Welt gebracht? Kann ich mit über 50 tatsächlich ein Vorbild sein und das Verständnis meiner Generation in Bezug auf Werte, Umwelt, Frieden und Moral als ultimativ geltende Norm deklarieren? Ist es nicht weitaus zielführender, nach Gemeinsamkeiten zu suchen, statt mit Gegensätzen jegliche Impulse für ein konstruktives Miteinander zu korrumpieren?

Sie fragten nach Ihren Chancen. Nun, die Gastronomie ist das Zentrum des Wandels, denn wir haben es mit Lebewesen zu tun, mit Lebensmitteln, nicht mit toten Objekten. Wir sind Heimstatt des Genusses, des Wohlbefindens, ein Ort der Ruhe, der Freude und Gemeinschaft.

WIR SIND TEIL DER LÖSUNG, NICHT OPFER DES PROBLEMS.

Wenn Sie Ihren Mitarbeiter*innen keinen Respekt und kein Vertrauen entgegenbringen, werden Sie auch weiterhin alles allein machen und kontrollieren müssen. Wenn Sie keine Innovationen zulassen und nicht mit der Zeit gehen, wird man Sie wie ein Relikt der Vergangenheit vergessen. Wenn Sie über den Wandel schimpfen, die Digitalisierung verteufeln und Veränderungen als Bedrohung wahrnehmen, sollten Sie besser nicht länger in der Gastronomie arbeiten. **Ja, das klingt hart. Aber nicht ich bestimme die Regeln, sondern Sie.**

Lernen Sie die Bedürfnisse und Stärken Ihrer Mitarbeiter*innen besser kennen. Respektieren Sie andere Lebensentwürfe, veränderte Prioritäten. Fördern Sie Talente, zahlen Sie faire Gehälter und sorgen für betriebliche Rahmenbedingungen, die es Ihrem Personal ermöglichen, mit Freunde und Leidenschaft zu arbeiten.

Die Generation Z ist nicht faul, nur weil sie keine Lust hat, wie ihre Eltern bis zum Umfallen für irgendwelche Statussymbole zu ackern. Ja, die Generation Z muss mehr motiviert werden und ja, mitunter mangelt es an simplen Basics wie Mathematik, an konsequentem Handeln und logischem Denken in puncto Ursache und Wirkung. Aber wer trägt die Schuld? Und wer kann diese Leerstellen mit Sinnvollem füllen?

WENN NICHT WIR, WER DANN?

Sie können dafür sorgen, dass in der Gemeinschaft positive Synergien entstehen. Sie sind in der Lage, Wissen zu vermitteln, Ehrgeiz zu fördern. Erwarten Sie keinen Respekt, nur weil Sie älter sind und in der vermeintlich höheren Position. **Seien Sie der Motor, nicht die Bremse!** Binden Sie Ihr Personal in Entscheidungen ein. Überprüfen Sie gemeinsam Ihr Angebot, Ihren Service, das Miteinander in Ihrem Team auf etwaige Mängel, aber vor allem auf Chancen und Ziele.

GEBEN IST SELIGER DENN NEHMEN!
Personen, die sich gesehen und wertgeschätzt fühlen, sind bereit, mehr zu leisten. Wenn Sie sich von Herzen für die Bedürfnisse Ihrer Mitarbeitenden interessieren, werden diese loyal und respektvoll zu Ihnen stehen.

Chance #2: Ressourcen

Wünschen Sie sich auch manchmal, der Tag hätte mehr als nur vierundzwanzig Stunden? Ich weiß genau, wie es sich anfühlt, wenn man alles selbst machen will und niemand anderem zutraut, dass er oder sie es genauso gut, wenn nicht sogar besser kann. Falls Sie glauben, dass ohne Sie der Laden nicht läuft, haben Sie entweder massive Probleme damit, anderen Menschen zu vertrauen, oder aber Ihre Mitarbeiter*innen schlecht geschult.

Ja, unser Geschäft bringt es mit sich, dass wir Koch, Finanzexperte, Getränkespezialist, Buchhalter, Lebensmittelexperte, Networker, Influencer, Führungskraft, Handwerker, Entertainer, Psychotherapeut und noch viel mehr sein müssen (selbstredend alle Geschlechter betreffend). Doch es liegt in der Natur der Sache, dass ein Mensch nicht alles gut machen und erfolgreich meistern kann. Wenn Sie sich um Ihre Gäste kümmern, können Sie nicht gleichzeitig in der Küche stehen, die Buchhaltung machen, die Bestellungen für die nächste Woche aufgeben, Marketingaktionen planen und zum Großmarkt fahren.

Was also tun?

TEAMPLAYER HABEN MEHR ZEIT.

Haben Sie genügend qualifiziertes Personal, das täglich mit Freude und Enthusiasmus an die Arbeit geht? Perfekt! Dann gehören Sie zur Ausnahme. Gastronom*innen, die mein Coaching buchen, berichten über mentalen Stress, körperliche Erschöpfung, unzufriedene Gäste und nicht zuletzt finanzielle Einbußen, weil sie kein Personal finden oder nicht im Team halten können. Finden Sie sich wieder, aus welchen Gründen auch immer, darf ich Ihnen sagen: **Sie sind nicht allein, aber keinesfalls hilflos.** Auf den Fachkräftemangel bin ich bereits eingegangen. Bei dieser zweiten Chance gilt die Frage: Was können Sie tun, um Ihr Personal zu motivieren, neue Mitarbeitende für Ihr Geschäft zu gewinnen und für sich persönlich mehr Zeit zu finden?

Je schlechter es läuft, desto größer wird der Zwang, alles und jeden zu kontrollieren. Das ist absolut nachvollziehbar, denn es geht um nichts Geringeres als die eigene Existenz. Aber Kontrollwut ist der definitiv falsche Weg, weil am Ende nichts mehr laufen wird.

LASSEN SIE LOS!

Geben Sie Ihren Mitarbeiter*innen den nötigen Raum zur freien Entfaltung. Ihr Küchenteam hat das Recht, ohne minutiöse Chef-Inspektion zu arbeiten. Dem Service-Personal müssen Sie nicht im Weg stehen und alles besser wissen. Auch hinter dem Tresen haben Sie nichts zu suchen, falls Sie nicht selbst Barkeeper*in sind.

Vertrauen ist gut, Kontrolle ist besser? Richtig! Solange die Kontrolle nicht zur Manie wird. Denn die Konsequenz dieser wirklich miesen Angewohnheit ist noch mehr Stress, Zuständigkeitsgerangel, Frustration, unzufriedene Gäste, schlechtes Image, sinkende Umsätze und keine Zeit für das Wesentliche.

LERNEN SIE, IHREM TEAM ZU VERTRAUEN!

Warum haben Sie Ihre Köchin, den Küchenhelfer, die Tresenkraft oder den Barkeeper eingestellt? Eine Frage, die nur Sie beantworten können. Grundsätzlich stellen wir Personal ein, weil wir uns etwas von diesen Personen versprechen, bestenfalls eine Bereicherung des Teams mit dem Ziel, die Qualität und/oder Produktivität zu steigern. Diese Erwartung dürfen Sie haben, doch es steht auch in Ihrer Pflicht, optimale Rahmenbedingungen zu schaffen. Und dazu gehört eben nicht, Ihre Mitarbeiter*innen permanent zu triezen und damit sowohl Frustration zu schüren als auch kostbare Zeit zu vertrödeln. **Nutzen Sie die Chance, nicht mehr alles allein machen müssen.**

Im Folgenden habe ich Anregungen zusammengestellt, die für einige Ohren vermutlich selbstverständlich klingen, für andere jedoch fremd, bestenfalls inspirierend:

RESPEKT: Die Basis für zielführendes Engagement und Loyalität gegenüber Ihrem Gastrobetrieb ist der gegenseitige Respekt und die Anerkennung von Leistungen. Denken Sie bitte immer daran, dass man sich Respekt verdienen muss – auch und vor allem als Chef*in. Seien Sie konsequent in Ihren Handlungen, aber handeln Sie niemals von oben herab! Loben Sie nicht überschwänglich jede Kleinigkeit, sondern seien Sie fair und stets auf Augenhöhe.

AUFMERKSAMKEIT: Vielleicht sagen Sie jetzt, ich habe einfach keine Kraft mehr, mich um die Bedürfnisse meiner Mitarbeiter*innen zu kümmern. Das sind erwachsene Menschen und ich bin kein Therapeut. Richtig! Aber Sie verlangen von Ihrem Personal, dass es sich jeden Tag für Ihre Bedürfnisse und die Ihrer Gäste einsetzt.

Lassen Sie diesen Satz eine Weile wirken und fragen sich dann: Kann ich etwas verlangen, was ich nicht bereit bin zu tun? Und gern auch: Wie viel Kraft verschwende ich, meine Haltung zu rechtfertigen, mich über Fehler zu ärgern, statt diese bei mir selbst zu suchen? Glauben Sie mir: Mit einer konstruktiven Selbstreflexion wird es Ihnen leichter fallen, sich für die Belange Ihres Personals zu interessieren und einzusetzen. Einige praktische Beispiele nenne ich im Folgenden, doch zuvor bitte ich Sie:

SEIEN SIE DANKBAR FÜR JEDE PERSON IN IHREM TEAM!

AUFMERKSAMKEITEN: Geschenke verlängern die Freundschaft. Ein guter Chef/eine gute Chefin weiß, wann wer im Team Geburtstag hat. Und zu jedem Geburtstag gehören Glückwünsche, Kuchen und ein Geschenk.

Machen Sie ein festes Ritual aus den Geburtstagen Ihrer Mitarbeiter*innen. Von mir aus mit Feuerwerk, aber das muss gar nicht sein. Ein Muffin mit Kerze, ein Blumenstrauß oder Gutschein macht Sie nicht ärmer. Im Gegenteil! Jede gute Tat kommt irgendwann zu Ihnen zurück. Und dabei ist es völlig unerheblich, wenn Sie diese Aufmerksamkeiten aus besonderem Anlass (z.b. Geburtstag, Hochzeit, Betriebsjubiläum) als Betriebsausgaben steuerlich absetzen, solange Ihre Geste von Herzen kommt.

STÄRKEN FÖRDERN UND NUTZEN: Fokussieren Sie sich auf die positiven Eigenschaften, finden Sie die persönlichen Stärken in jeder/m Ihrer Mitarbeiter*innen und fördern Sie diese. Wenn eine Küchenhilfe heimlich Teller kunstvoll dekoriert oder gar neue Gerichte kreiert, dann lassen Sie diese Person nicht länger nur abwaschen. Sollten Sie merken, dass eine Kellnerin besonders gut darin ist, Ihr Team zu motivieren, dann geben Sie ihr genau diese Zusatzaufgabe und bezahlen dafür!

KARRIERECHANCEN: Die Möglichkeiten waren noch nie so vielfältig wie heute. Diverse Ausbildungs-/Studiengänge können heute online und damit dual, nebenberuflich absolviert werden. Nutzen Sie diese Chance und machen Ihre Kellnerin zur Personalmanagerin oder Teamleiterin, die Küchenhilfe zur Fachkraft. Bieten Sie Ihrem Personal Aus- und Weiterbildungen, denn Talent bringt den größten Nutzen, wenn ein fundiertes Wissen dahintersteckt. Halten Sie Ausschau nach Potenzialen, die in Ihren Mitarbeitenden schlummert, und fördern diese!

ZUHÖREN: Geben Sie sich und Ihren Mitarbeiter*innen die Chance für einen gegenseitigen, fairen und konstruktiven Austausch. Führen Sie regelmäßig Team-Meetings durch, in gemütlicher Atmosphäre (außerhalb der regulären Pausen, innerhalb der Arbeitszeit) und besprechen gemeinsam die Speisekarte, die Warenbestellung, Kundenfeedbacks, geplante Veranstaltungen, Missstände, Marketing. Beziehen Sie Ihr Personal mit ein und geben bitte jeder/m im Team den individuellen Freiraum, innovativ und leidenschaftlich zu agieren.

ZUGEHÖRIGKEIT: Nur wer sich dazugehörig fühlt, wird mit Herzblut und Feuereifer bei der Sache sein. Geben Sie Ihren Mitarbeiter*innen das Gefühl, mit allen Stärken und Schwächen zur Team-Familie zu gehören. Schenken Sie jeder Person in diesem Team Vertrauen und definieren klare Zuständigkeiten. Dazu bedarf es Mut, ohne Frage, und vielleicht wird am Anfang einiges schiefgehen. Aber nur wenn Sie loslassen und Ihrem Personal nicht mehr permanent über die Schulter schauen (müssen), werden Sie die nötige Eigenständigkeit bewirken. Diese innere Einstellung verschafft Ihnen perspektivisch einen besseren Service, motiviertes Personal und vor allem mehr Zeit.

KOMPETENZEN: Wenn jede/r im Team ein Profi ist, kann auch jede/r etwas zum großen Ganzen beisteuern. Professionalität ist die Summe aus Leidenschaft, Motivation und Kompetenz. Deshalb sorgen Sie dafür, dass wirklich alle Mitarbeitenden im jeweils individuellen Verantwortungsbereich kompetent sind. Bringen Sie sich selbst in die Lage, Zuständigkeiten abzugeben, um mehr Zeit für Ihre persönlichen Bedürfnisse und Ihren eigentlichen Job zu haben, nämlich liquide zu bleiben.

IHR PERSONAL IST NUR SO GUT, WIE SIE ES FÖRDERN, BEZAHLEN, MOTIVIEREN UND FORDERN.

WEITERBILDUNG: Achten Sie bei Neueinstellungen neben einer guten Ausbildung vor allem auf die entscheidenden Attribute wie Teamgeist, Belastbarkeit, Innovationsbereitschaft und Leidenschaft. Finden Sie keine Fachkräfte, sorgen Sie für die nötige Ausbildung! Zudem sollten sich alle in Ihrem Team stetig weiterbilden. Die Gastronomie ist der Dienst am Menschen, und deren Bedürfnisse entwickeln sich nun mal stetig weiter. Im digitalen Zeitalter sind unsere Gäste informierter, interessierter. Versäumen Sie es, Ihr Knowhow und das Ihres Teams an diese Entwicklungen anzupassen, wird Ihr Unternehmen über kurz oder lang auf der Strecke bleiben.

SEMINARANGEBOTE: Die Ausrede, dass es kein Angebot gibt oder eine Weiterbildung viel zu viel kostet, zieht nicht mehr. Noch nie war die Auswahl größer. Von der Hygieneschulung über gesundes Essen, Küchenklassiker, Kostenmanagement bis hin zu allgemeinen Rechtsgrundlagen für das Gastgewerbe: Beim DEHOGA finden Sie ein breites Spektrum an Weiterbildungsmöglichkeiten für sich und Ihre Mitarbeiter*innen. Nutzen Sie die Seminarangebote der Verbände oder privater Anbieter (z.B. www.dehoga-akademie.de).

INTERNE SCHULUNGEN: Ein probates Mittel, Kosten zu sparen und die Bindung der Mitarbeiter*innen an Ihr Unternehmen zu stärken. Wenn Ihr Küchenchef hochmotiviert von einem Seminar über Gläserfood kommt, dann bieten Sie ihm die Möglichkeit, während eines Team-Meetings darüber zu berichten. So fördern Sie nicht nur unternehmensrelevantes Engagement und die daraus resultierenden Synergien, sondern auch das Knowhow Ihres Teams. Wenn Sie beispielsweise aufgrund des neuen Inputs ein Flying-Buffet aus dem Glas planen, sollten vor allem Ihre Servicekräfte genau wissen, worum es überhaupt geht. Nutzen Sie die aktive Motivation, die Ihr Küchenchef aus dem Seminar mitbringt sowohl für Ihre Teambildung als auch für umsatzbringende Innovationen auf Ihrer Speisekarte.

IDEENINPUT: Waren Sie schon mal auf einer Gastro- oder Food-Messe? Keine Zeit? Zu viel Stress? Brauchen Sie nicht? Kennen Sie schon? Ja, das höre ich öfter. Auch deshalb habe ich Gerdi durch Deutschland geschickt, um Ihnen aufzuzeigen, wie reichhaltig die Angebote und wie umfangreich unsere Branche ist.

Natürlich können Sie sich auch online informieren. Aber ganz ehrlich? Live dabei zu sein, macht den Ideeninput weitaus fühlbarer und nachhaltiger. Nehmen Sie sich bitte die Zeit und besuchen Sie regelmäßig Messen, suchen Sie den Kontakt zu Gleichgesinnten und informieren sich immer wieder neu über die Chancen in unserer Branche. Falls Sie nicht gern unter Leute gehen, machen Sie aus der Not eine Tugend: Belohnen Sie einen Mitarbeiter/eine Mitarbeiterin für herausragende Leistungen und bezahlen ihm oder ihr die Teilnahme an einer Messe.

Chance #3: Wertschöpfung

Der GastroSpiegel zitierte im Mai 2024 eine Studie zu den aktuellen Herausforderungen und Chancen für die Gastronomie. Die Denkfabrik Zukunft der Gastwelt (DZG) vernetzt politische Organisationen, Branchenverbände und Gastro-Vertreter. In besagter Studie des Thinktanks für die Tourismus-, Hospitality- und Foodservice-Branche in Deutschland geht es insbesondere um den wichtigen Stellenwert des Gastgewerbes unter dem Aspekt der Wertschöpfung und sowohl der gesellschaftlichen als auch kulturellen Relevanz. Es ist derzeit eine der wenigen Studien, die sich überhaupt mit den Chancen befasst. Exemplarisch für die Schlechtrederei ist die Tatsache, dass in besagtem GastroSpiegel-Artikel keine einzige dieser Chancen beschrieben, sondern wieder nur über die Mankos der Branche palavert wird.

Klar, diese Mankos kann man nicht ignorieren oder schönreden. Vor dem Hintergrund des technologischen, ökologischen und demografischen Wandels erleben wir spätestens seit der Pandemie eine radikale Veränderung in der Gesellschaft. Der Ton wird rauer – in den sozialen Netzwerken aber auch im realen Leben. Die Menschen haben Angst um ihre Existenz, Angst vor dem Krieg, und diese Ängste werden von manchen für die eigene Macht bewusst geschürt.

Aber was stellen wir nun mit dieser Entwicklung an?

Einfach weitermachen, weil wir sowieso nichts dagegen ausrichten können? Oder begreifen wir diese Entwicklungen als Chance und nehmen unsere Verantwortung in der Branche endlich ernst?!

Wann wurde Ihr Team das letzte Mal in Kommunikation oder Deeskalation geschult? Was ist mit Ihnen? Wie oft lassen Sie sich hinreißen, über Probleme und Politik im Kreise Ihrer Gäste, Ihrer Mitarbeiter*innen oder sogar öffentlich im Netz zu schimpfen? Machen Sie nicht? Wunderbar! Denn Probleme und vor allem die Politik stehen nicht auf Ihrem Bewirtungsbeleg.

Wenn Sie ins Theater oder zum Konzert gehen, wollen Sie unterhalten werden, den Alltag für zwei Stunden vergessen und in einem glitzernden Paralleluniversum auf andere Gedanken kommen. Das ist Ihr legitimer Anspruch, dafür haben Sie das Ticket gekauft. Ähnlich verhält es sich bei Ihren Gästen. Sie zahlen nicht fürs Warten, nicht für patzige Antworten, nicht für einen schlechten Service, für Schimpftiraden oder Meinungsagitation.

Schaffen Sie einen Ort, an den die Menschen in Ihrer Stadt oder Gemeinde gern kommen, weil sie sich willkommen fühlen und aufs herzlichste umsorgt.

Nichts davon ist heute mehr selbstverständlich – weder im privaten noch im öffentlichen Raum. Familien brechen auseinander im realen Wahnsinn. Äcker werden überschwemmt, Häuser fortgespült, Existenzen zerstört. Hass und Hetze dominieren die sozialen Netzwerke. Populisten spielen sich auf als Heiland und spalten die Gesellschaft. Extremisten werden lauter, radikaler. Europa bereitet sich vor auf einen Krieg, der nicht weit von uns seit Jahren tobt.

LASSEN SIE UNS OASEN DES GLÜCKS SCHAFFEN, DER FRIEDFERTIGKEIT UND HARMONIE!

Ich sehe es als unsere Pflicht aber auch als Chance, inmitten des Irrsinns für unsere Gäste da zu sein. In stürmischen Zeiten wie diesen ist die Gastronomie ähnlich wie die Kunst und Kultur ein wichtiger Garant für den Erhalt unserer Gesellschaft. Ich wünschte, jeder und jede in unserer Branche würde diese bedeutsame Aufgabe erkennen und nutzen. Deshalb mein eindringlicher Appell an Sie und Ihr Team:

Schaffen Sie Kundennähe mit einer positiven Atmosphäre, einem ehrlichen Lächeln, einem freundlichen »Hallo!« und »Schön, dass Sie bei uns zu Gast sind!« sowie der Grundüberzeugung, Menschen glücklich machen zu wollen.

Schaffen Sie Kundenzufriedenheit mit ernsthaftem Interesse und dem Wissen über die Bedürfnisse Ihrer Gäste sowie der Selbstverständlichkeit, den Aufenthalt in Ihrem Lokal so angenehm wie möglich zu gestalten.

Schaffen Sie Kundenbindung mit dem gewissen Etwas, das Sie und Ihr Team auszeichnet. Mit einem fühlbaren Mehrwert, der jeden Besuch bei Ihnen zu einem Erlebnis macht, sowie mit dem Anspruch, jedem Gast gegenüber Respekt und Dankbarkeit zu zeigen.

Schaffen Sie Kundenglück mit einem harmonischen Miteinander, einem gemütlichen Ort, der in diesen rasanten Zeiten zum Refugium wird, wo Gemeinschaft, Genuss und Freude zu Hause sind.

NICHT NUR IHRE GÄSTE, SONDERN AUCH IHRE MITARBEITER*INNEN SOLLEN SICH WOHLFÜHLEN.

Bereiten Sie Ihr Team darauf vor, dass der Ton rauer wird. Schaffen Sie Rückzugsorte und/oder Strategien für den Umgang mit aggressiven Gästen. Setzen Sie Grenzen und schützen Ihre Mitarbeiter*innen, falls Aggressionen überhandnehmen – sowohl in Ihrem Gastrobetrieb als auch im Internet. Denken Sie immer daran: Heute ist es genauso schwer, gutes Personal zu finden wie zahlende Gäste. Setzen Sie ebendiese Prioritäten und handeln Sie danach. **Distanzieren Sie sich von Hass und Hetze. Fördern Sie durch Aktionen das friedliche Miteinander.** Finden Sie Weiterbildungsmöglichkeiten zu den Themen: Mobbing, Deeskalation, Moderation etc.

VIELLEICHT KÖNNEN SIE NICHT IMMER ÜBER DAS WAS ENTSCHEIDEN, ABER ÜBER DAS WIE.

Chance #4: Digitalisierung

Laut DESI-Index liegt Deutschland auf Platz 13 von 27 Mitgliedsstaaten, im europäischen Vergleich also im Mittelfeld, was die Digitalisierung in den Bereichen Wirtschaft und Gesellschaft anbelangt. Und die Gastronomie? Im

DESI-Branchenvergleich erreichte das deutsche Gastgewerbe 2021/2022 etwas mehr als die Hälfte aller Indexpunkte. Tendenz steigend.

Auch in dieser Hinsicht wirkte die Pandemie als eine Art Booster. Kontaktloses Bezahlen verminderte das Ansteckungsrisiko überall dort, wo Geschäfte offenbleiben durften. Eine Notwendigkeit, die den allgemeinen Trend überholte, aber auch Defizite aufzeigte.

Ähnlich wie in Schulen und öffentlichen Verwaltungen ist auch in der Gastronomie nicht zwangsläufig die Schaffung einer digitalen Infrastruktur das Problem, sondern die Bereitschaft zur Anwendung. Was in den skandinavischen und baltischen Staaten vom Kind bis zum Senior beinahe schon normal ist, wird bei uns immer noch endlos zerredet.

Neulich erst las ich in einem Gastro-Forum, wie Kolleg*innen über ein Handyverbot in ihren Lokalen diskutierten. Nicht wenige befürworten in diesem Beitrag ein solches Verbot, das sie im Rahmen ihres Hausrechtes durchsetzen wollen. Während man also in Norwegen auf dem höchsten Gletscher per App bestellen und bezahlen kann, wird in deutschen Lokalen die Uhr auf 1995 zurückgedreht und sich gleichzeitig über den Fachkräftemangel beschwert.

Ach, das ist doch Quatsch, viel zu überspitzt dargestellt. Oder? Nur noch in Rumänien, Bulgarien und Italien zahlen die Menschen öfter mit Bargeld als bei uns. Mehr als die Hälfte aller Transaktionen in Deutschland erfolgten

2021 in bar. Trotz Pandemie, Lockdowns und dem daraus resultierenden Erfolg der Außer-Haus-Gastronomie und des Online-Handels. Während in Dänemark oder Litauen Senioren mit dem Smartphone bezahlen, in Estland bereits seit 2005 digital gewählt und im Kriegsgebiet der Ukraine online unterrichtet wird, zahlen die Deutschen immer noch überwiegend bar, agieren analog.

Warum eigentlich?

Das Angebot der Hersteller ist vorhanden. Digitale Lösungen für Reservierungen, Bestellungen, Bezahlungen, Buchungen, Inventur, digitale Kassensysteme und Speisekarten sind seit Jahren auf dem Markt. Aber nur knapp ein Drittel aller deutschen Gastronom*innen hält Investitionen diesbezüglich für sinnvoll. Trotz staatlicher Fördermittel. Wie in einem Artikel des Statistischen Bundesamtes vom Februar 2024 nachzulesen ist, nutzen laut einer Umfrage lediglich 19 Prozent der befragten Gastronom*innen solche Fördermittel, während 42 Prozent von dieser Möglichkeit keine Kenntnis haben und 39 Prozent diese bewusst nicht in Anspruch nehmen wollen.

Eine andere repräsentative Umfrage befasste sich mit den Erwartungen der Gäste in Bezug auf die Digitalisierung in der Gastronomie. Und diese Umfrage wiederum ergab, dass 71 Prozent der Deutschen ein Interesse an digitalen Speisekarten, Online-Reservierungen sowie bargeldlosem Bezahlen haben. Doch nur etwa die Hälfte aller Gastrobetriebe in Deutschland stellt die entsprechende Infrastruktur bereit. Warum? Weil man mit Bargeld besser Steuern hinterziehen kann?

Falls das Ihr Anspruch ist und Sie sich auch sonst allem Neuen und Fremden entgegenstellen: Blättern Sie bitte weiter oder schenken dieses Buch am besten jemandem, der damit mehr anfangen kann. Ich kenne Gastronom*innen wie Sie. Nette Menschen, denen ich leider nicht helfen kann, weil ich keine Zeitmaschine besitze, um sie in die Vergangenheit zu schicken.

Sind Sie jedoch lediglich unsicher aber durchaus interessiert, was die Anschaffung digitaler Lösungen anbelangt, möchte ich Ihnen Mut machen. Weltweit steigen die Umsätze bei Online-Food-Delivery, also der digitalen Bestellung. Deutschland erwartet im Vergleich zu den Gesamtumsätzen 2024 eine Verdopplung, im Bereich Restaurant-to-Consumer-Delivery (digitale Restaurant-Lieferung) sogar eine Erhöhung bis 2027 auf etwa zehn Milliarden Euro. Das Wachstum im Segment Platform-to-Consumer-Delivery, also klassische Online-Lieferdienste wie Lieferando, wird hingegen weitaus geringer prognostiziert. Was bedeutet das jetzt für Sie als Gastronom*in?

GEHEN SIE MIT DER ZEIT, SONST GEHT DIE ZEIT OHNE SIE!

Nutzen Sie die Chancen der Digitalisierung, nicht nur in Bezug auf Ihr Kassen- und Bezahlsystem. **Bieten Sie allen Menschen die Möglichkeit zur Teilhabe, denn sie alle sind wertvolle Gäste.** Wer nicht gut sehen kann, bestellt via Sprachsoftware. Wer nicht gut hören oder sprechen kann, bedient sich der digitalen Speisekarte. Personen, die aus dem Ausland kommen, können mit Übersetzungstools nahezu barrierefrei kommunizieren.

Man kann also über die KI sagen, was man will, aber sie macht schon heute unfassbar viel Positives möglich.

Rechnen Sie selbst mal kurz durch, wie viel Zeit für die Bestellung und Bezahlung draufgeht. Was, wenn es normal wäre, über einen QR-Code die digitale Speisekarte aufzurufen und völlig unkompliziert Essen und Getränke zu bestellen, wie übrigens in anderen europäischen Ländern längst üblich? Würde das Miteinander darunter leiden? Würden Kellner*innen arbeitslos?

Diese und weitere Argumente gegen eine Digitalisierung in der Gastronomie höre und lese ich immer wieder und denke: Wenn ich die zwischenmenschliche Kommunikation erleichtern und barrierefreier gestalten kann, fördere ich das Miteinander. Wenn ich keine Fachkräfte finde, kann eine digitale Optimierung der Abläufe nur von Vorteil sein. **In Skandinavien ist das alles völlig normal und diese Menschen gehören zu den glücklichsten weltweit.**

Zugegeben, beim Thema Robotik bin auch ich noch skeptisch, obwohl mir klar ist, dass autonome Serviceroboter nicht nur in der Gastronomie den Personalmangel kompensieren können. Die kleinen digitalen Helfer werden zukünftig wohl vor allem in Krankenhäusern und Pflegeeinrichtungen zum Einsatz kommen, um Geschirr abzuräumen, Bestellungen zu servieren, beim Ankleiden zu helfen und Vitalparameter zu überprüfen. Eigentlich eine gute Sache, denn der Pflegenotstand ist längst Realität. Laut einer Studie der Bertelsmann Stiftung fehlen bis 2030 etwa 500.000 Vollzeitkräfte in der Pflege. Aufgrund der Demografie, geringer Bezahlung und schlechter Arbeitsbedingungen fehlen der Gastronomie laut DEHOGA schon heute mehr als 65.000 Mitarbeiter*innen. Tendenz steigend. Insofern könnte so ein Roboter durchaus eine Hilfe sein, beim Staubsaugen und Rasenmähen haben wir schließlich auch kein Problem mehr damit.

Ein weiterer Anbieter für digitale Kassensysteme und Bezahlplattformen ist **LIGHTSPEED**. Denken Sie Ihren Gastrobetrieb ganzheitlich – von der Buchhaltung bis zum Kundenerlebnis. **Nutzen Sie innovative Tools für mehr Planungssicherheit und Zeitersparnis!**

Chance #5: Homeoffice

Noch etwas, das sich mit der Pandemie gravierend geändert hat. Allerdings beschleunigten die Lockdowns nur eine Entwicklung, die allein schon aufgrund der technischen Möglichkeiten so oder so gekommen wäre. 2022 arbeitete knapp ein Viertel aller Erwerbstätigen in Deutschland komplett oder teilweise im Homeoffice. Diese Zahl des Statistischen Bundesamtes deckt sich mit einer Umfrage des ifo-Instituts vom März 2024. Man kann also sagen, die Anzahl derer, die mobil arbeiten, wird auch in den nächsten Jahren gleichbleiben oder möglicherweise sogar noch steigen. Übrigens sprechen wir keinesfalls nur über klassische Bürojobs. Laut ifo-Institut arbeiten im Dienstleistungssektor mehr als 34 Prozent im Homeoffice, in der Industrie 16, im Handel etwa 12 und sogar im Baugewerbe 5 Prozent. Der Trend ist kaum noch umkehrbar, denn viele Unternehmen haben die stationären Arbeitsplätze längst reduziert, Büro-Immobilien verkauft und viele Arbeitnehmer*innen wissen das Homeoffice mittlerweile zu schätzen.

Was das mit der Gastronomie zu tun hat?

Zum einen nichts Gutes, denn die Umsätze in Betriebskantinen sinken seit 2019 drastisch. Allerdings nicht überall. Der SPIEGEL berichtete im April 2024 über das Thema und benannte als Positivbeispiel die Betriebskantinen der Allianz. Dort steigen die Gästezahlen, was möglicherweise auch am Support des Großkonzerns liegen mag, aber vor allem daran, dass die Kantinenbetreiber*innen an bundesweit 14 Standorten ihre Konzepte den Realitäten angepasst haben.

Wie eine nachhaltige Transformation der Gemeinschaftsgastronomie funktionieren kann, zeigt auch die vom Berliner Senat unterstützte Initiative KANTINE ZUKUNFT. Am kostenlosen Beratungsprogramm können alle Berliner Kantinenbetreiber*innen teilnehmen – von der Kita bis zum Krankenhaus. Im September 2024 erschien das Buch aus der KANTINEN-WERKSTATT im Sieveking-Verlag mit dem Titel »Currywurst und Grünzeug - Rezepte für die Kantine von Morgen«.

Es tut sich also was. Auch wenn es schwer ist, mit dem rasanten Tempo der Entwicklungen schrittzuhalten, müssen wir uns darauf einstellen ... oder dichtmachen. Der Business-Lunch vor Ort ist mit dem Homeoffice aus der Mode gekommen. Heute trifft man sich beim Videocall zur Besprechung, nicht mehr bei Tisch im Restaurant. Eine Tatsache, die wir nicht weglächeln können. Worin liegt also die Chance für uns Gastronom*innen?

Zum Beispiel in der zunehmenden Einsamkeit der Menschen, im schlechten Internetempfang zu Hause und den mitunter miesen Arbeitsbedingungen in den eigenen vier Wänden. Wer im Homeoffice arbeitet, braucht Disziplin und Ruhe, kann aber eigentlich überall arbeiten. Warum also nicht bei Ihnen?

Vielleicht suchen Sie gerade nach einem (neuen) USP oder nach einer Möglichkeit, die Auslastung Ihres Gastrobetriebs ohne viel Aufwand zu steigern. Im März 2024 deklarierte das Statistische Bundesamt knapp 46 Millionen Erwerbstätige in Deutschland. Ein Viertel davon arbeitet überwiegend im Homeoffice: Voilà! Bieten Sie Ihre Location doch außerhalb der regulären Öffnungszeiten als Coworking-Space an. **In den meisten Gastrobetrieben herrscht am Vormittag Flaute, die Miete muss trotzdem bezahlt werden, und die wird zukünftig nicht preiswerter. Nutzen Sie diese Chance!**

Immer mehr Menschen verlagern ihren Arbeitsplatz in Cafés und Restaurants. Wollen auch Sie davon profitieren, ohne dass sich Homeofficer vier Stunden an einem Getränk aufhalten, Ihre Stromkosten in die Höhe treiben und Sie am Ende ein Minusgeschäft machen, sollten Sie Folgendes berücksichtigen:

- stabiles und barrierefreies WLAN,
- kontaktloses Bestellen/Bezahlen,
- attraktive Arbeitsplätze mit ausreichend Steckdosen,
- Gemeinschaftstische für Besprechungen,
- spezielle Angebote für Ihren Umsatz (z.B. Getränkeflatrates, Festpreise mit inkludierten Speisen),
- Self-Service bei Personalmangel (Snack-Automaten),
- exklusive Kundenansprache mit Nutzenvorteil/Mehrwert.

Nicht nur in urbanen Ballungszentren werden Coworking-Spaces immer beliebter. **Der Trend zum Homeoffice erreicht das nächste Level: Mobiloffice.** Genervte Großstädter suchen im idyllischen Umland nach Ruhe, können oder wollen sich aber ein Haus im Grünen nicht leisten. Sollten Sie einen Gastrobetrieb im ländlichen Raum führen, wäre das möglicherweise Ihre Chance. Das Tourismusnetzwerk Brandenburg etwa ging diesem Thema in einem Artikel vom April 2023 nach und bezog sich darin auf Studien des Berlin-Instituts sowie der Bertelsmann-Stiftung in Zusammenarbeit mit der Genossenschaft Coworkland unter dem Titel »Coworking im ländlichen Raum«. Demnach gibt es durchaus Bedarf und lukrative Möglichkeiten auf dem Land, denn die Nachfrage in Bezug auf attraktive Standorte steigt, nicht nur bei jungen Menschen und nicht nur bei Selbständigen. Laut dieser Studie sind knapp 50 Prozent der Nutzer*innen älter als 40 und mehr als 35 Prozent angestellte Erwerbstätige aus diversen Branchen. Es sind also nicht mehr nur Künstler*innen und Computernerds, die sich zum Arbeiten aufs Land zurückziehen wollen, sondern auch Coaches, Kreative und beispielsweise Pädagog*innen, die in Ruhe Klausuren korrigieren und ihren Unterricht vorbereiten wollen.

Zudem schicken immer mehr Unternehmen ihre Angestellten zum Teambuilding, für Retreats und Workation raus aufs Land. Gerdi berichtet davon in ihrer Gastroge-schichte über BRANDENBURG. Aber auch weit über die Grenzen der Märkischen Heide hinaus entstehen solche neuen Geschäftsmodelle, Buchungsplattformen und Kooperationen mit Verkehrsbetreibern, Tourismusverbänden und Gemeinden. Die ländlichen Räume überall in der Republik profitieren von diesem neuen Trend, den die Pandemie beschleunigte. Eine Kettenreaktion wird in Gang gesetzt, die vor allem das regionale Engagement und die dort oftmals vernachlässigte Infrastruktur neu belebt. Denn eines ist klar: Alle digitalen Nomad*innen, rurbanen Siedler*innen und hybriden Gründer*innen müssen arbeitsfähig sein, aber auch essen und trinken.

Chance #6: Enkeltauglichkeit

Immer mehr Menschen machen sich begründete Sorgen um die Zukunft unserer Welt, wie wir sie kennen. Nicht erst seit Corona und Fridays for Future. In der Oberlausitzer Gemeinde Nebelschütz arbeitete beispielsweise der ehrenamtliche Bürgermeister Thomas Zschornak dreißig Jahre lang an einem nachhaltigen Dorferneuerungsprozess, bekam dafür etliche Preise und gründete 2022 die Stiftung ENKELTAUGLICHKEIT zur Stärkung des Gemeinwohls im gegenseitig wertschätzenden und friedlichen Miteinander.

In diesem Kontext werden überall in unserem Land neue Maßstäbe gesetzt. Seit Beginn der 2000er findet ein

Umdenken bei Konsument*innen statt, die Transformation der Landwirtschaft und Nahrungserzeugung ist in vollem Gange. Und auch die Gastronomie kann von dieser fundamentalen Trendwende profitieren.

Enkeltauglichkeit ist ein Neologismus, der sich zunehmend als Synonym für Nachhaltigkeit und Zukunftsfähigkeit etabliert. Gemeint sind Angebote und Strategien, die im Sinne des Tierwohls, der Klimaneutralität und gesunden Ernährung einen immer höheren Stellenwert erhalten. Abfallvermeidung, Kreislaufwirtschaft, Bio-Anbau, Regionalität sind keine abstrakten Schlagwörter mehr, sondern reale Strategien in einer Zeit der Ressourcenknappheit und des Klimawandels. Ein Drittel der produzierten Lebensmittel weltweit landen im Müll, um nur ein Beispiel für den Irrsinn zu nennen.

Laut BMEL-Ernährungsreport mit dem Titel DEUTSCHLAND WIE ES ISST achteten im Jahr 2023 etwa 74 Prozent der Befragten darauf, dass Lebensmittel umwelt- und ressourcenschonend hergestellt werden. Ein Jahr später sind es schon über 90 Prozent. Für die Mehrheit der Befragten war und ist es zudem wichtig, dass die Lebensmittel aus der Region stammen.

Die grüne Transformation ist keine Gängelei einer bestimmten Ideologie oder Partei, sondern Notwendigkeit und ein überwiegendes Bedürfnis. Deshalb favorisieren die Menschen da draußen zunehmend solche Unternehmen, die enkeltauglich wirtschaften und ein entsprechendes Angebot bieten.

Nutzen Sie diese spezielle Nachfrage – egal, ob Sie ein Hotel, Restaurant, Lieferdienst, eine Bar oder einen Imbiss leiten. Stellen Sie die Nachhaltigkeit in den Mittelpunkt und bieten Sie Ihren Gästen sowohl kulinarisch als auch psychologisch eine Konstante im stetigen Wandel. Die Menschen sehnen sich nach Zuversicht, nach Wärme und Hoffnung im kalten Wind der Zeitenwende. Sie wünschen sich, ihren Kindern und Enkeln ein gesundes und langes Leben.

Nehmen Sie dieses existenzielle Bedürfnis ernst und bieten Sie beispielsweise:
- pestizidfreies Gemüse und Obst,
- Fleisch vom Bio-Bauernhof,
- Lebensmittel mit niedriger CO_2-Bilanz,
- klimaneutrale Lieferketten,
- kompostierbare Verpackungen,
- abfallschonende Zubereitung,
- energieeffiziente Beleuchtung/Heizung,
- sparsamen Wasserverbrauch,
- Interieur aus nachwachsenden/recycelten Rohstoffen,
- faire Bezahlung und gute Arbeitsbedingungen,
- Genuss mit gutem Gewissen.

Machen Sie diese oder ähnliche enkeltauglichen Features in Ihrem Marketing sichtbar. Partizipieren Sie von Zertifikaten wie dem europäischen GreenSign, GreenSpoon, GreenTable, GreenCanteen, GreenPearls, GreenKey, dem DEHOGA-Umweltcheck, EMAS oder der internationalen Norm ISO 14001. Mit solchen Gütesiegeln können Sie Ihre Nachhaltigkeitsbemühungen transparent kommunizieren und sowohl bei Ihren Gästen vor Ort als auch in Bewertungsportalen Pluspunkte sammeln.

Chance #7: Netzwerke

Was verstehen Sie unter einem Netzwerk? Beziehungen, Vitamin-B, Synergien, Kooperationen, Social Media, Community, Interaktion, Marketing, Zeitverschwendung ...? Warum sind Netzwerke in der heutigen Zeit wichtig?

Manchmal bringt der Blick zurück die passende Antwort. Schon die alten Ägypter, Sumerer, Phönizier, Griechen, Karthager und Römer erkannten die Vorteile der Vernetzung in Wirtschaft und Handel. Die heutigen Hansestädte, Businessclubs und Branchenverbände sind die Weiterentwicklung des antiken Networkings, das folglich keine Erfindung des digitalen Zeitalters ist. Ja, die sozialen Netzwerke der Gegenwart machen es uns um einiges leichter, Kontakte zu Gleichgesinnten oder Unterstützern herzustellen. Und manchmal nerven sie auch. Wie groß das Potenzial ist, erkennen jedoch nur wenige.

Die Wissenschaft interessiert sich seit Jahren für dieses Thema. Bekannt ist unter anderem die sogenannte »Small-World-Hypothese« des Sozialpsychologen Stanley Milgram oder aber die darauf aufbauende Untersuchung von Duncan J. Watts, Professor an der Columbia University Sociology in New York, USA. Eine Gruppe Soziologen wertete den E-Mail-Verkehr von 61.168 Freiwilligen aus 166 Ländern aus und kam zu dem Ergebnis, dass jeder jeden über sechs Ecken kennt. **Dieses in Fachkreisen titulierte Kleine-Welt-Phänomen zeigt: Wir kennen unfassbar viele Menschen.**

Falls Sie noch bei Facebook sind, schauen Sie gern willkürlich in zwei, drei Profile. Nicht immer, aber meistens werden Sie feststellen, dass diese Personen einige Freunde mit Ihnen teilen. Nicht zwangsläufig real, doch proportional zu der Anzahl, mit denen Sie virtuell verknüpft sind.

Die sogenannte geometrische Progression führt uns ebenfalls auf relativ simple Weise vor Augen, welche Potenziale in der Vervielfältigung stecken. Falten Sie ein Blatt Papier (DIN A4) zu einem immer kleiner werdenden Viereck. Nach dem siebten Mal wird es bereits knifflig, da schon jetzt 128 Papierschichten übereinander liegen. Einmal mehr und es sind 256. Das Geheimnis liegt also in der Potenz, der Multiplikation. Ich denke, Sie ahnen, worauf ich hinaus will.

Wenn Sie mit Begeisterung täglich über Ihr Geschäft reden, liegt es in der Natur der Sache, dass Ihr Unternehmen bekannter wird. Nun könnte ich mit Ihnen einige Zahlenspiele durchführen, wonach am Ende eine riesige Summe herauskommt, wenn man eine Zahl mit einem bestimmten Faktor immer wieder multipliziert. Lassen wir das. Sie wissen, was ich meine.

Teilen Sie Ihre Leidenschaft, Ihre Begeisterung sowohl via Social Media als auch zwischenmenschlich. Jeden Tag! Auch wenn Sie seit mehreren Jahren als Gastronom*in tätig sind und eigentlich schon jede/r in Ihrem Umfeld weiß, was Sie tun. Wer Sie mag, wird zuhören, vor allem dann, wenn Sie positiv über Ihr Geschäft reden. Wer Sie respektiert, wird Ihnen weiterhelfen, sofern Sie danach fragen.

Immer wieder höre ich davon, und schließe mich übrigens selbst mit ein, dass Freunde zwar interessiert nicken, wenn man erzählt, was aktuell los ist, aber nichts tun. Insgeheim erhofft man sich Hilfe, dass diese Freunde vorbeikommen, Leute mitbringen oder wenigstens bei Social Media Beiträge teilen. Die Enttäuschung wächst, weil nichts geschieht. Warum ist das so? Es sind doch Freunde. Eben! Es sind unsere Freunde, keine Kolleg*innen. Sie verstehen vielleicht gar nicht, dass sie helfen sollen. Zum einen, weil sie nicht wissen, was es bedeutet, unternehmerisch tätig zu sein. Zum anderen, weil sie nicht explizit nach Hilfe gefragt wurden.

Substanzielle Unterstützung erfahren Sie erst dann, wenn die Menschen den Sinn dahinter und den Mehrwert für sich erkennen. **Unsere Branche ist so vielfältig, unsere Kundschaft so wunderbar unterschiedlich – nutzen Sie dieses Potenzial!**

Vielleicht befindet sich unter Ihren Freunden eine Schriftstellerin, die gern eine Lesung bei Ihnen durchführen möchte. Gegebenenfalls verbirgt sich hinter dem unrasierten Kerl, der jeden Freitag bei Ihnen seinen Whiskey trinkt, ein in der Szene bekannter Maler, den Sie gewinnen könnten, bei Ihnen eine Vernissage zu veranstalten. Und natürlich könnte es auch sein, dass Ihr Koch über sechs Ecken den Bürgermeister oder einen Prominenten Ihrer Region kennt, der als Multiplikator für Ihr Geschäft von größtem Nutzen sein kann. In all den Menschen, die Sie bereits kennen, stecken unfassbar viele Möglichkeiten für Synergien. Ignorieren Sie dieses mannigfaltige Potenzial nicht.

FRAGEN SIE NACH HILFE!
REICHEN SIE ANDEREN DIE HAND!
TAUSCHEN SIE SICH MIT GLEICHGESINNTEN AUS!

Wenn Sie Sorgen haben oder eine neue Idee umsetzen möchten: Wer kann Ihnen tatsächlich helfen und Sie unterstützen? Ihre Familie und Freunde sind möglicherweise eine gute Bank in puncto Verständnis, Rückhalt, Liebe und Vertrauen. Aber konstruktive Kritik, praktische Tipps und professionellen Support erhalten Sie nur von jemandem, der sich mit der Materie auskennt.

Schauen Sie sich um! Nahezu überall in der Republik und online sowieso gibt es Netzwerke für die Gastronomie und darüber hinaus. Auch der branchenübergreifende Austausch kann sich für Sie lohnen. Finden Sie Mitstreiter*innen, die Sie verstehen und Ihnen das Gefühl geben, nicht allein zu sein. Nutzen Sie das Schwarmwissen für lukrative Ideen und zur Stärkung Ihrer Kompetenzen. Bevor Sie größere Investitionen tätigen, kann der Erfahrungsaustausch mit Kolleg*innen sinnvoll sein. Beziehungen zum Gemeinderat oder zur Stadtverwaltung sind nie verkehrt. Vielleicht haben Sie ein bestimmtes Hobby, das Sie mit Ihrem Gastrobetrieb verknüpfen können. Warum nicht die Vereins-, Spiele- oder Elternabende, Bastelnachmittage, Nachhilfestunden, Buchbesprechungen, Musik- oder Coaching-Veranstaltungen in Ihrem Lokal durchführen?

Noch einmal: **Schauen Sie sich um und blicken Sie über den eigenen Tellerrand hinaus! Wir alle kennen mehr Menschen, als uns bewusst ist.**

Professionelle Unterstützung finden Sie beispielsweise auch im hoga-netz.com oder bei diversen Verbänden unserer Branche. Hierzu zählen unter anderem der Verband der Köche Deutschlands e.V., die Sommelier Union

Deutschland, der Deutsche Barkeeper Union e.V. oder Verband der Servicefachkräfte, Restaurant- und Hotelmeister e.V.

SPAREN SIE KOSTEN MIT KOOPERATIONEN!

Neben dem Informationsaustausch und Support könnten Sie auch Kooperationen mit anderen Gastrobetrieben eingehen. Vielleicht haben Sie vor, mit einem Lieferservice ein zweites Standbein aufzubauen. Dafür müssen Sie das Rad nicht neu erfinden. Nutzen Sie lieber die bestehende Infrastruktur eines bereits etablierten Unternehmens wie Lieferando oder UberEats.

Vielleicht wollen Sie einen Coworking-Space eröffnen oder Ihr Lokal als solchen umfunktionieren, dann lohnt es sich allemal, entsprechende Netzwerke zu kontaktieren. Das Internet ist voll davon und Gerdi berichtet darüber in ihrer Gastro-Story BREMEN.

Um Geld zu sparen, könnten Sie sich mit Ihren geschäftlichen Nachbarn zusammentun und über Sammelbestellungen sowohl die Lieferkosten als auch die CO_2-Bilanz senken und zudem lukrative Mengenrabatte aushandeln. Ebenfalls interessant könnte für Sie die ETL ADHOGA Steuerberatungsgesellschaft AG sein. Das Berliner Unternehmen bietet eine spezialisierte Steuerberatung für die Gastrobranche und (nach eigenen Angaben) umfassende Leistungen und Lösungen mit Mehrwert.

Auch Sie können einen Mehrwert für Ihre Kundschaft oder beteiligte Unternehmen schaffen. Vernetzen Sie sich branchenübergreifend mit regionalen Erzeugern oder für Sie wichtigen Marken. Finden Sie Multiplikatoren aus Kunst, Sport, Entertainment. Zeigen Sie Ihren Gästen und Verbündeten, dass Sie kein Misanthrop sind, sondern ein beliebter Partner/eine beliebte Partnerin.

Nutzen Sie die gute alte Gruppendynamik und suchen nach Personen, die den Bekanntheitsgrad Ihres Gastrobetriebs erhöhen. Stärken Sie das soziale Engagement und gesellschaftliche Miteinander, tun Sie, was immer möglich und für Sie okay ist, damit Ihre Kundschaft sagen kann: HIER BIN ICH GERN ZU GAST.

Chance #8: Leerstand

Insbesondere die Gastronomie könnte aus dieser Not eine Tugend machen. Seit der Pandemie wird das Ausmaß des Leerstands deutlich. Überall in Deutschlands Innenstädten, aber vor allem in den ländlichen Regionen unserer Republik. Wo sich früher die Gemeinde traf, klaffen heute Lücken im sozialen Gefüge. Neben Kirchen und Rathäusern finden sich trostlose Konsumtempel, die am Wochenende geschlossen sind und auch an Werktagen wenig einladend wirken. Vom Potsdamer Platz in Berlin bis in die Kölner oder Dresdener City, von München bis Stralsund, von Bremen bis Erfurt: überall das gleiche triste Angebot. Discounter und Fastfood, bisweilen Luxusmarken, aber keine Orte der Begegnung, der Freude, des Glücks.

Menschen hetzen durch Fußgängerpassagen, und selbst die Shoppingwütigen werden stetig weniger, weil der Online-Kauf einfach bequemer ist. Am Sonntag hätte man Zeit zum Schlendern. Nur wohin?

Der Einzelhandel stirbt noch schneller als die Gastronomie. Von der Zahnbürste bis zum Staubsauger kann man heute alles von der Couch aus bestellen. Warum also vor die Tür gehen?

WENN NICHT WIR, WER DANN?!

Wir schaffen diese Orte der Begegnung, der Freude, des Glücks. Wir bringen Menschen zusammen. **Wir können den Bürger*innen dieses Landes von Aachen bis Zwickau geben, wonach sie sich sehnen: Gemeinschaft, Genuss, Frieden, Miteinander.**

Klar, auch Essen und Trinken kann man online bestellen. Aber keine App, keine noch so ausgeklügelter KI ist in der Lage, den Menschen das zu bieten, was sie momentan am meisten brauchen: Liebe und Leidenschaft. Bei uns können sie ihre Sonntage verbringen, die schönen aber auch die schlechten Zeiten. Bei uns finden sie ein offenes Ohr, Fürsorge und Wohlbefinden. Bei uns können sie mit anderen feiern, Gedanken und Erinnerungen austauschen. Bei uns ist die Kultur zu Hause und die

Geselligkeit. Bei uns kann der Professor neben der Hausfrau sitzen, die Managerin neben dem Bischof. Bei uns kommen Progressive mit Konservativen zusammen, treffen sich die Generationen. Bei uns vereint sich Vergangenheit, Zukunft und Gegenwart, werden Traditionen und Visionen erlebbar. Nichts davon kann man in einer App buchen, in einem Online-Store kaufen. **Und deshalb wird es die Gastronomie immer geben, wie es sie auch schon immer gab. Anders als früher und doch mit derselben Beständigkeit.**

Kluge Köpfe in der Politik, Immobilienbranche und Städteplanung erkennen das enorme Potenzial des Gastgewerbes und wissen, dass wir die Lücken im Leerstand und in der Gesellschaft schließen können.

Gerdi berichtet in ihrer Gastro-Story NORDRHEIN-WESTFALEN über ein Sofortprogramm zur Stärkung der Innenstädte, das exemplarisch für so viele steht. Denn nicht nur die Stadt Essen beteiligte sich, sondern auch Gütersloh, Versmold, Riesa, Oberhausen, Warendorf, Schwerte, Gladbeck, Aachen, Detmold, Gelsenkirchen … Der DEHOGA-Bundesverband schrieb im März 2023 auf seiner Website:

»Als Kommunikationstreffpunkte, Wohlfühloasen und Orte der Lebensfreude im Zentrum der Städte sind gastronomische Betriebe wichtiger denn je. [...] Mit Blick auf die große Bedeutung des Gastgewerbes auf den verschiedensten Ebenen ist es deshalb für die

Städte der Zukunft unerlässlich, die gastgewerblichen Betriebe zu stärken, in eine gute gastgewerbliche Infrastruktur zu investieren und attraktive Standortbedingungen zu schaffen.«

Das Bundeswirtschaftsministerium veröffentlichte im Januar 2023 eine »Maßnahmenliste der Bundesländer zur Innenstadtförderung«. Der METRO-Konzern brachte das Thema mit einer Studie in den öffentlichen Diskurs und will unterstützen mit dem Motto: »Innenstädte für die Zukunft stärken mit Gastronomie, Handel und Kultur«.

VERGESSEN WIR NIEMALS, WIE WICHTIG UNSER BERUF IST, WIE WERTVOLL JEDER EINZELNE GASTROBETRIEB!

Wir können auf niemanden verzichten! Deshalb gibt es dieses Buch. Deshalb habe ich Zeit und Geld investiert. Deshalb appelliere ich inständig an Sie, es ab morgen noch besser zu machen. Weil Ihr Beitrag wichtig ist. Weil wir alle Sie brauchen. Jeden einzelnen Gastrobetrieb.

CHECKLISTE 8: POTENZIALE

- Geiz ist nicht geil!
- Kenne ich meine Kosten?
- Ist der Service unsere Stärke oder Schwäche?
- Welche Weiterbildungs- und Entfaltungsmöglichkeiten biete ich meinem Personal – heute und in Zukunft?
- Haben alle im Team einen klar definierten Verantwortungsbereich?
- Wie groß wird Respekt bei uns geschrieben?
- Wie stehe ich zum Thema Enkeltauglichkeit?
- Warum ist die Gastrobranche wertvoll für uns alle?
- Welche Netzwerke in meiner Umgebung kontaktiere ich?
- Sind wir digital gut aufgestellt? Was sagt mein Team?
- Welchen Nutzen kann ich Multiplikatoren bieten?
- Können meine Kunden sagen: »Hier bin ich gern Gast«?
- Welche bestehenden Kontakte kann ich sofort nutzen – und wie?
- Mit wie vielen Partnern werbe ich bereits auf meiner Website?
- Wann habe ich das letzte Mal nach Hilfe gefragt?

9. AUSBLICKE

Essen muss heute mobil, entspannend, gesund, bezahlbar und enkeltauglich sein. Ein Anspruch, der nicht so leicht zu befriedigen ist. Oder doch? Schaut man auf die Trends der letzten Jahre, wird ganz klar deutlich, dass die bereits ausführlich in diesem Buch beschriebenen Bedürfnisse längst in der Gastronomie angekommen sind. Vegetarier sind keine Randgruppe mehr, Foodtrucks rattern durch die Republik und versorgen gehetzte Großstädter mit Slow Food oder Landbewohner mit dem Nötigsten. Immer neue Gastro-Konzepte entstehen, die auf Trends reagieren, auf die Sehnsüchte einer zunehmend einsamer werdenden Gesellschaft. In der Gastrobranche wird spezialisiert, modifiziert, kombiniert, partizipiert, mobilisiert, expandiert, transformiert ...
Es bewegt sich was, und das gewaltig!

STEHEN SIE NICHT STILL!

Aus der Verunsicherung und Reizüberflutung wachsen Sehnsüchte und Interessen, die sich über kurz oder lang in Trends zu erkennen geben. Deshalb werden Meinungsforschungsinstitute regelmäßig beauftragt, repräsentative Umfragen durchzuführen, die ebenjene Entwicklungen widerspiegeln und als Chance greifbar machen. Trends entstehen, wirken sich aus auf das Konsumverhalten und sind somit für die Wirtschaft im Allgemeinen und die Gastronomie im Besonderen ein entscheidender Faktor.

Gerdi berichtet in ihrer Gastro-Story HAMBURG, dass ich im Frühjahr 2024 auf der INTERNORGA war. Jetzt möchte ich mit Ihnen die fünf wichtigsten Gastro-Trends teilen, die ich von dort mitgenommen habe.

Trend #1: Instagrammability

META macht es uns mittlerweile relativ einfach, unsere Accounts bei Instagram, Facebook, WhatsApp und TikTok zu verknüpfen. Die sozialen Netzwerke gehören in unsere digitale Welt und sollten deshalb auch im Marketing effektiv genutzt werden.

Mit einem simplen Smartphone können heute nicht nur unsere Gäste, sondern auch wir ästhetische Fotos, ansprechende Videos aufnehmen und hochladen. Aber die Tatsache allein bringt noch keinen Mehrwert, keinen Erfolg, keinen Cent. Im Kapitel über die Chancen der Gastronomie bin ich bereits darauf eingegangen: Wer Handys in seinem Gastrobetrieb verbietet und lieber analog bleiben will, verpasst die einfache und effiziente Möglichkeit, mit relativ wenig Aufwand das eigene Angebot unter die Leute zu bringen. Natürlich ist Foto nicht gleich Foto, wie Essen eben nicht gleich Essen ist.

Wer nach einer passenden Location für ein entspanntes Frühstück oder romantisches Dinner, den nächsten

Kindergeburtstag, die Hochzeit, Konfirmation, Betriebsfeier sucht, schaut dafür kaum noch in die Gelben Seiten oder gezielt auf Websites. Die Entscheidung, wo gegessen, getrunken, gefeiert wird, fällt immer öfter beim Sliden durch den Feed, nach Optik und Sternchen.

Mit **#instagrammability** ist die Attraktivität des virtuellen Angebots in den sozialen Netzwerken gemeint, die Qualität des Contents, die Authentizität der Akteure und Inhalte, die Verführung mit allen Sinnen. Und wer könnte diesen Trend wohl besser nutzen als wir? **Das Auge isst mit – heute auf so unfassbar vielfältige Weise.** Foodporn, also das Fotografieren von Speisen und Getränken, hat das nächste Level erreicht.

Selbstverständlich steht es Ihnen frei, die Oberflächlichkeit der digitalen Welt zu beklagen und Smartphones in Ihrem Lokal zu verbieten. Vielleicht ist Ihr Gastrobetrieb nicht darauf ausgerichtet, dann wäre diese Haltung völlig okay.

Oder aber Sie nutzen diesen Trend, und zwar clever. Bieten Sie kostenloses WLAN. Sorgen Sie für bestmögliche Standortbedingungen wie Steckdosen, Licht und ein Angebot sowie Interieur, das jedes Foto/Video wert ist. Rufen Sie die knipswütige Kundschaft dazu auf, Ihre Gerichte/Getränke ins Netz zu stellen und Ihren Social-Media-Account zu verlinken. Platzieren Sie auf Ihren Tischen neben dem QR-Code für das kontaktlose Bestellen/Bezahlen auch Ihr Logo beziehungsweise den Namen Ihres

Unternehmens. Vielleicht sogar mit einem motivierenden Slogan. Partizipieren Sie von diesem Trend und machen Ihr Angebot online und offline instagrammability!

Trend #2: Eatertainment

Mit der Pandemie und dem Klimawandel hat ein Umdenken stattgefunden. Urlaub im Ausland ist teuer, das Reisen rund um den Globus nicht mehr zeitgemäß. Das Fernweh bleibt. Warum also nicht die Welt nach Hause holen, auf die Teller Ihrer Gäste?!

Die internationale Küche liegt voll im Trend – gestern, heute, morgen. Unangefochten beliebt sind mediterrane, asiatische und orientalische Speisen, aber auch die Kulinarik des Nordens, der USA und Kanada finden immer mehr Zuspruch. Und damit meine ich nicht die übliche Fastfood-Küche, sondern internationale Innovationen wie Bulgogi Bowls aus Korea, Gua-Bao-Burger aus Taiwan, Mango Bread aus Japan oder Smoky Balls aus Dubai.

Lassen Sie sich auf internorga.com gern inspirieren von der kulinarischen Vielfalt, die keinesfalls im Widerspruch zum nach wie vor geltenden Trend der Regionalität steht. **Im Eatertainment des 21. Jahrhunderts ist alles möglich, auch die Verbindung von global und national.** Denn gerade diese Ambivalenz und Ausgewogenheit des Angebots macht das Essen heute zu einem wahren Erlebnis.

Doch bei allem Neuen bleibt eines immer beständig als eherne Regel der Gastronomie: Qualität! Pfuschen Sie also bitte nicht blind drauflos, sondern suchen Sie sich Hilfe, fachlichen Input, professionellen Support. Gerdi erzählt in ihren Gastro-Stories über tolle Projekte, die verschiedene Esskulturen vereinen. Lassen Sie sich gern inspirieren und planen dann gewissenhaft die Umstellung Ihrer Speisekarte.

Trend #3: Plantbased

Gesund muss es sein, gern vegan und halal und nachhaltig sowieso. Die Veggie-Revolution ist längst im Gange und erreicht mit Plantbased ein neues, weniger radikales Level. Gemeint ist eine Ernährung auf vorwiegend pflanzlicher Basis, mit ausreichend Ballaststoffen und wertvollen Fetten. Tierische Lebensmittel werden keinesfalls verteufelt, aber auf ein Mindestmaß reduziert. **Genuss mit gutem Gewissen ist das Motto.**

Zur Zielgruppe gehören vorwiegend Flexitarier, also im Prinzip alle, die sich bewusst ernähren wollen. Deshalb können ganz bestimmt auch Sie von diesem Trend profitieren und Kundenzufriedenheit herstellen, wenn Sie pflanzenbasierte Gerichte auf Ihrer Speisekarte anbieten.

Die INTERNORGA bot auch 2024 wieder interessante Impulse und Informationen über Erfolgsrezepte sowie

Herstellungsverfahren. Ebenfalls auf der Messe zu entdecken waren halal-zertifizierte Produkte, die weltweit zunehmend nachgefragt werden, und zwar keinesfalls nur von der muslimischen Gemeinde. Ebenfalls hoch im Kurs bleiben vegane Alternativen zu Fleisch, Milch und Käse. Tierwohl und Ressourcenknappheit sind die Themen der Gegenwart, weshalb immer mehr Menschen nachhaltige/enkeltaugliche Ernährungsoptionen bevorzugen. Eine Diversifizierung Ihres Angebots in Bezug auf die aktuellen Themen unserer Zeit kann also niemals verkehrt sein.

Trend #4: Snackification

Eine weitere Marktchance bietet ein Trend, der mit Beginn der 2000er aufkam und heute das nächste, vielleicht sogar übernächste Level erreicht hat. Drei Mahlzeiten pro Tag am heimischen Küchentisch ist definitiv Schnee von gestern. Essen jederzeit und überall hat sich mit der boomenden Takeaway-Gastro längst etabliert.

Ab 2024 gehen wir in die nächste Runde mit Snackification – einem Trend, der weit über klassisches Fastfood und den herkömmlichen Happen zwischendurch hinausgeht. Der moderne To-Go-Lifestyle zeichnet sich durch eine bewusste Ernährung aus. Und dieser Foodtrend ist nicht nur etwas für die Kolleg*innen vom Bäckerhandwerk. Falls Sie sich für potenzielle Gäste aus dem Homeoffice interessieren, ich bin bereits weiter oben darauf eingegangen, könnten handliche und gesunde Snacks wie Bao Buns oder Bowls demnächst auf Ihrer Speisekarte zum Kassenhit werden.

Auch der Kaffee bietet immer wieder neues Trendpotenzial. Vielleicht überraschen Sie Ihre Gäste demnächst mit Bumble Coffee oder einem Café Latte mit Roter Bete. Wie das geht? Schauen Sie auf die Seite der INTERNORGA oder geben Sie diese Begriffe in die Suchmaschine Ihrer Wahl ein. Ich bin mir sicher, Sie werden fündig.

Trend #5: Robotics

Kochen, Backen, Dämpfen, sogar das Spülen kann und muss heute ressourcensparend erfolgen. Küchengeräte in der modernen Gastronomie sind vernetzt, smart und mit KI-gesteuerter Technik ausgestattet. Das Maschinenzeitalter begann vor hundert Jahren und erreicht im Kontext des Personalmangels eine bemerkenswerte Dimension.

Die Integration diverser Robotertechnologien in den Gastro-Sektor ist eine Zukunftsmusik, die schon heute gespielt wird. Neben vollautomatisierten Bestell- und Bezahlsystemen können Roboter sowohl Speisen zubereiten und servieren als auch Cocktails mixen und die Gäste unterhalten. **Sind Sie als Gastwirt*in deshalb überflüssig? Niemals! Auch in einer digitalisierten Zukunft wird menschliche Wärme stets der Garant für Wohlbefinden und zufriedene Gäste sein.**

Trend #6: Re-use-Food

Ein weiterer Trend, der zunehmend an Bedeutung gewinnt und den Hanni Rützler im Food-Report 2025 des Zukunftsinstituts ebenso aufgreift wie viele andere im Bereich Trendforschung, Gastro, Gesellschafts- und Ernährungswissenschaft. Nicht ohne Grund.

Ein Drittel der weltweit produzierten Lebensmittel wird weggeworfen. Mehr als 10 Millionen Tonnen landen allein in Deutschland jährlich im Müll. Das deutsche Abfallaufkommen insgesamt liegt derzeit laut Statistischem Bundesamt bei knapp 400 Millionen Tonnen pro Jahr, der Verpackungsmüll steigt seit 2005 kontinuierlich an und lag im Pro-Kopf-Umsatz deutschlandweit im Jahre 2021 bei 237 Kilogramm. Lassen Sie sich diese Zahlen bitte auf der Zunge zergehen, also metaphorisch. Wer nur zwei Minuten investiert, um über den Daumen zu schätzen, wie viele Einweg-Kaffeebecher weltweit pro Tag gebraucht und weggeworfen werden, erkennt die Misere und akzeptiert die Notwendigkeit der Maßnahmen.

Seit Januar 2023 gilt die Pflicht für Gastronom*innen, gemäß EU-Verordnung beim Außer-Haus-Verzehr nachhaltige Alternativen zu Einwegverpackungen anzubieten. Ab 2030 sind diese generell verboten. Unter dem Hashtag #wenigeristmehr startete das Bundesumweltministerium eine Aufklärungskampagne, die den Fokus der Eigenverantwortung schärfen soll. Verbraucher*innen werden aufgerufen, eigene Behältnisse zu benutzen, die wiederverwendbar sind. Back to the Roots also, denn in meiner Kindheit war das völlig normal. Ich wurde mit einer Thermodose zum Eisladen geschickt, wir kauften mit Netzen und Stoffbeuteln ein, meine Mutter kochte aus Resten die leckersten Mahlzeiten. Damals war das Alltag, heute heißt es **Re-use-Food**.

Mittlerweile gibt es Apps (z.B. RESTEGOURMET) für diesen Trend, der eigentlich ein alter Hut ist. Eine KI generiert Rezepte aus Zutaten, die man zu Hause verfügbar hat. Zig Verbrauchertipps klären auf über Mindesthaltbarkeitsdaten, immer mehr kleine und große Einzelhandelsunternehmen bieten unverpackte Lebensmittel an. Und das übrigens nicht, weil die Politik das so will, sondern weil Verbraucher*innen es fordern.

Ein Umdenken findet statt, das zunehmend die Gastronomie erreicht. Vielleicht noch nicht überall, aber das Bewusstsein für den Irrsinn der Lebensmittelverschwendung und globalen Müllberge steigt in der Bevölkerung. Trends entstehen, die sowohl Müllvermeidung als auch Resteverwertung weiterdenken. **Circular Food** und **Regenerative Food** eröffnen beispielsweise einen komplett neuen Blick, der es ermöglicht, Reste nicht mehr nur als Tierfutter oder Biogas zu verwerten, sondern daraus neue Nahrungsmittel zu produzieren, die Erträge der Ackerböden voranzutreiben, Biodiversität zu fördern und Ökosysteme resilienter gegenüber dem Klimawandel zu machen. Noch fehlen nationale wie internationale Standards, aber das Interesse der Bauern und Bäuerinnen sowie eine Vernetzung nichtstaatlicher Akteure steigt. Einzelunternehmen, Großkonzerne, Universitäten und Forschungsinstitute gehen europaweit Allianzen ein, um Alternativen zu künstlichem Dünger zu finden oder der spannenden Frage nachzugehen, wie ausgerechnet Rinder an der Reduktion von Treibhausgasen beteiligt werden können.

Wie sich solche Trends auf die Gastronomie auswirken?

GENUSS MIT GUTEM GEWISSEN!

Es geht nicht um Verzicht, um Verbote oder Verteufelung, obwohl Populisten das gern behaupten. Repräsentative Umfragen belegen, und viele Gastwirte können bestätigen, dass Verbraucher*innen ihre Prioritäten immer weiter hin zu mehr Genuss verschieben, dabei aber keinesfalls das eigene und auch kollektive Gewissen außer Acht lassen.

Das Was ist also gar nicht das Problem, sondern das Wie und Woher. Fleisch und Milchprodukte? Ja, aber nicht aus der Massentierhaltung! Gemüse? Natürlich, aber bitte ohne Pestizide! Obst? Prima, nur sollte es nicht um die halbe Welt transportiert worden sein. Ganz oben auf der Superfood-Liste standen vor einigen Jahren noch Avocados, Chia-Samen und die chinesische Goji-Beere.

Da stehen sie heute immer noch, allerdings steigt die Nachfrage in Bezug auf heimisches Superfood wie Holunder, Grünkohl, Leinsamen, Heidelbeeren, Brokkoli und Walnüsse. Auch Äpfel und Rote Beete erleben ein gefeiertes Comeback, weil Purismus und Reduktion im Sinne der Nachhaltigkeit eben voll im Trend liegen. **Beim Essen geht es immer mehr um Wertschätzung und ein ehrliches Bewusstsein für Schlichtheit, Transparenz und Verantwortung.** Und ebendeshalb ist es so wichtig, dass Sie diese Bedürfnisse kennen und respektieren. Fragen Sie Ihre Gäste, falls Ihnen Umfragen und Statistiken nicht vertrauensvoll erscheinen. Konzentrieren Sie sich auf die individuellen Werte Ihrer Zielgruppe. Wenn Sie Ihre Speisekarte anpassen wollen, machen Sie sich im Vorfeld schlau über entsprechende Innovationen im Food-Bereich, kalkulieren Sie Ihren Aufwand und bieten Ihrer Kundschaft zukünftig mehr Genuss ohne Reue.

Trend #7: Liquid Evolution

Bei all den überbordenden Begrifflichkeiten im Trendbereich, die mitunter ziemlich verwirren können, ist doch ebendieser Trend so klar und simpel. Das Bedürfnis nach einem Genuss ohne Reue und entsprechenden Alternativen bezieht sich nicht nur auf Speisen jeglicher Art, sondern auch auf Getränke. Wein, Bier, sogar Schnaps gibt es mittlerweile alkoholfrei. Und die schmecken gar nicht mal so schlecht. Wir Boomer und auch die Vertreter*innen der Generation X wuchsen auf mit kollektiven Besäufnissen, nüchtern blieben nur »Schlappschwänze«, die nach der Disco betrunkene Kumpels nach Hause fahren mussten. Wer in Bars oder auf Partys Cola pur trank, wurde ausgelacht und zum Saufen überredet. Zum Essen gab es Bier oder Wein, gern auch mehr, davor Sekt oder Wermut als Aperitif, hinterher mindestens einen Schnaps zur Verdauung. Mit Prosecco brachte sich Frau in Stimmung, mit Champagner wurde sie galant verführt. Mit Rum, Wodka, Gin wurde druckbetankt, Oma gönnte sich ihr Likörchen und Opa seine Molle mit Korn. Sämtliche Sorgen wurden im Alkohol ertränkt, Feste feuchtfröhlich gefeiert.

Bis ins erste Jahrzehnt der Zweitausender goss man sich die Lichter aus, gab sich die Kante, blickte zu tief ins Glas, auf einem Bein konnte keiner stehen und das Gläschen in Ehren durfte niemand verwehren. Na ja, diese Sprüche und Sitten gerieten zum Glück allmählich in Vergessenheit. Fast die Hälfte der Generation Z trinkt keinen Alkohol. Aus Überzeugung, für die Gesundheit oder weil es einfach Usus ist. Auch immer mehr Ältere verzichten mit gutem Gewissen. Wer heute genießen will, braucht keinen Alkohol.

Bereits 2021 nannte Hanni Rützler diesen Trend in ihrem Food-Report **Liquid Evolution**. Mittlerweile boomt der Markt alkoholfreier Getränke. Und 2024 gehört es quasi schon zum guten Stil, alkoholfreie Weine und Biere anzubieten. Viele Hersteller reagieren auf die steigende Nachfrage gesundheitsbewusster Konsument*innen. Winzer und Brauereien haben ihr Sortiment umgestellt. Alkoholfreies Bier gibt es mittlerweile sogar vom Fass.

Auch dieser Trend wird übrigens nicht als Verzicht wahrgenommen, sondern resultiert aus einem gesamtgesellschaftlichen Prozess, der eigentlich schon Ende der Siebziger begann. Seither sinkt nämlich der durchschnittliche Alkoholkonsum, beim Bier übrigens massiv seit 2021, wenngleich das Bundesgesundheitsministerium im Juni 2024 leider immer noch alarmierende Zahlen veröffentlichte. Laut ESA trinken 7,9 Millionen Menschen bundesweit im Alter zwischen 18 und 64 Jahren zu viel Alkohol in gesundheitlich riskanter sowie 9 Millionen in problematischer Menge. Im Jahr 2016 starben in Deutschland 19.000 Frauen und 43.000 Männer »an einer ausschließlich auf Alkohol zurückzuführenden Todesursache«.

Die flüssige Evolution ist demnach für uns alle, auch für Boomer wie mich, eine großartige Sache. **Wenn Sie Ihren Gästen also etwas Gutes tun wollen, setzen Sie mehr alkoholfreie Getränke auf die Karte. Und wenn Sie schon dabei sind, rüsten Sie Ihr Sortiment mit zuckerreduzierten, süßstofffreien und pflanzenbasierten Drinks auf**, bestenfalls selbstgemacht aus frischen oder getrockneten Zutaten (z.B. Gurke, Himbeeren, Kräuter).

Setzen Sie sich mit Ihrem Team zusammen, probieren Sie aus, was Ihnen gefällt. Finden Sie Ihren Weg, Ihr Konzept, Ihr Alleinstellungsmerkmal in der großartigen Fülle der Möglichkeiten.

Hören Sie nie auf, neugierig zu sein!

BUCHEN SIE GASTRO COACHING!

COACHING A

Erstberatung per Video-Chat in drei Schritten

1: Analyse (Was läuft nicht?)
2: Strategie (Was geht besser?)
3: Auswertung (Was läuft gut?)

3 x 60 Minuten persönliche Beratung via Zoom-Call
Zeitraum: 3 Wochen

COACHING B

Begleitendes Coaching per Video-Chat mit Themenwahl

1: Wie steigere ich meinen Umsatz?
2: Wie finde ich gutes Personal?
3: Wie kalkuliere ich richtig?

12 x 60 Minuten persönliche Beratung via Zoom-Call
Zeitraum: 3 Monate

COACHING C

Persönliche Betreuung per Video-Chat und WhatsApp
+ 2 Workshops wahlweise vor Ort oder Villa Vrdoljak in Kroatien

RE-LAUNCH

Wöchentliches Gespräch via Zoom-Call
WhatsApp-Chat für direkten Austausch
Zeitraum: 12 Monate

Alle Preise, Konditionen und Termine erhalten Sie auf Anfrage. Möchten Sie mehr erfahren, Ihre Beratung individuell anpassen, dann schicken Sie eine E-Mail an: pero@gastro-coaching.de.

Weitere Informationen und Hinweise finden Sie hier: www.gastro-coaching.de

Scannen und direkt zu www.gastro-coaching.de

DANKE

Zunächst möchte ich mich bei der Autorin Mari März für die Gerdi-Idee, deren Gastro-Stories und die außerordentliche Unterstützung beim Schreiben dieses Buches bedanken. Und selbstverständlich danke ich Ihnen, liebe Gastronom*innen, für Ihren Kauf und Ihr Interesse. Ich hoffe, dass es mir gelungen ist, Sie zu motivieren und Ihnen das Gefühl zu geben, nicht allein mit Ihren Sorgen und Ideen zu sein. Schicken Sie mir gern Ihr Feedback. Wenn Sie individuelle Unterstützung wollen, bin ich ebenfalls gern im Rahmen einer Erstberatung oder eines umfassenden Coachings für Sie da. Schicken Sie Ihre Fragen, Anregungen oder Kritiken an: pero@gastro-coaching.de.

Und gestatten Sie mir eine letzte Bemerkung: Ich werde mich nicht rechtfertigen, in diesem Buch alle Menschen angesprochen zu haben, die sich für die Gastronomie interessieren und stark machen. Weil das Gendern normal ist für mich und für unsere wunderbar bunte, tolerante und gesellschaftlich wertvolle Branche.

In diesem Sinne ... Machen Sie das Beste daraus.
Und machen Sie es gut!

Ihr Gastro-Coach
Pero Vrdoljak

Fixieren Sie Ihre Ideen!

_____

_____

_____

_____

_____

_____

_____

_____

_____

_____

_____

_____

_____

_____

Fixieren Sie Ihre Ideen!

Notieren Sie Ihren Plan!

_____

_____

_____

_____

_____

_____

_____

_____

_____

_____

_____

_____

_____

_____

_____

Notieren Sie Ihren Plan!

_____

_____

_____

_____

_____

_____

_____

_____

_____

_____

_____

_____

_____

_____

_____

_____

Schreiben Sie auf, was Sie bewegt!

_____

_____

_____

_____

_____

_____

_____

_____

_____

_____

_____

_____

_____

_____

Schreiben Sie auf, was Sie bewegt!

_____

_____

_____

_____

_____

_____

_____

_____

_____

_____

_____

_____

_____

_____

URHEBERRECHT/LEISTUNGSSCHUTZRECHT

Die in diesem Buch veröffentlichten Inhalte und bereitgestellten Informationen unterliegen dem deutschen Urheberrecht und Leistungsschutzrecht. Jede Art der Vervielfältigung, Bearbeitung, Verbreitung, Einspeicherung und/oder Verwertung außerhalb der Grenzen des Urheberrechts bedarf der vorherigen schriftlichen Zustimmung des jeweiligen Rechteinhabers. Das unerlaubte Kopieren oder Speichern der bereitgestellten Informationen ist nicht gestattet und strafbar.

HAFTUNGSBESCHRÄNKUNG

Die Inhalte dieses Buches wurden mit größtmöglicher Sorgfalt und nach bestem Wissen erstellt. Dennoch übernimmt der Herausgeber keine Gewähr für die Aktualität, Vollständigkeit und Richtigkeit der bereitgestellten Inhalte sowie für deren Umsetzung.

@ IMPRESSUM

Angaben gemäß § 5 TMG:
Pero Vrdoljak; Diemshoff 38; 48282 Emsdetten
E-Mail: pero@gastro-coaching.de
Internet: www.gastro-coaching.de

Vielen Dank, dass Sie sich für
GASTRO COACHING entschieden haben.
gastro-coaching.de

Ich würde mich freuen, wenn Sie
Ihre nächste Auszeit oder einen Workshop
bei uns buchen.
vrdoljak.de

Scannen und direkt zur Villa Vrdoljak